SV

Tilmann Moser
Familienkrieg

Wie Christof, Vroni und Annette
die Trennung der Eltern
erleben

Suhrkamp Verlag

Erste Auflage 1982

Satz: Georg Wagner, Nördlingen
Druck: Ebner Ulm
Printed in Germany

Familienkrieg

Wie Christof, Vroni und Annette
die Trennung der Eltern
erleben

Inhalt

38 Christof erzählt Vroni in den Winterferien von seinem ersten großen Streit mit dem Vater und Gerda wegen Georg; sie erinnern sich an das Osterfrühstück hier in diesem Haus auf dem Gipfel und an ihre Briefe an die Eltern. Bei der Skiabfahrt ins Tal sind sie ganz zuversichtlich und fühlen sich als gute Freunde

Vorwort

Liebe Kinder,
bevor ihr anfangt zu lesen, möchte ich erzählen, wie das Buch zustande gekommen ist und was es zeigen möchte. Es ist das Buch eines Unglücks, das über eine Familie hereinbricht, ein Unglück, unter dem alle, die dazugehören, leiden müssen: es geht um die Trennung und Scheidung der Eltern, die einander geliebt und die im Vertrauen auf diese Liebe Kinder bekommen haben. Das Buch soll zeigen, wie die drei Kinder versuchen, mit diesem komplizierten Unglück fertig zu werden.

Also zuallererst ein paar Sätze über die Kinder: Christof ist fünfzehn, und ihr werdet sehen, daß es gar nicht so einfach ist, mit ihm umzugehen. Ich fürchte sogar, daß ihr euch oft über ihn ärgern werdet. Er spürt nämlich als erster, daß es zwischen Vater und Mutter nicht mehr zum besten steht, kann aber mit niemandem darüber sprechen. So grübelt er viel, denkt viel nach und findet schließlich seine Methode: er hält sich die Probleme zunächst einmal vom Leib und schaut aus sicherem Abstand den allernächsten Personen zu. Und Selbstgespräche führt er: je besser er reden kann in seinen einsamen Selbstgesprächen, desto weniger empfindet er die Schmerzen. Nennt ihn nicht gleich einen altklugen Schwätzer; er muß von den Sätzen erst seinen Weg zu den Gefühlen finden.

Dabei hilft ihm ganz allmählich Vroni, die vierzehn Jahre alt ist und der es ganz anders als Christof geht: ihr gelingt es, trotz aller Spannungen die Familie wie ein warmes Nest zu erleben. Sie kann sehr starke Gefühle haben, vor dem Gewicht und der Gewalt der Worte hat sie eher Angst. Christof und Vroni sind sich zunächst fremd, dann lernen sie, miteinander zu reden, dann entdecken sie einander allmählich als Freunde. Ich kann mir nicht recht vorstellen, was aus ihnen geworden wäre, wenn sie nicht gelernt hätten, miteinander zu sprechen und einander Briefe zu schreiben.

Das dritte Kind heißt Annette und ist sechs Jahre alt. Für Annette ist alles am schlimmsten, weil die Trennung vom Vater sie fast auseinanderreißt. Manchmal wird sie ganz starr vor

Kummer. Sie kämpft am längsten gegen die Trennung an und kann sie doch nicht verhindern. Vor allem kann sie vieles noch gar nicht verstehen und fühlt sich hilflos und verwirrt. Später können ihr Christof und Vroni ein wenig helfen, und auch Annette entdeckt, daß Christof nicht nur ein Lümmel ist, der von kleinen Kindern nichts wissen will.

Viele Kinder denken über ihre Eltern nach: warum sie sich geheiratet haben, was sie voneinander erwarten, warum sie sich mögen oder warum sie oft voneinander enttäuscht sind. Kinder in Familien, die auseinanderbrechen, tun dies noch viel öfter. Wundert euch also nicht, daß Christof und Vroni sich verzweifelt bemühen, die Eltern, auch ihre Vorgeschichte, zu verstehen, um nicht ganz im Dunkeln zu tappen, wenn sie über die Gründe nachdenken, die zur Trennung führen. Sie sind der Ansicht, wenn sie erst die Gründe verstehen, so können sie auch helfen, die Katastrophe zu überwinden.

Am Anfang habe ich gedacht, Christof sei vierzehn und Vroni dreizehn Jahre alt. Aber je länger ich ihnen zugehört und zugeschaut habe, desto sicherer war ich mir: nein, sie sind fünfzehn und vierzehn; so vieles denken und wissen sie über sich und die Eltern. Selbst in diesem Alter scheint oft noch unwahrscheinlich, was ihnen alles durch den Kopf geht und was sie auch auszusprechen lernen. Hinzufügen aber muß man, daß sie nicht freiwillig so weit kommen: die Katastrophe ist eine Herausforderung, das macht sie älter, als sie sind. Sie würden gewiß oftmals lieber spielen oder sich weniger Gedanken machen, als sie es unter dem Druck dieses Familienkriegs tun müssen. Sie eilen also ihrem Alter manchmal voraus, so wie Vroni einige Jahre versucht hat, hinter ihrem wirklichen Alter zurückzubleiben, um die drohende Katastrophe noch nicht sehen zu müssen. Und natürlich sprechen Christof und Vroni manches aus, was sie zwar fühlen, was als Formulierung aber aus meinem Kopf stammt. Denn ich habe die Personen erfunden, obwohl ich, als sie einmal da waren, ihnen fast nur noch zuzuschauen brauchte. Das war eine eigenartige Erfahrung: wie selbständig und unabhängig sie von mir geworden sind, ohne mir fremd zu sein.

Dazu muß ich noch folgendes sagen: meine eigenen Eltern haben sich nicht getrennt, sie sind bis zu ihrem Tod zusammengeblieben. Aber ich habe oft Träume gehabt und später die ganz bewußte Vorstellung, sie würden sich trennen. Aus inneren und äußeren Gründen war das ganz unmöglich, und doch schien es in der Phantasie nicht die schlechtere Lösung. Jedenfalls weiß ich seither, daß in jedem Schrecken einer Scheidung möglicherweise auch eine Chance zu einer sonst ungeahnten Entwicklung liegen kann. Natürlich will ich nicht einer leichtfertigen Trennung das Wort reden. Aber mir erscheint es auch zweifelhaft, ob es gut ist, wenn Eltern nur wegen der Moral oder angeblich nur wegen der Kinder zusammenbleiben. Vieles, was ich in meiner Kindheit nur undeutlich gefühlt habe und weder richtig denken noch gar aussprechen durfte, drücken Christof, Vroni und Annette jetzt aus. Deshalb sind sie mir nicht fremd, auch wenn ich ihnen fast nur noch zugeschaut habe. Also, nehmt es ihnen nicht übel, wenn sie euch manchmal als zu klug oder zu wortgewaltig vorkommen.

Aber denkt nicht, sie stammen nur aus meiner Phantasie. Ich habe mit Kindern und Eltern gesprochen und vor allem mit sehr vielen Familienrichtern, die Tag für Tag solche Familienkriege auf juristische Weise schlichten oder wenigstens regeln müssen.

Übrigens haben Christof, Vroni und Annette, im Vergleich zu vielen anderen Kindern in ähnlicher Lage, wichtige Vorteile: sie entdecken einander als Freunde und Gesprächspartner. Vroni findet in ihrer Klavierlehrerin eine verständnisvolle ältere Freundin. Christof, der gefürchtet hat, seinen Freund Georg zu verlieren, findet jetzt ganz neu zu ihm, weil Georg mit seinem Vater in einen erbitterten Konflikt gerät, der ihn vereinsamen läßt. Annette hat ihre Freundin Gerlinde, mit der sie sprechen und spielen kann. Manches wird leichter, weil sie im gemeinsamen Puppenspiel vieles von dem, was sie bekümmert, ausdrükken kann.

Und auch die Eltern haben Glück inmitten des Unglücks: der Vater hat eine Freundin gefunden, die ihn gut versteht, ihn nicht aufhetzt und die ihn auch menschlich verändert und reifer werden läßt. Die Mutter hat eine gute Freundin, zu der sie flüchten kann; sie hat auch einen Jugendfreund, der ihr bei den ersten Übersetzungsaufträgen hilft, nachdem sie sich lange Jahre nur dem Haushalt gewidmet hat.

Obwohl die Katastrophe alle Beteiligten ordentlich durcheinanderschüttelt, fällt doch keiner ins Leere. Keiner braucht, wie viele Menschen in einer solchen Lage, Jahre, um einen neuen Weg zu finden. Die Katastrophe wird gemildert durch vielerlei glückliche Umstände, die diese Familie als privilegiert erscheinen lassen. Das macht es ihnen vielleicht erst möglich, das Zerbrechen der Familie nicht nur zu erleiden, sondern zu erleben und zu verarbeiten.

Zu Beginn des Buches fühlen sich die Kinder, ohne es zu wissen, einsam. Sie suchen nach Solidarität, nach jemandem, den sie ansprechen können. Sie nehmen sich wichtig, weil sie Schmerzhaftes erleben, und wollen sich mitteilen. Deshalb wenden sie sich manchmal an euch, an euch Leser, obwohl sie euch nicht kennen. Es mag euch vielleicht unnatürlich erscheinen, oder ihr wollt gar nicht angesprochen sein, wollt lieber aus sicherem Abstand zuschauen und zuhören, bis ihr sicher seid, ob ihr mit Christof, Vroni und Annette überhaupt etwas anfangen könnt. Nehmt es ihnen und mir nicht übel, daß sie überquellen in dem Bedürfnis, ihr Herz auszuschütten. Sie tun es eben, weil sie nicht allein sein wollen mit ihrem Kummer und ihren Ängsten. Und sie haben auch in diesem Punkt Glück: die Eltern sind nicht gekränkt, daß es Menschen gibt, denen sie sich mitteilen können. Viele Eltern empfinden es als Verrat, wenn etwas nach außen getragen wird; sie schämen sich und wollen möglichst lange den Anschein aufrechterhalten, als gehe alles seinen geordneten Gang. Christof, Vroni und Annette haben auch Glück, weil keiner der Vertrauten ihre Offenheit mißbraucht und sie zwingt, mit einem der beiden Eltern zu paktieren und den anderen anzuschwärzen. So gelingt es ihnen auch, von beiden ein gutes Bild zu bewahren. Viele Kinder müssen es über sich ergehen lassen, daß das Bild des einen Elternteils sich unter dem Druck des anderen verdüstert und der Kontakt abgebrochen wird: dann nämlich, wenn die Erbitterung bei der Trennung zu groß ist und die Kinder als Mittel zur Rache benutzt werden oder sich anbieten. An all dem sind die drei Geschwister gut vorbeigekommen. Ich hoffe, ihr findet sie sympathisch und erfahrt durch sie auch etwas über euch.

1
Christof, Vroni und Annette stellen sich vor

Christof: Ich weiß nicht, wie ihr alle heißt und wo ihr jetzt gerade seid, wenn ihr dieses Buch lest. Und ich weiß auch nicht, wie es euch geht: ob ihr traurig oder lustig seid, oder ob ihr irgendwo sitzt und nachdenkt, oder ob ihr schon im Bett liegt und noch ein bißchen lesen wollt und denkt: hoffentlich träume ich heute nacht nichts Schlimmes. Ich weiß auch nicht, ob sich eure Eltern gut vertragen, ob ihr gerne mit ihnen zusammen seid, ob sie sich manchmal umarmen, ob ihr alle zusammen mal einen Ausflug macht oder abends zusammen spielt. Oder ob ihr meint: leider stimmt da etwas nicht mehr, sie sprechen nicht mehr viel miteinander, oder sie schreien sich sogar an, oder sie schlafen nicht mehr im gleichen Zimmer, oder Mami weint oft, oder Vati kommt seltener nach Hause, und so weiter. Viele von euch wissen vielleicht schon, was ich meine. Wer es nicht weiß, der hat Glück gehabt. Vielleicht wißt ihr sogar schon mehr als ich über Familienkriege, weil ihr so ähnliche Dinge wie wir erlebt habt. Ach je, wir brauchen uns da ja nichts vorzumachen: es ist eine schlimme Sache für Kinder, wenn die Eltern sich oft streiten oder sich nicht mehr mögen und sich dann trennen oder sogar scheiden lassen. Manchmal denke ich: wir sollten uns alle einmal treffen und miteinander über unsere Eltern sprechen, und über unsere Sorgen mit den Eltern, und was wir tun können, für uns und für sie.

So, jetzt habe ich schon sehr viel verraten, worum es in diesem Buch geht, und ihr wißt noch nicht einmal, wer ich bin, der euch da anredet, als würden wir uns schon lange kennen. Ich heiße auf jeden Fall Christof, bin fast sechzehn Jahre alt, gehe auf die Oberschule. Als ich vierzehn Jahre alt war, hatte ich noch prima Zeugnisse und dachte: sehr gut, ich bin ziemlich schlau und verstehe das meiste in der Schule, und später studiere ich vielleicht einmal und werde Ingenieur oder Arzt. Aber seit dieser komischen Geschichte mit meinen Eltern sieht das in meinen Schulzeugnissen ganz anders aus. Ich schäme mich ein bißchen, euch das zu sagen, weil ich mich lieber als der gescheite Christof vorstellen würde, aber das war einmal. Ich bin nicht direkt doof geworden, aber das Aufpassen in der Schule fällt mir schwer, und ich habe oft keine Lust, Hausaufgaben zu machen. Also, damit ihr's nicht vergeßt, ich bin der Christof, fünfzehn Jahre, eigentlich drängelt jetzt schon meine Schwester, daß ich aufhören soll, weil sie sich jetzt vorstellen will, aber ich muß euch doch noch ein paar wichtige Sachen sagen: ich bin der Älteste, das ist oft ganz toll, weil ich mehr tun durfte als die Kleinen. Aber ich mußte auch oft auf sie aufpassen, und ziemlich viel blödes Zeug zu Hause helfen, und wir haben viel gestritten, ich meine wir Kinder, wir sind nämlich drei . . .

Vroni: So, mein lieber Christof, ich halte dir jetzt einfach den Mund zu, du sollst nicht so lange Reden halten und schon alles erzählen. Er meint nämlich immer – ach so, ich bin die Vroni, daß ich das nicht vergesse –, er meint immer, er sei der Schlaueste, und man muß bei ihm höllisch aufpassen, daß man überhaupt dran kommt mit Reden. Ja, ich bin vierzehn Jahre alt, falls euch das interessiert, und früher fand ich den Christof eklig, einen richtigen Angeber, mit dem man nicht reden konnte. Er hat mich verspottet und gesagt: Mädchen sind doof, und lauter so'n Quatsch, und weil ich nicht so stark war wie er, mußte ich mir ganz andere Sachen ausdenken, um ihn mal reinzulegen, zum Beispiel ihn verpetzen, wenn er mich gehauen hat, und beim Petzen ein ganz beleidigtes und unschuldiges Gesicht machen, dann hat Papi ihm manchmal eine geklebt, und dann hat Mami den Vati angefaucht, und ich hatte ja Christof ziemlich stark gereizt, mit Spott und Nachäffen und so, na, ihr wißt schon, ihr seid ja auch keine Engel, also gut, ich konnte mich ganz gut rächen an Christof, aber das gab dann auch manchmal riesige aufgeregte Szenen, und alles war nur noch Streit. Wieso erzähle ich euch denn das, als wären wir alte Freunde? Was werdet ihr jetzt über mich denken: die Vroni ist wohl ein ziemliches Biest, aber ich bin sicher nicht nur das. Ich kann auch sehr lieb sein und male sehr gerne und verschenke sehr gerne Bilder an Freunde. Ach so, jetzt weiß ich wieder, was ich sagen wollte: der Christof, dachte ich, ist ein blöder Angeber, und so einen Bruder zu haben ist nur manchmal schön und manchmal fast eine Strafe, vor allem, wenn er einen nicht mag, oder wenn er meint, ich will ihm was wegnehmen und so weiter. Ja, ihr müßt ein bißchen Geduld haben mit mir, ich verliere nämlich manchmal den Faden. Dabei will ich euch etwas über Christof und mich sagen: nämlich, daß wir ziemlich gute Freunde geworden sind, als die Eltern sich so gestritten haben. Ach, diese ganze Geschichte! Eines Abends im Bett, da habe ich so geheult, daß ich nicht mehr aufhören konnte. Ich habe auch vergessen, den Kopf unter die Decke zu stecken, wie ich es früher gemacht habe, und da ist der Christof gekommen; ich dachte schon: so, jetzt sagt er sicher wieder, hör auf, du Heulsuse, und als ich das dachte, wurde mir ganz schlecht vor Wut, und ich wollte mir was ganz Gemeines ausdenken wie: sein Lieblingsbuch zerreißen, oder ihn beißen, und so weiter. Aber er hat sich an mein Bett gesetzt, stellt euch das mal vor, ein Junge mit fünfzehn, der hätte sich doch früher an den Kopf gelangt bei so einem Gedanken – heimlich ist der nämlich schon in Erwachsenenfilme gegangen, da gab's auch immer Krach zu Hause, oder am Fernseher, so Filme, wo die Männer ganz hart und erbarmungslos sind, grausig – so, habt ihr jetzt noch den roten Faden im Kopf, ich nicht! – doch: Heulsuse, dachte ich, ja, nein, er setzt sich ans Bett und streichelt mich und sagt: ›Kannst du auch nicht schlafen? Ich auch nicht, aber dir geht es ja noch viel schlimmer! Ich glaube, du heulst wegen der gleichen Sache, das mit den Eltern. Ich möchte mal mit dir darüber sprechen.‹ Ja, stellt euch das vor, er hat das wie ein Erwachsener gesagt, oder jedenfalls hab ich das bisher nur von Erwachsenen gehört, so einen Satz, mit so einer komischen ernsten Betonung, es ist, wie wenn sie sich einen richtigen Ruck geben und sich über was Bedeutendes unterhalten. Mir war immer ganz gruselig, wenn Vati zu Mami oder Omi zu Papi oder Onkel Kurt zu Tante Gisela und so weiter, wenn einer sagte: ›Ich möchte mit dir einmal darüber sprechen‹. O je, dann bin ich meistens abgehauen, zuerst, und dann habe ich aber oft versucht, hinter der Tür zu horchen, was das Gruselige ist. Jetzt muß ich euch schon wieder etwas Schlechtes von mir sagen, aber es sind auch schlechte Zeiten in der letzten Zeit. Das sage ich zur Entschuldigung. Also, mir wurde auch ganz gruselig, als Christof diesen komischen Satz sagte, aber dann war ich unbeschreiblich froh, daß er mit mir sprechen wollte. Natürlich hatte ich da schon vieles ganz allein für mich beobachtet und nachgedacht. Aber als Christof sagte: er will mit mir darüber sprechen, da war ich froh und stolz und fühlte mich ganz glücklich und längst nicht mehr so allein. Ja, und von da ab haben wir sehr oft zusammen gesprochen, dazwischen auch viel gestritten, und manchmal auch ein paar Tage kein einziges Wort miteinander geredet. Aber ich habe ja schon gesagt, daß wir ganz gute Freunde geworden sind. So, und jetzt könnte ich gut noch eine halbe Stunde weiterreden. Aber da ist Annette und guckt schon so, als ob sie gleich losheulen möchte, und sie hat schon ein paarmal Luft geholt, um auch was zu sagen. Nämlich, ach ja, das ist endlich eine gute Seite von mir: selbst wenn ich ganz wichtige Sachen zu sagen habe und fast nicht aufhören kann, sehe ich doch noch, was mit den anderen los ist, bevor sie losbrüllen oder mir gegen das Schienbein treten. Moment, Annette, ich bin gleich fertig, das war ja auch so aufregend bei den ganzen Streitereien, daß ich Vati *und* Mami verstehen konnte und immer dazwischen war, und überhaupt, denkt nur nicht, der Angeber ist die Vroni – ja, oft habe ich gedacht, ganz still für mich: ich bin ja klüger und ruhiger als die beiden Streithähne, und manchmal konnte ich sie sogar beruhigen und versöhnen, und im Bett habe ich dann abends geheult vor Erschöpfung. Ende! So, Annette, jetzt kommst du. Es tut mir leid, daß ich so eine lange Rede gehalten habe.

Annette: Ich bin die Annette, ich bin schon sechs, und ich gehe manchmal schon ein bißchen in die Schule, aber nicht sehr oft, fast nur jeden Tag, außer Sonntag und Weihnachten. Ich will nicht, daß Vati und Mami so oft streiten, aber sie können nicht hören. Sie sagen sogar: ›Das verstehst du nicht!‹ Das ist sehr komisch, wie soll ich denn nicht verstehen, daß sie nicht so oft streiten sollen? Sie heulen oder schreien. Es hat dann auch keinen Zweck, wenn ich zu einem von beiden hingehe und mich ankuscheln will. Sie fühlen sich ganz komisch an, nicht weich und ruhig und warm, sondern die Mami ist ganz steif und hat vergessen, wie sie mich an anderen Tagen so richtig festhält, und der Vati, der drückt und küßt mich dann so übertrieben und jammert dabei und sagt: ›Du bist mein allereinzigster Schatz, gell, du verstehst mich!‹, als wäre die Mami gar nicht da und die anderen zwei Kinder, die schon größer sind als ich und mehr verstehen. Ich bin dann froh, daß ich hinter dem Ofen mit der Puppe und dem Bären und den anderen Tieren spielen kann. Ich spreche nämlich richtig mit ihnen, sie streiten nicht so arg, oder wenn sie es tun, dann müssen sie mir gehorchen und sich wieder vertragen. Es ist schlimmer als im Kindergarten, ich meine, wißt ihr, der Jürgen und die Marion, die brauchten sich nur zu sehen am Morgen, und schon ging's los mit Spucken und Kratzen und Schlagen, und die Tante Marlies hat gesagt, man muß sich wundern, die beiden sind ja früher richtig verknallt gewesen, und dabei hat sie gelacht. Am schönsten ist es, wenn Vati verreist ist und die andern sind länger in der Schule als ich. Dann bin ich mit Mami ganz allein. Sie erzählt mir Geschichten, oder ich helfe ihr kochen, oder ich sitze auf dem Boden herum und male und höre immer nur mit den Ohren, was sie gerade macht, weil ich mit den Augen ja ganz fest auf das Papier schauen muß. Wenn ich ein oder zwei Bilder fertig gemalt habe, dann schenke ich ihr eines, und wir schmusen ein bißchen. Ich spreche dann auch von Vati, als wenn er da wäre, und denke mir aus, wie ich ihm entgegenrenne, wenn ich sein Auto höre. Aber wenn er dann kommt, dann gibt es dicke Luft, wie sie sagen, ich weiß nicht, was das ist, dicke Luft, aber es ist ungemütlich, Mami schaut anders aus. Hoffentlich sagt er nicht, das Essen schmeckt nicht, dann heult Mami gleich los. Da ist es schon besser, er ißt ganz schnell und geht nach nebenan ins Büro. Das ist traurig, wenn er so schnell wieder wegrennt, aber ich kann dann viel ruhiger meinen Nachtisch essen, und es ist nicht so schlimm, wenn der Tisch verklebt ist. Oder am schönsten ist es, wenn Vati am Sonntag mit uns einen Ausflug macht mit den Fahrrädern. Früher ist Mami immer mitgefahren, aber es gab oft auch Streit, wohin wir fahren, und wen wir besuchen, und jetzt sagt sie, sie muß ausruhen, wenn wir losfahren, und tschüß, und macht's gut, und viel Spaß, und paßt auf, ein ziemliches Getue an der Haustür, grad, als ob Vati doof wäre und nicht auf uns aufpassen könnte. Natürlich kann man Angst kriegen, wenn Christof mit seinem Rennrad um uns herumfährt auf der Straße oder probiert, ob er auch mit *einem* Rad fahren kann. Er sagt: ihr seid so lahm, und macht einen Umweg, man sieht ihn dann nicht mehr, und wenn wir zum Beispiel beim Gasthaus ankommen und ich denke: hoffentlich hat er sich nicht verirrt, dann sitzt er schon im Restaurant und hat die ganze Speisekarte ausgelesen und fragt uns, was wir essen wollen. Ich mag alle beide sehr gern, Mami und Vati. Es ist nur schwierig, es beiden recht zu machen. Jetzt bin ich müde von dieser langen Geschichte. Morgen werde ich euch fragen, ob ihr noch etwas wißt, dann höre ich nämlich, ob ihr auch aufpaßt, wenn ich etwas sage. Ich will euch nämlich nicht alles dreimal erklären. Außerdem muß ich jetzt um die Ecke Bonbons kaufen gehen. Ich habe noch ein paar Zehner von meinem Taschengeld aufgehoben. Morgen will ich ein paar Bonbons mit in die Schule nehmen, falls ich da noch welche habe. Sie sind immer so schnell alle, müßt ihr wissen, obwohl ich niemals mehr als zwei auf einmal in den Mund stecke, und das sieht schon komisch aus, sagt Mami. Wenn Vati auch da ist, mache ich das sowieso nicht, sonst kriegen sie wieder Streit wegen meiner Zähne, und wegen der Erziehung und so. Es ist alles sehr anstrengend. Es ist, wie wenn man eine sehr liebe Kuh und ein sehr schönes Pferd in einen Stall sperrt und sie vertragen sich nicht, und dann streiten sie über die drei Schäfchen, die auch noch da sind. Sie streiten, ob man die Schäfchen mehr wie Kälber oder mehr wie Fohlen erziehen soll, und dabei sind es doch Schafe und haben ziemlich weiche Wolle.

Christof: Deine kleine Schwester, die Annette, mein lieber Christof, die ist süß, sagt mein Freund Georg. Wegen ihr würde ich gerne öfter zu euch kommen, und wegen dir natürlich auch. Aber die Atmosphäre ist ein bißchen merkwürdig in letzter Zeit in eurem Haus. Ich getraue mich nicht mehr zu lachen und Witze zu machen, du weißt, ich mache gerne Witze, aber deine Mutter schaut manchmal so traurig, und wenn dein Alter kommt, der schaut mich gar nicht erst an, das macht mich verlegen. Ja, mein Freund sagt über meinen Vater ›dein Alter‹, er sagt es auch über seinen Vater, sogar, wenn der dabei ist, und dann lachen sie beide. Ich kann aber nicht lachen, ›mein Alter‹ paßt gar nicht, es ist, wie wenn ich über einen Gegenstand spreche oder über einen fremden Menschen. Ich halte nämlich viel von ihm. Er ist ziemlich verschlossen in letzter Zeit, und wenn ich auch noch sagen würde ›mein Alter‹, dann würde ich ihn vielleicht verraten, oder es täte ihm weh. Ich weiß oft nicht, wo ich dran bin bei ihm. Er kann sehr nett sein, dann ist er sogar übertrieben nett, so, als sei er nicht mehr ganz sicher, ob ich ihn mag. Früher habe ich gern auch mal gestritten mit ihm. Jetzt ist er ab und zu bedrückt, er macht ein Gesicht, als hätten sie ihm das neue Auto gestohlen oder als wäre er in seinem Betrieb entlassen worden. Dabei glaube ich, daß er dort sehr gebraucht wird, jedenfalls schuftet er wie verrückt, und oft muß er mit ausländischen Leuten, die die Fabrik besuchen, noch essen gehen. Dann ist er ganz selten zu Hause. Daß mein Freund jetzt nicht mehr so oft kommt, ist schlimm. Bei uns zu Hause ist es ziemlich oft ganz beschissen! Warum? Das kann ich gar nicht genau sagen. Ihr könntet es an vielen kleinen Dingen merken: wir sitzen abends kaum noch zusammen; wir essen ziemlich hastig; es kommen weniger Leute zu Besuch; ob ihr es glaubt oder nicht: sogar die Stimmen von Mami und Vati haben sich verändert. Obwohl mir das Lernen zum Hals heraushängt, gehe ich doch ganz gern in die Schule, da ist Ruhe, da habe ich meine Freunde, da kann ich vergessen, daß bei uns zu Hause etwas nicht stimmt. Gott sei Dank kommt bald der Sommer, da kann ich wieder ganze Nachmittage auf den Sportplatz oder ins Schwimmbad. Nichts ist schlimmer als Mamis verheultes Gesicht. Ich hab eh schon Mühe, Abstand von ihr zu halten. Das ist schwierig mit den Müttern, das sehe ich auch bei meinen Freunden. Die merken einfach nicht, daß man mit fünfzehn nicht mehr so oft angefaßt werden will. Mein Freund hat seiner neulich glatt auf die Hand gehauen und sie angebrüllt, da gab es Zirkus, und der ›Alte‹, wie Georg sagt, hat abends auch getobt und gesagt: wenn er noch mal nach seiner Mutter schlägt, bekommt er Prügel, obwohl das bei denen gar nicht üblich ist. Also, es gab dort einen Riesenkrach, aber abends haben sie über alles gesprochen, und sie haben gemeinsam beschlossen, daß Georgs Mutter ihm nicht mehr dauernd mit der Hand übers Haar fahren soll oder einfach ins Bad kommt, wenn er duscht. Aber sag doch mal einer Mami, der du ansiehst, daß sie traurig ist, und die verheult aussieht, so wie du es gerne sagen würdest: ›Laß die Pfoten weg von mir!‹, das ist doch undenkbar! Und so kriege ich manchmal eine irrsinnige Wut, wenn sie mich anfaßt, und trotzdem tut sie mir leid. Dann muß ich ein paar Stunden fahrradfahren, um wieder klarzukommen mit meinen Gefühlen. Nicht einmal mit Georg kann ich darüber sprechen. Der hat eine klare Lösung gefunden und würde mich vielleicht verspotten, weil ich mir so viele Gedanken mache. Da kommt übrigens Vroni von der Klavierstunde zurück. Sie sieht auch nicht gerade aus, als ob sie vor Lustigkeit platzt. Ich werde mal probieren, sie nicht gleich anzupflaumen.

2
Wie Vroni in der Klavierstunde plötzlich zu weinen beginnt

– Hallo, Vroni, wie war's in der Klavierstunde?

– Ach, ganz gut, aber die Frau Severin hat gefragt, was mit mir los ist. Ich hab so oft falsch gespielt, auch bei Stücken, die ich schon ohne Fehler konnte. Ich war einfach nicht ganz dabei, und zuerst ist sie ziemlich wütend geworden, weil sie gemeint hat, mir sei alles egal, oder ich kann sie nicht mehr leiden, oder ich will sie ärgern, das hat sie natürlich nicht gesagt, aber ich hab gedacht, daß sie das denkt, und plötzlich war alles so angespannt, wir haben uns angeguckt, als wären wir Feinde, es war schrecklich . . .

– Aber du magst sie doch gerne, und als sie vor ein paar Monaten mal da war, hat sie gesagt, sie mag dich auch und du bist musikalisch . . .

– Na klar mag ich sie, und wenn die mich auch nicht mehr versteht, hab ich gedacht, dann schmeiß ich alles hin und bring meine Noten zum Flohmarkt, heimlich. Aber es war ja dann ganz anders. Ich fing bei meinem Lieblingsstück an zu heulen und schämte mich so furchtbar, weil ich gar nicht wollte, daß sie so viel von mir weiß. Ich mag sie so sehr und finde sie ganz toll, aber das würde ich ihr natürlich nicht sagen, ich dachte, sie wird es schon daran merken, wie ich spiele und übe. Also gut, ich habe geheult, und sie hat erstaunt gefragt: ›Was ist denn los, Vroni‹, und da hab ich noch mehr geheult und konnte mich überhaupt nicht mehr einkriegen, und ich dachte, ich sterbe vor lauter Schämen, da hat sie den Arm so auf meine Schulter gelegt und gesagt, komm, wir hören auf für heute mit Klavierspielen und setzen uns in die Sessel, das war so lieb, und ich war die ganze Zeit am Heulen und überlegen, ob ich einfach wegrenne und nie mehr wiederkomme, und kaum haben wir da gesessen, da klingelt schon der nächste Schüler, vielmehr die dämliche Gudrun, wo ich sowieso denke, die mag sie lieber als mich. Aber stell dir vor, sie hat sie einfach weggeschickt, es täte ihr leid, sie habe unerwartet Besuch bekommen und so, sie hat wegen mir richtig geschwindelt, ich hab mich so wichtig und aufgehoben gefühlt, und da hab ich mich langsam beruhigt und ihr die ganze Geschichte von uns hier erzählt, und jetzt bin ich immer noch froh, aber auf dem Fahrrad beim Nachhausefahren war es mir wieder schlimm, daß ich so ausgepackt habe, da dachte ich, das hätte ich vielleicht nicht tun dürfen, uns bloßstellen, ich glaube, ich habe Mami und Vati bloßgestellt. Jetzt weiß die Frau Severin alles über unsere Familie.

– Jetzt verstehe ich auch, warum du so ein Gesicht gezogen hast auf dem Fahrrad. Du hast ausgesehen, als hättest du eine Fünf geschrieben oder dich mit deiner Freundin zerstritten, oder als sei der Wellensittich gestorben.

– Ach Christof, sag nicht so ein Zeug. Trotzdem finde ich es toll, daß du überhaupt merkst, was ich für ein Gesicht mache. Also, jetzt erklär mir erst mal, wann man jemanden bloßstellt.

– So ein Wort hat mehrere Bedeutungen, je nach den Personen, um die es geht, oder wo die Sache sich abspielt. Wenn zum Beispiel in einem Warenhaus einer beim Klauen erwischt wird, dann machen es einige Läden so, daß sie den Mann oder die Frau ganz unauffällig ins Büro führen, und die Sache wird hinter verschlossenen Türen verhandelt. Aber in der Klasse haben sie neulich erzählt, daß der Detektiv in einem Kaufhaus eine Szene gemacht hat, vor allen Leuten, die Frau mußte ihre Tasche auspacken vor anderen Kunden; die war ganz verdreht und rot angelaufen und verzweifelt, und der Geschäftsführer kam, und einer sagte: es sei trotzdem, das heißt trotz dem Klauen, ein Skandal, daß man die Frau so öffentlich bloßstellt.

– Das ist eigentlich wie am Pranger, das hatten wir neulich in Geschichte, wo sie die Diebe früher auf dem Marktplatz zum Anschauen und Verspotten angebunden haben, und die Kinder, oder auch die Erwachsenen, haben mit dem Finger auf sie gezeigt.

– Genau. Aber so was Schlimmes hast du ja nicht gemacht. Erstens denke ich, die Frau Severin kann das alles für sich behalten, und sie mag unsere Familie, und zweitens war die ja auch mal verheiratet, oder ist es noch, das weiß ich nicht. Ich weiß nur, daß ihr Mann, oder ihr früherer Mann, in einer anderen Stadt lebt, ich glaube, er ist Orchesterdirigent. Und die werden ja auch nicht ganz ohne Streit an einem schönen Tag beschlossen haben: so, jetzt leben wir in verschiedenen Städten, und was die Leute reden, ist uns egal. Verstehst du?

– Ja, das verstehe ich. Also, wir haben nicht mehr Klavier gespielt, sondern sie hat mir Saft eingeschenkt, dann hat sie gesagt, sie hätte sich schon so was gedacht, daß meine Eltern sich nicht mehr vertragen, und ich bräuchte mich nicht zu genieren, und da habe ich eben alles erzählt, wie traurig das ist, daß Mami denkt: er hat irgendwo eine Freundin, die er lieber mag, und daß es vielleicht gar nicht stimmt, wenn er immer sagt, er hat so viel zu tun oder er muß zu einer wichtigen Besprechung oder eine Dienstreise machen. Weißt du, das mit dem Bloßstellen, das ist mir gekommen, weil ich so im Heulen gesagt habe: Mir kommt es so vor, als ob die beiden nicht mehr immer die Wahrheit sagen, du, ich war sogar so wütend, daß ich gesagt habe, sie lügen. Das habe ich noch nie gesagt, ich habe es nur oft gedacht. Aber Mami hat auch gesagt, es ist ihr so rausgerutscht, daß Vati sie anschwindelt. Bei Mami würde ich nicht sagen, sie lügt. Aber wenn ich sie frage, warum sie so lahm und traurig herumsitzt, dann redet sie schnell von was anderem, und ich habe dann das Gefühl, als wäre ich ein Spion, der herumschnüffelt. Ich schäme mich dann für unsere Familie. Ich habe gar nicht gewußt, daß ich so stolz bin auf unsere Familie, und daß ich es ganz schrecklich finde, wenn andere Leute etwas davon wissen. Weißt du, das habe ich noch nie gemacht, mich bei jemand anderem über unsere Familie beklagt. Ich habe mal so zu meiner Freundin gesagt: heute bin ich richtig sauer auf die beiden, aber mir war nie so ganz wohl dabei. Und jetzt habe ich alles laufen lassen und fürchte, die Frau Severin denkt schlecht über uns. Ich weiß gar nicht, was ich für ein Gesicht machen soll, wenn ich nächste Woche wieder hingehe.

– Du, Vroni, mach dir da nicht so viel Sorgen. Es ist jetzt sowieso passiert. Die Eltern von Georg, sagt er, reden auch schon über uns. Und ich überlege manchmal – vielleicht hast du davon gehört, daß die so einen Schülertelefondienst eingerichtet haben, zum Beispiel, wenn man sich nicht nach Hause traut wegen dem Zeugnis, dann kann man da anrufen, und statt Prügel, die es gibt, ruft dann jemand bei den Eltern an, einer, der weiß, wie man mit ihnen redet: sie sollen nicht durchdrehen, und die Welt geht nicht unter, und statt Prügel wäre es besser, ein Kind, das schlechte Noten hat oder sitzenbleibt, zu trösten, weil das ja keiner freiwillig tut, ich meine, sitzenbleiben oder Sechsen schreiben. Aber ich bin mißtrauisch, wer dort am Telefon sitzt, und ob die es wieder irgendwo melden müssen.

– Ich bin froh, so mit dir zu quasseln. Ein bißchen komisch ist das schon, wenn wir so über die Familie reden. Ich weiß oft nicht, ob ich das alles denken und wissen darf, und ob man damit alleine ist, und was Mami und Vati wohl sagen würden, wenn sie das hören, ich glaube, die würden ausflippen. Aber weißt du was, wegen dem Bloßstellen: erstens habe ich nicht gesagt, ich mag die nicht mehr, oder sie seien schlecht oder gemein, und zweitens, ja, stell dir vor, als die Annette noch im Kindergarten war, da haben die, vier oder fünf Kinder, Familie gespielt, und Doktor und Lehrer, und da hat die allen erzählt, daß Vati jetzt sein Bett oben im Dachzimmer hat, und in einer Nacht ist sie aufgewacht, da war ein riesiger Krach und Türenknallen, und jetzt schlafen sie nicht mehr zusammen im Schlafzimmer. Den andern kleinen Mädchen war das ganz egal, ich habe sie genau beobachtet. Annette hätte genausogut erzählen können, daß unser Hund eine neue Hundehütte hat. Aber ich hatte doch Angst, daß die das gleich zu Hause ausplaudern.

3
Annette plaudert ein wichtiges Geheimnis aus: Vati hat eine Freundin

– Hört mal zu, ich habe euch gesagt, daß ich nicht alles dreimal erklären will. Also, wißt ihr noch, wie ich heiße? Friederike? Nein! Gisela? Nein! Anita? Nein, aber es stimmt beinahe. Ihr sollt eben aufpassen! Ich bin die Annette, und wer sagt, ich sei erst fünf und ich gehe noch in den Kindergarten, der lügt und kriegt einen Zehner vom Taschengeld abgezogen. Ich bin nämlich sechs und kann schon bis neununddreißig zählen. Und außerdem sagt Tante Gerda, ich bin sehr drollig, und schöne Haare habe ich auch. So, und jetzt wißt ihr wieder nicht, wer Tante Gerda ist, das hab ich mir doch gedacht. Ich weiß es zwar auch noch nicht genau. Aber sie arbeitet beim Vati auf dem Büro, und manchmal, wenn Vati mich mitnimmt, dann gehen wir zusammen Kaffee trinken, und ich kriege Eis, so viel wie ich will. Kaffee mag ich noch nicht. Vielleicht, wenn ich sieben bin. Tante Gerda lacht viel, wenn wir zusammen sind, und sie schaut Vati an, als wenn er der Weihnachtsmann wäre, und ich, sagt sie, sehe von der Seite aus wie das Christkind. Ich glaube, die sind ineinander verknallt oder so, falls ihr wißt, was das ist. Das ist so mit viel Kichern und Händchenhalten. Manchmal denke ich, Vati müßte drei Hände haben, eine für mich, eine für Mami und eine für Tante Gerda. Die beiden großen Kinder brauchen vielleicht keine Hand mehr. Christof hat ein Rennrad und Vroni spielt Klavier. Ich glaube, niemand außer mir und Vati kennt Tante Gerda. Ich weiß nicht, warum er sie vor den anderen versteckt hält. Aber ich bin stolz, daß er sie mir gezeigt hat.

– Du, Christof, du guckst zwar in dein Französischbuch, als wäre das ganz spannend. Aber ich glaube, du hast auch ein bißchen zugehört, was die Annette gerade erzählt hat.

– Das stimmt, ich bin ganz verrückt vor Neugier und kann kein Wort mehr lesen, auch nicht in dem Krimi, den ich unter dem Französischbuch liegen habe. Und dann kommt es mir übrigens so vor, als wenn die Kleine für uns geredet hätte ...

– Ich bin nicht die Kleine, du Müllkiste, du kaputtiges Radieschen!

– Ha ha, jetzt muß ich aber lachen. Woher kennst du denn diese schönen neuen Ausdrücke? Stehen die in eurem Lesebuch, oder lernt ihr mit dem Fräulein Lehrerin damit das Buchstabieren? Zwei mal zwei ist fünf, weniger abc, geteilt durch ein kaputtiges Radieschen, das macht eine Müllkiste voll Erstkläßler, und wie ein I-Punkt obendrauf Annette ...

– Christof, du bist ekelhaft, du tust, als wärst du als Oberschüler auf die Welt gekommen und hast nie die Flasche bekommen, sondern gleich an deinem blöden Lexikon geknabbert. Jetzt heult sie gleich wieder und erzählt uns nichts mehr. Laß dich nicht so ärgern von dem Lümmel, Annette. Erzähl uns mal lieber was von der Tante Gerda!

– Nein, das geht euch nichts an. Ich bin doch nicht doof. Ihr wollt nur auch Eis haben. Kauft euch selber Eis. Ihr kriegt sowieso viel mehr Taschengeld ... also, die Tante Gerda ist schön und süß. Schön, das sage ich, und süß, das sagt Vati. Mehr sage ich nicht. Ihr petzt ja sowieso. Ich geh jetzt zu meiner Freundin, die ist auch sechs, und sie sagt auch, daß Christof sehr oft ein Ekel ist, und auch sehr nett, aber weniger oft. Aber wißt ihr was, macht die Ohren auf und den Finger auf den Mund, dann bleibt das Herz gesund ... der Vati geht lieber mit der Tante Gerda auf Dienstreise als mit Mami, obwohl sie die Mami ist.

– Halt bloß den Mund, Christof, du willst ja schon wieder Frechheiten sagen. Mach doch mal über dich selber Witze. Laß doch die Annette auch mal ein bißchen angeben! Wer angibt, hat mehr von der Wurst. Das wirst du doch am besten wissen.

– Was willst du denn damit sagen, Vroni, suchst du Streit?

– Nein, ich sage nur, daß du manchmal auch ganz schön angibst, und außerdem, sag jetzt nicht Vroni, wo wir so ein wichtiges Gespräch haben.

– Also gut, Schwester Veronika, dann schieß mal los.

– Was soll ich denn losschießen, du Dussel, wir wollen doch was von Annette wissen. Ich glaube, heute bist du es, der dauernd den Faden verliert. Weißt du denn noch, worum es geht?

– Na klar, um Dienstreisen ...

– Idiot, Dienstreisen machen viele, es geht darum, daß Vati eine Freundin hat, die er mitnimmt auf Dienstreisen, und mit der er sich im Café trifft, und daß die Streitereien zu Hause damit zusammenhängen, und Mamis verheultes Gesicht. Und während wir alle keine Ahnung haben, nimmt er Annette mit ins Café, und dann geht es ans Eisschlecken und ans Händchenhalten ...

– Das ist Bestechung, Paragraph siebentausendzweihundertsechsundneunzig.

– Und was ist Bestechung?

– Bestechung ist, wenn ... Also, stell dir vor, ich erwische dich, wie vor ein paar Wochen, mit deinen Freundinnen auf dem Weihnachtsmarkt, und ihr fahrt stundenlang Karussell, und Mami denkt, ihr macht zusammen Schulaufgaben oder sammelt alte Kleider für Flüchtlinge in Afrika. Dann weiß ich ein Geheimnis von dir, und es wäre dir lieber, ich würde beim Abendessen nicht fragen: ›Na, liebe Vroni, wie war's denn beim Karussellfahren?‹ Du würdest nämlich ziemlich rot werden, und unter dem Tisch kriegte ich einen von deinen gemeinen Tritten gegen das Schienbein. Um diese unerfreuliche Situation zu vermeiden, ich meine, daß du rot wirst, daß mein Schienbein weh tut, daß es ein großes Gezeter gibt, schlage ich dir vor, du könntest den Inhalt deiner Sparkasse mit mir teilen, weil ich ziemlich dringend ein Segelflugzeugmodell brauche. Ehrlich. Du sagst natürlich zuerst: Christof, du spinnst, du hast dein Geld längst in Kaugummis angelegt und in einem Eishockeyschläger, und jetzt sparst du halt wieder für deinen Segelflieger.

– Richtig, das würde ich sagen ... Annette, bleib hier und verdrück dich nicht, wir sind noch nicht fertig mit der Tante-Gerda-Geschichte ... aha, und du Schuft würdest mich dann zwingen, mein Geld herzugeben, damit du die Klappe hältst! Da wär es aber aus mit unserer Freundschaft. Ich würde denken, du bist ein Schwein.

– Keif doch nicht gleich so, ich habe ein Beispiel gemacht, nur so aus der Phantasie, außerdem stimmt das Beispiel nicht, denn so was nennt man Erpressung, Paragraph achttausendneunhundertundelf. Warum hältst du dir denn die Ohren zu?

– Weil ich dein Paragraphengetue nicht mehr hören kann. Bestechung wolltest du mir erklären, und jetzt sehe ich, daß du ziemlich gemeine Phantasien hast, nur wegen meiner Sparkasse und wegen dem Karussellfahren.

– Also, bleiben wir bei dem Schokoladeneis.

– Ha ha, es war doch gar kein Schokoladeneis, es war gemischt, mit ganz viel Sahne.

– Das gemischte Eis soll dir zu den Ohren herauskommen, du Verräterin. Meinst du denn, es wäre Mami egal, wenn du mit Vati und Tante Gerda Eis essen gehst, und sie sitzt zu Hause und liest oder löst Kreuzworträtsel und überlegt, die wievielte Dienstreise das in diesem Monat ist?

– Schrei doch die Annette nicht so an, du bringst sie bloß auf dumme Gedanken. Da ist höchstens Vati ein Verräter, aber nicht die Kleine ... Aua, jetzt hab ich's auch gesagt, entschuldige Annette, das kommt von dem ernsten Gespräch.

– Ihr zwei seid doof, typisch Frauen, man kann gar kein ernstes Gespräch mit euch führen. Sobald was von wirklichen Paragraphen kommt und Gesetzen und so, da dreht ihr durch oder haltet die Ohren zu. Der rote Faden ist doch der: Papi hat eine Freundin, das ist wie in den Romanen in der Radiozeitung, meistens kommt dann noch ein Detektiv vor, ein Rechtsanwalt und wahnsinnige Szenen zu dritt, sogenannte Aussprachen. Manchmal nimmt die Freundin heulend das nächste Flugzeug, manchmal die richtige Frau, und manchmal der Mann. Jedenfalls ist da viel los. Und statt um Eisessen geht es um Häuser oder Schlösser, um Rolls Royces oder kleine, schnittige Flugzeuge. So wie Annette jetzt Eis essen darf, so darf dann jemand eine Villa kriegen oder ein Motorboot, damit er kein dummes Zeug redet. Das ist jetzt ein besseres Beispiel für Bestechung. Zum Beispiel den Portier oder den Hausmeister oder das Zimmermädchen in den Dienstreisenhotels kann man bestechen, damit sie etwas verraten oder damit sie nichts verraten, je nachdem.

– Ich geh jetzt zur Gerlinde, mit euch ist es langweilig. Ihr redet immer über mein Eis, aber ihr kauft mir keines, geht doch auch mal zu Tante Gerda, sie wohnt in der Lärchenstraße, neben dem Café. Tschüß.

– Jetzt schlägt's aber dreizehn, Vroni, die weiß auch schon, wo sie wohnt. Also war sie schon dort. Und Papi trifft die sogenannte Tante Gerda nicht nur im Café.

– Das war doch klar, Christof, daß die Tante Gerda nur eine sogenannte Tante Gerda war. Im übrigen kann ich Papi verstehen ...

– Bist du verrückt geworden, Vroni, jetzt schlägt's ja fünfzehn, wenn nicht zwanzig, du entschuldigst ihn auch noch! Jetzt könnte ich dir grad ein Büschel von deinen Haaren ausreißen.

– Tu's doch. Das paßt zu der Karussellgeschichte. Du willst wohl die andere Hälfte meiner Sparkasse auch noch? Wie heißt dann der Paragraph, du Klugscheißer, wenn du mir die Haare ausreißt und die Sparbüchse raubst, ist das dann Vergewaltigung?

– Du spinnst, Vergewaltigung ist etwas Sexuelles, und dein Sparschwein kannst du behalten und mit dem Geld heimlich einen Schminkkasten kaufen und Kriegsbemalung üben mit deiner ganzen Klasse von Edelziegen. Wenn du mich anfaßt, dann schlage ich zurück . . .

– Was hab ich denn getan, daß du so gemein wirst, Christof?

– Du bist ja längst Partei in unserer Familie, Vati vorn und Vati hinten, zu Mami bist zu zickig, und Vati himmelst du an und läßt dich von ihm verwöhnen, und jetzt findest du es auch noch ganz in Ordnung, daß er sich hier groß aufspielt und Mami endlos kritisiert und sie eine lahme Ente nennt, und dabei hat er längst seine Tante Gerda, und zusammen ködern sie Annette mit Eis. Und doof ist er auch noch, der Alte, der denkt, das käme nicht raus, die Kleine kann ja noch nicht mal für sich behalten, wenn sie Pipi machen muß, das posaunt sie herum. Man muß sich ja wundern, daß sie uns das erst heute halb freiwillig, halb unfreiwillig erzählt hat. Ich kann mir auch gar nicht vorstellen, daß Annette bei der Mami nicht schon so viel rausplappert, daß sie sich den Rest denken kann. Und weißt du, Vroni, was ich das Traurigste finde: Wenn Vati ihr nicht sagt, sie soll den Mund halten, oder denkt, die hält alles für harmlos, dann ist er doof. Und wenn er Annette versprechen läßt, daß sie die Klappe hält, dann ist er schuftig, weil man meiner Meinung nach so Häschen zwischen Kindergarten und Schulbank nicht zwingen darf, etwas Wichtiges ganz für sich zu behalten.

– Ganz schön klug bist du, richtig logisch, wie in deinen Detektivromanen, und den Schurken hast du auch schon gefunden. Du glaubst wohl, du seist nicht Partei. Nach deinem komischen Gehirn kann Vati nur doof oder schuftig sein, sonst fällt dir nichts ein. Kauf dir doch eine Ritterrüstung und erschlag den bösen Ritter Kuno.

– Du bist eine richtige Giftnudel, Vroni, du weißt ganz genau, wie sehr ich ihn mag. Meinst du, ich würde sonst manchmal ganze Tage mit ihm wandern, obwohl ich wandern eigentlich nur zum Davonlaufen finde?

– Sag mal, hast du gar nie darüber nachgedacht, ob die beiden überhaupt zusammenpassen, und was die voneinander wollen. Immer, wenn ich Vati mit anderen Frauen sehe, ganz harmlos, meine ich, dann schaue ich, von welcher ich mir vorstellen könnte, daß sie am besten zu ihm paßt. Mit Mami geht es mir oft genauso. Ich verrate dir jetzt ganz viel von meinen heimlichen Gedanken. Ich sehe Mami dann schon mal so, wie sie auf den Bildern vor der Hochzeit ausgesehen hat, und denke mir einen Mann dazu, der sie sehr sehr lieb hat und der ganz genau erkennt, was sie wert ist. Das ist ja das Schlimme: sie läßt sich so viel gefallen, und dann zieht sie endlose Vorwürfe aus der Kiste. Ich mag sie sehr gerne, aber es macht mich wütend, wenn sie so schwach, so leidend ist, und wenn sie dann wieder so einen verzweifelten Ausbruch bekommt und dann doch wieder bettelt, dann schäme ich mich für sie.

– So, Freunde, ich hätte euch fast vergessen vor lauter Streit mit der Vroni. Ihr werdet es vielleicht gemerkt haben, wie sehr ich erschrocken bin über ihren Wutanfall, als ich sagte, ich finde es nicht gut, wie Vati sich benimmt. Ihr werdet das wohl auch kennen: man streitet sich am allergemeinsten, wenn es um Menschen geht, die man mag oder mit denen man nahe zusammen wohnt. Denkt nur einmal darüber nach, wie kompliziert alles wird, wenn man sich fragt: wen habe ich eigentlich lieber, Vati oder Mami, und wem gebe ich mehr recht, wenn sie streiten.

– Du redest schon wieder so klug und ruhig, Christof! Ich bin noch ganz aufgeregt, weil ich so einen großen Riß bemerkt habe zwischen uns. In deinen Augen hat es geblitzt, als wolltest du mich durchbohren. Kennt ihr das auch, dieses eklige Gefühl, wenn man in einer Familie merkt: jetzt, jetzt sehe ich plötzlich einen tiefen Graben zwischen mir und einem andern, jetzt könnten wir Feinde werden und nicht mehr das richtige Wort finden, damit wir uns wieder vertragen. Natürlich hat Christof nicht nur allein darüber nachgedacht, ob die Eltern zusammenpassen. Vielleicht hat er früher angefangen damit. Für mich waren sie einfach immer da. Wenn sie streiten, fühle ich mich krank und kann manchmal nichts essen. Aber trotzdem habe ich immer gedacht: sie gehören zu mir, und sie gehören auch ganz fest zusammen. Ich könnte sie mir nicht getrennt vorstellen. Aber als es dann immer schlimmer geworden ist mit dem Streit, als wir zum erstenmal nicht gemeinsam in den Urlaub gefahren sind, als das mit den Dienstreisen immer schlimmer wurde, ja, da habe ich angefangen, sie als zwei ganz verschiedene und manchmal ganz fremde Personen zu sehen. Ich kann euch sogar noch einen Traum erzählen, der dazu paßt. Es sollte eine Hochzeit sein, ich konnte Vati sehen, aber die Braut war versteckt unter dem Schleier. Dann hat ihn jemand weggezogen, und ich habe ein unbekanntes Gesicht gesehen, nicht das von Mami, Mami stand ziemlich weit hinten, und nachher ist sie im Auto der Großeltern weggefahren. Es war ein schrecklicher Traum, ich wußte nicht, was ich tun sollte, und als ich ihr nachgelaufen bin, war es schon zu spät.

Das war in der Zeit, als Mami zum erstenmal vor uns Kindern sagte zu Vati: ›Heinz, du machst mich kaputt, du machst die Familie kaputt, du arbeitest dich tot, und wir haben nichts von dir.‹ Und er fing an zu schreien und sagte: ›Hätte ich dich bloß nicht geheiratet, du kommst ja nie von deinen eigenen Eltern los, ich langweile mich mit dir zu Tode‹, und vielleicht noch viel schlimmere Dinge. Es war ganz schrecklich, sie waren wie Feinde. Man ist dann wie gelähmt und kann überhaupt nicht mehr denken. Oft haben sie auch, bis ganz spät in der Nacht, miteinander geredet, manchmal friedlich, wie wenn sie zusammen eine schwere Aufgabe hätten, und manchmal mit so lautem Schreien, daß ich aufgewacht bin. Oder ich hatte noch gar nicht geschlafen, weil ich schon beim Abendessen merkte: heute ist wieder was Schlimmes los. Manchmal haben sie auch versucht, mit Freunden zusammen zu reden. Sie sind abends wieder miteinander weggegangen, ins Kino, und Christof und ich mußten auf Annette aufpassen. Und obwohl es schlimm war, wenn sie weggegangen sind, habe ich immer gehofft, sie können sich wieder vertragen.

So, jetzt wißt ihr schon sehr viel über unsere Familie, und wenn es nicht klar wäre, daß es auch unter euch viele gibt, die ähnliche Sachen erleben, dann würde ich mich schon wieder schämen oder ganz unsicher werden, ob ich euch noch in die Augen schauen kann. Es ist nämlich auch nicht so, daß ich Partei bin, wie Christof in seiner Wut gemeint hat. Übrigens, wenn er so eine Wut bekommt, dann ist er ja auch Partei, nur auf der Gegenseite, also, ich dachte, er verteidigt Mami und fällt Vati an wie ein Löwe, ihr habt es ja gehört.

Vroni: Es gibt keinen lieberen Menschen als Mami. Sie hat fast immer Zeit, sie spielt mit uns, wenn wir wollen, sie hat alles für uns gemacht. Sie hat gekämpft für meine Klavierstunden, obwohl Vati lieber wollte, daß ich reiten lerne. Sie spürt ganz viel von dem, was man für Sorgen hat, und ich kann ihr alles erzählen. Das heißt fast alles; bis der große Streit anfing. Das waren die schlimmen Monate, bis Christof abends an mein Bett kam, ihr wißt schon, vorher dachte ich, ich halt es nicht aus, die vielen Gedanken, mit denen ich ganz allein war. Mami kann man überhaupt nicht hoch genug einschätzen, sie ist einfach lieb, und die Welt könnte ganz wunderschön in Ordnung für sie sein, wenn sie einen Mann hätte, der jeden Tag um fünf Uhr heimkommt, sie in den Arm nimmt, sich alles erzählen läßt und selber auspackt von dem, was er den ganzen Tag gemacht hat. Und dann spielt er mit den Kindern, und abends spielen alle etwas zusammen, und es wird viel fotografiert, und gemeinsam klebt man die Bilder ins Album; oder wir Kinder spielen, und sie strickt, und er liest ein Buch, und ab und zu redet man etwas. Es würde ganz ruhig und still und freundlich zugehen, so wie sie es sich wünscht. Ich kann sie ganz gut verstehen. Wenn sie auch so viel gearbeitet hätte wie Vati oder mit so vielen Leuten immer zu tun hätte, das wäre ganz schon schlimm für uns gewesen. Sie ist einfach immer da, und sie ist gern da. Aber sie sagt: dafür wird sie nicht belohnt, sie kommt zu kurz, es ist alles selbstverständlich, was sie tut. Sie verkümmert, und das kommt von Kummer. Ich mag sie sehr, und trotzdem möchte ich auf gar keinen Fall so werden wie sie. Sie hat kein eigenes Geld, die Arbeit und die Launen und der Charakter von Vati bestimmen alles, sie muß sich immer anpassen. In manchen Familien geht das gut. Seit ich gemerkt habe: Vorsicht, das kann ja schiefgehen mit unserer Familie, betrachte ich die Eltern von meinen Freundinnen mit ganz anderen Augen. Ich guck, wie die alles einteilen, wer da was tun muß, und wer bestimmt, und an welchen Punkten es Krach gibt, und vor allem: was alle machen, wenn der Krach da ist. Das Schlimme bei uns ist, daß er manchmal nicht wieder aufhört. Es ist wie stiller Krieg, zäh und stumm, mit Weggucken und so einem kalten, höflichen Ton, so wie wenn man nicht will oder Angst hat, daß wieder eine Granate hochgeht, da schleicht man lieber drum herum und will nicht Schuld sein am Knall. Jetzt kommt bald meine Freundin, und wir malen zusammen. Da staune ich, wie ich einfach alles, alles vergesse, was los ist. Wenn ich nicht aufpasse, abends, dann vergesse ich sogar, wann bei uns zu Abend gegessen wird. Ich würde einfach auf dem Boden liegenbleiben und weitermalen. Gott sei Dank erlaubt Mami manchmal, daß ich bei meiner Freundin übernachte. Ich glaube, unsere Mütter verstehen sich ganz gut und telefonieren oft, wenn wir alle in der Schule sind und sie es ruhig haben. Da kommt ja Annette auch schon zurück, das ist gut. Wenn Mami jetzt so im Wohnzimmer sitzt und mal näht und mal liest und mal seufzt und mal telefoniert, und wir Kinder gehen alle weg zu den Freunden, dann fühle ich mich gar nicht wohl. Am besten ist es, wenn immer einer da ist, fast hätte ich gesagt, der auf sie aufpaßt, aber so schlimm ist es ja noch nicht. Ich übertreibe ein bißchen, sie geht ja auch ganz gerne mal weg zu einer Freundin. Aber sie mußte es erst wieder lernen. Sie sagte immer, sie kann nicht weg, wegen uns, und Annette hat ja auch oft geweint, wenn sie nicht wußte, wo Mami ist, und von uns hat sie sich oft nicht trösten lassen. Da wurde ich, und Christof auch, wütend, wenn sie immer ›Mami-Mami‹ schrie, und wir beiden waren doch da und haben auf sie eingeredet, aber sie tat, als wären wir Luft.

4
Wie Annette sich vorstellt, daß Vatis Freundin, die sogenannte Tante Gerda, zur Familie gehören könnte

– Hallo, ihr Kinder, hier bin ich, Annette, wo wart ihr so lange? Ich hab euch ja fast schon vergessen. Hoffentlich habt ihr mich nicht vergessen. Gerlinde und ich haben gespielt und die Puppen anders angezogen, ganz verrückt, weil jetzt ja bald Fasching ist. Und nachher haben wir uns selber verkleidet und probiert, ob wir die Leute erschrecken können. Sie sind aber nicht arg erschrocken, die meisten haben gelacht. Ich habe der Gerlinde von Tante Gerda erzählt. Sie will sie auch einmal sehen und fragt, warum sie nie zu Besuch kommt. Ich finde auch, es wäre am besten, sie würde bei uns mitwohnen, dann wäre Mami nicht so allein, tagsüber, und der Vati wäre lustiger. Er ist fast immer lustig, wenn Tante Gerda dabei ist. Jeder soll jeden gern haben, das ist das beste. Ich verstehe oft nicht, warum sie streiten. Vati meckert, wie Mami angezogen ist, und wie sie die Haare frisiert, und Mami jammert, daß er so wenig Zeit hat und so wenig mit uns spielt. Aber das ist so, müßt ihr wissen: Mami ist ganz lieb, und Vati ist ganz wichtig, in seiner Fabrik, und bei uns zu Hause auch. Ich glaube, er kriegt viel Geld für seine Arbeit, mindestens hundert Mark in einem Monat, und an Weihnachten sogar noch etwas extra, damit es für die Geschenke reicht und für das Taschengeld. Abends, wenn er nach Hause kommt, bin ich ganz aufgeregt. Auch wenn es den ganzen Tag schön war in der Schule und mit Mami und mit Gerlinde, ist es doch ganz toll, wenn er kommt. Dann fliege ich zuerst einmal hoch unter die Decke, obwohl ich schon sechs bin – ich hoffe, daß ihr das jetzt endlich behaltet –, das könnte die Mami zum Beispiel nicht, oder sie macht es nicht gerne: mich so hoch werfen, daß mir fast schwindelig wird. Er kann noch mehr solche Sachen. Wenn er kommt, dann rutsche ich einfach runter von Mamis Schoß oder höre ganz schnell auf mit Spielen und renne zu ihm und lasse mich auf ihn drauffallen. Er sagt dann ›Hallo‹ zu Mami und gibt ihr manchmal ein Küßchen, so als ob sie Schnupfen hätte und er nicht angesteckt werden will. Dabei hat sie gar keinen Schnupfen. Wenn ich Streit gehabt habe mit Mami wegen dem Essen oder weil ich meine Kleider überall hinschmeiße und die Spielsachen nicht aufräume, dann renne ich noch schneller zu ihm, wenn er kommt. Er findet das alles nicht so schlimm und sagt: sie soll nicht so streng sein. Dann kann ich sie gar nicht anschauen, bis es vorbei ist. Vati und Mami denken nämlich von vielen Sachen nicht gleich. Wenn ich mit Mami alleine bin, ist alles klar. Ich weiß, was ich darf und was ich nicht darf. Natürlich, wenn ich sehr lange quengle und sie müde ist und ich ihr auf die Nerven gehe, dann erlaubt sie einige Sachen, die sonst verboten sind, oder ich darf öfter mal beim Kaufmann etwas für mich einkaufen. Weil ich fast immer mit Mami zusammen bin, kenne ich sie ganz gut und sehe an ihrem Gesicht, was ich vielleicht tun darf und was nicht. Also, der Vati kommt nach Hause, und dann gibt es bis zum Insbettgehen andere Spielregeln, die sind schöner, aber natürlich nicht für den ganzen Tag oder jeden Tag, sondern sie gelten nur, wenn Vati da ist. Es ist, wie wenn man in einem Buch umblättert, von einer schönen, aber ein bißchen langweiligen Geschichte, die man schon ganz gut kennt, zu einer besonders schönen, die sehr aufregend ist. Was sie sagt, gilt dann nicht mehr. Ich bin ganz froh, aber heimlich schaue ich zu ihr hin und denke: jetzt sitzt sie traurig in der Ecke mit ihren Spielregeln, sie muß uns ja den ganzen Tag aushalten, wie sie sagt, und plötzlich wird umgeblättert, und sie sitzt da mit ihrer schönen langweiligen Geschichte. Vati strahlt dann, wenn wir begeistert sind von ihm. Wir gehen oft nach dem Essen nach nebenan toben und duschen und lesen vor, und Mami deckt in der Küche den Tisch ab und kocht manchmal schon etwas für morgen. Das alles kann Vati auch, wenn Mami mal nicht da ist, aber wenn sie da ist, macht er es nie. Wenn er mit uns kocht, sage ich ihm oft, wo alles steht, Salz, Kaffee, Milch, Tassen, Saft, Eier, weil ich schon genau zugeguckt habe, wie es gemacht wird. Ich möchte mal so werden wie Mami, nur schöner, und nicht soviel heulen, und einen Mann haben, der nicht arbeiten muß, oder höchstens am Dienstag, wenn ich länger Schule habe, und vielleicht am Abend, wenn ich schon schlafe. Er muß mir gehorchen und mich fragen, was *mir* gefällt. Auch darf er nie sagen: es sieht komisch aus, wenn du zwei dicke Bonbons auf einmal in den Mund nimmst, in jede Backe eines. Mir schmeckt das gut, und ich finde noch lange nicht, daß ich dann aussehe wie ein Hamster oder ein Meerschweinchen mit geschwollenem Hals. So, jetzt wißt ihr, wie ich später leben will, wenn ich selber groß bin und verheiratet oder vielleicht Vati als Mann habe. Warum lacht ihr denn? Ihr seid doof! Meint ihr, ich wüßte nicht, daß das nicht geht? Aber man kann trotzdem einmal drüber nachdenken. Bei vielen Sachen sagen die Leute zuerst, es geht nicht, und später geht es dann doch.

5
Wie Christof und Vroni zum erstenmal über ihre Eltern reden und entdecken, daß sie wütend und traurig sind

– Hallo, Vroni, hast du Zeit?

– Wofür denn?

– Bißchen reden ...

– Für ein bißchen reden schon. Aber du machst ein Gesicht, na, du weißt schon, wie wenn du eine Aussprache mit mir haben wolltest. Gibt es was Neues in unserem Familienkrieg? Ich könnte richtig böse Witze machen, ich fühle mich dann ganz kalt, oder wie sie in der Klasse jetzt sagen, cool, aber was ist schon cool, wenn man sich die Bluse und den Pulli durchschwitzt.

– Mach es mir doch nicht so schwer, Vroni. Ich wollte nur ein wenig lässig anfangen und nicht gleich selber mit dem Holzhammer kommen oder sagen: ich möchte eine Aussprache. Da wärst du vielleicht gleich weggerannt oder hättest eine Gänsehaut gekriegt.

– Also gut, du wolltest es lässig anfangen, und ich hab grade keine so'ne lässige Laune. Weißt du übrigens, was Mami mir erzählt hat: sie geht jetzt einmal in der Woche zu einem Psychopoden, oder wie das heißt ...

– Psychologe heißt das, verstehst du, die erforschen immer feinere Vorgänge im Kopf, die man vielleicht sogar messen kann, eines Tages, wie in der Atomphysik, da entdecken die auch dauernd neue Sachen, Neutrinos und Quarks ...

– Komm, hör schon auf, du brauchst doch nicht gleich einen Vortrag zu halten, bei dir verliert man immer gleich den roten Faden ...

– Du wolltest nichts von Quarks hören, aber dafür einen Vortrag über den Psychopoden halten ...

– Hör jetzt endlich auf damit. Zuerst habe ich gedacht, daß bei Mami im Kopf was nicht stimmt, weil sie zu so einem muß. Aber sie hat dann selbst gemeint, es hilft ihr, wenn sie mit jemand, der davon etwas versteht, einmal in der Woche über sich und über unsere Familie sprechen kann.

– Paß auf, wenn das so weitergeht, dann gibt es um unsere

Familie herum einen ganzen Schwarm von Leuten, mit denen jeder von uns quatscht. Aber vielleicht geht es gar nicht anders. Du redest mit Frau Severin, anstatt Klavier zu spielen, die Annette unterhält wahrscheinlich ihre ganze Klasse mit unserem Zirkus. Ich ruf demnächst doch mal die Telefonseelsorge an, und Vati weint sich bei Tante Gerda aus.

– Wenn Mami vom Psychodoktor zurückkommt, sieht sie, selbst wenn sie verheult ist, trotzdem meistens ein bißchen beruhigter aus. Weißt du, auf ihrem Gesicht ist dann auch wieder was anderes als der Ausdruck: ach, warum hat es mich so schwer getroffen! Das geht mir übrigens ganz schön auf die Nerven bei ihr, daß sie wie ein Trauerkloß rumläuft.

– Vroni, hör auf, so zu reden. Wart mal ab, wie du guckst, wenn du drei Kinder hast und der Mann sich eine Gerda nimmt.

– Mir passiert das nicht, das schwör ich dir. Ich war empört, als ich gehört habe, Mami geht zu einem Seelendoktor wegen Zerrüttung oder wie die das nennen auf den Ratgeberseiten in den Illustrierten. Aber jetzt bin ich doch froh. Ich glaube sogar, daß es gut ist. Ich kriege wieder Luft, wenn ich sehe, wie sich ihr Gesicht verändert. Ich kann mir ja fast nichts darunter vorstellen. Aber so, wie mir ein Gespräch mit dir guttut, muß es wohl sein. Für die Mami ist ja die Familie einfach alles. Das war für uns sicher ganz toll. Es war so klar, daß sie immer da ist. Neulich hab ich mal gedacht, und bin ein bißchen erschrocken: ich hab sie ja fast angeschaut wie ein Möbelstück, das zu uns gehört, ein Mehrzweckmöbel, das alles kann, einschließlich über Tiefpunkte weghelfen.

– Vroni, bei dir weiß ich nie, was du wirklich über Mami denkst. Einmal redest du voller Hochachtung, man spürt, daß du sie magst und auch dankbar bist, und dann hört sich's wieder an, als würdest du sie verachten und meinen, die ist selber schuld an ihrem Unglück. Du sprichst, als wären das zwei Personen, oder als hättest du am Tage mehrere Male ganz verschiedene Gefühle.

– Das stimmt auch, es ist mir selbst unheimlich. Ich habe richtig Angst, daß ich ein Biest bin, wenn ich nicht auf ihrer Seite stehe, ich hab manchmal ganz gemeine Gedanken: die ist selber schuld, die ist schön blöd, sich so ausnutzen zu lassen, oder: sie ist einfach zu doof für einen Beruf, deshalb hat sie sich für die

Familie geopfert. Das klingt so heldenhaft, aber vielleicht ist ihr einfach nichts anderes eingefallen, und dem Vati ist das einfach öde geworden. Dann wieder denke ich: was hat Vati ihr denn eigentlich versprochen, als die geheiratet haben? Hat er noch nicht gewußt, daß ihm der Erfolg so wichtig ist, oder die Arbeit, oder daß er dauernd Leute um sich braucht?

– Na, mir geht es ja ähnlich, ich kriege meine Gedanken auch nicht unter einen Hut, bei beiden nicht. Ich glaube aber, daß Mami ihn ganz schön bewundert hat und daß sie so eine Art Bündnis geschlossen haben: wir arbeiten zusammen, daß aus Papi etwas ganz Tolles wird, hat er ja auch geschafft. Sie hat seiner Karriere, wie man so sagt, gedient, und er hat sicher probiert, sie dafür zu belohnen mit Haus und Heim und Geld und Familie und Ansehen, und auf einmal haben sie gemerkt, daß jeder zu kurz kommt. Aber sie haben sicher auch noch Hoffnung oder meinen, sie könnten den andern noch umbiegen, sonst würden sie einander doch nicht so endlose und gemeine Vorwürfe machen. Jeder glaubt, er sei vom andern bitter enttäuscht worden, und wenn sie so streiten, dann reißt es mich hin und her, und ich wünsche mir, man könnte *einem* die Schuld geben und ihn wegschicken oder bestrafen oder zur Besserung zwingen. Die sind so erbittert, daß die Gespräche gar keine Lösung bringen. Jeder lebt in dem Gefühl, das Opfer des anderen zu sein.

– Du, Christof, manchmal könnte ich Vati eine knallen, wenn er das, was das Beste an Mami ist, daß sie eine gute und harmonische Familie haben will, wenn er da so tut, als sei das Quatsch und langweilig, oder wenn er sagt: das war es doch, was du gewollt hast, nun sei doch zufrieden und laß mir *mein* Leben. Der redet manchmal schon so, als wäre er aus- und in einen Zug gestiegen, der in eine andere Richtung fährt.

– Das kann ich sogar verstehen inzwischen, obwohl ich meistens mehr auf Mamis Seite bin. Ich hab nämlich auch eine wichtige Neuigkeit, nicht nur du mit deinen Psychopoden.

– Also komm, schieß los, Christof.

– Ja, das würde ich oft gern tun, losschießen. Überhaupt bin ich zur Zeit verrückt nach Westerns und nach Krimis und bin neidisch, daß die so um sich ballern dürfen, daß die Leute nur so von den Häusern fallen, oder wie die mit den Fäusten arbeiten, daß einer, der getroffen wird, einen Purzelbaum nach rückwärts macht. Überhaupt.

– Überhaupt wolltest du mir etwas über eine Neuigkeit erzählen und keinen Vortrag über Wildwestfilme halten.

– Ach so, richtig, also die Neuigkeit ist die, daß ich Tante Gerda kennengelernt habe, es war wie ein Zufall, aber ich glaube, Vati hat ein bißchen mitgeholfen bei diesem Zufall, das hat mich zuerst sauer gemacht, daß es so wie Zufall aussehen sollte. Er hat ja auch ganz schön raffinierte Seiten. Wenn so was gemein angewendet wird, ist es scheußlich, und wenn es gut gemeint ist, dann kommt er mir vor wie ein Schachspieler, der immer ein paar Züge vorausdenken kann. Ich glaube, davon hat Mami auch das Gefühl, er ist ihr immer überlegen, was ja nur zum Teil stimmt, na ja, ich rede wieder über die, als würde ich ein Bilderbuch angucken mit Figuren, die man so allmählich kennengelernt hat.

– Stell dir vor, unsere Deutschlehrerin, die ja so ganz nett ist, sagt doch neulich zu mir, ich muß aufpassen, sonst werde ich altklug, ich würde manchmal reden wie jemand, der zwanzig Jahre älter ist. Die weiß natürlich nichts von unserer Familie. Aber es ist wahr, wenn die andern Mädchen herumquasseln, über Ausflüge oder Jeans oder über die Lehrer oder Schlager, dann bin ich oft ganz still, und wenn mich eine anstupft, dann war ich ganz weit weg und habe über den letzten Streit nachgedacht oder wie das alles weitergehen soll. Und jetzt kommen die großen Ferien, und keiner weiß, was wir machen sollen, wer wohin und mit wem in Urlaub fährt. Also gut, und diese Kuh sagt doch, ich werde altklug!

– Laß dich nur nicht aus der Ruhe bringen. Ich bin froh, daß du nicht mehr die kleine Schwester bist, die einen anödet mit ihrer Albernheit und die rumkichert. Willst du meine Neuigkeit überhaupt noch hören?

– Ja, ganz bestimmt, Christof, aber ich habe auch Angst vor all diesen Neuigkeiten. Aber schieß los.

– Also, ich habe diese Gerda kennengelernt und muß sagen, der hat keinen schlechten Geschmack.

– Red doch nicht so gönnerhaft. Oder hat er sich Miß Germany angelacht?

– Nichts von Superbiene, sie ist zwar ganz schnieke und

sogar elegant angezogen, aber das fällt gar nicht auf, das ist wie selbstverständlich.

– Mein lieber Christof, du guckst, als wärst du selber schon angetörnt. Was ist das denn für ein Wundertier?

– Auch kein Wundertier. Du weißt, wie wütend ich bin, daß der hier aussteigen will, als sei ihm alles zu eng geworden. Ich hab immer nur gedacht: so eine Sauerei, so ein Schwein! Und deshalb war ich auch über diesen Schachspielertrick mit dem Zufall so wütend. Ich war zwar neugierig, nachdem Annette geplaudert hat, aber ich wollte sie gar nicht sehen, weil ich dachte: dann spiele ich auf einmal mit und bin gemein gegenüber Mami. Und jetzt sind mir auf einmal ganz andere Gedanken gekommen. Ich dachte nämlich plötzlich: warum soll man eigentlich erzwingen, daß sie zusammenbleiben? Georg sagt, er fände das auf jeden Fall das Anständigste, Familie ist Familie, sagt er, das läßt man doch nicht einfach kaputtgehen, und seine Eltern, sagt er, meinen das gleiche. Aber die haben gut reden. Kräche sind bei denen etwas ganz anderes. Es gibt eine Erschütterung, einen Ruck, es stinkt und qualmt, aber wenn der Qualm weg ist, sieht man was Neues. Es ist mehr wie bei einer Sprengung, eine Explosion, bei der manchmal, wenn man das Dynamit richtig plaziert, etwas Sinnvolles herauskommt und etwas Unbrauchbares wegfliegt . . .

– Bevor du jetzt einen Vortrag über Dynamit hältst . . .

– Ich will keinen Vortrag halten, aber ich schätze, daß man vielleicht doch fünfzehn sein muß, um das alles echt und gerecht zu würdigen.

– Fang endlich an mit deinem Würdigen, sonst erwürdige ich dich!

– Du läßt mich ja einfach nicht zu Wort kommen, immer Vorwürfe, immer kritisieren.

– Mensch, Christof, falls du mal in der Schule nicht mehr ganz mitkommst, könntest du Schauspieler werden. Jetzt hast du grad ganz täuschend ähnlich wie Vati geredet, wenn er Mami klarmachen will, warum er es nicht mehr aushalten kann mit ihr: du läßt mich ja einfach nicht zu Wort kommen, immer Vorwürfe, nichts als Vorwürfe . . .

– Stimmt, habe ich gar nicht gemerkt. Das beruhigt mich, daß ich bereits kleinere Hauptrollen übernehmen könnte.

– Sag doch endlich, was du sagen willst!

– Sofort, Vroni, ich bin grade noch bei der Vorstellung, ich würde Schauspieler. Denn siehst du, zukunftsmäßig oder karrieremäßig sieht es ja in meinem letzten Zeugnis saumäßig aus. Ich muß also nach Alternativen Ausschau halten.

– So geschraubt wie du, stell ich mir vor, reden Störche oder Flamingos. Und was heißt schon wieder: Alternativen?

– Das ist ganz einfach: der Vati, indem er nach der Gerda blinzelt, hält auch nach einer Alternative Ausschau. Eine Alternative ist ein Ersatz, manchmal ein besserer, manchmal ein schlechterer. Das ist die sogenannte Schicksalsfrage. Was kann ich dafür, daß wir solche Wörter grade in Deutsch lernen. Also, die Schicksalsfrage ist doch, ob die sogenannte eine bessere oder eine schlechtere Alternative ist. Verstehst du?

– Schon lange! Das ist doch sonnenklar, daß Vati überlegt, ob er sich eine neue Frau zulegt und die alte und uns sitzenläßt!

– Moment mal bitte, Vroni. So einfach ist das nicht. Die beiden sind nämlich verheiratet, die haben einen Zettel mit Goldrand unterschrieben, in der Kirche waren sie auch. In Arabien kann einer seine Frau unter dreimaligem Fluchen oder so verstoßen, dann rennt sie nach Hause und wird auch noch ausgelacht. Bei uns gibt es für solche Fälle Gesetze. Da kann man nicht einfach aussteigen und schon gar nicht die Kinder sitzenlassen. Da fängt nämlich das Verzwickte an. Wir haben da was mitzureden. Außerdem bin ich überzeugt, daß der uns sehr mag. Der haut nicht einfach ab, sondern der wird eines Tages vor der merkwürdigen Frage stehen: wer kriegt wen, oder, von uns aus gesehen: wer geht mit wem ins neue Leben, ins alternative.

– Christof, deine umständliche und verquere Redensart geht mir unheimlich auf die Nerven. Bist du denn überhaupt nicht betroffen, du Klugschwätzer? Ist dir das Ganze nur Stoff für Sprachspiele? Du findest dich wohl noch originell oder genial dabei und hältst dich ganz schön raus. Das ist doch keine wirkliche Überlegenheit, wenn du diese Misere durch so gestelzte Sätze schraubst. Es tut einfach weh, dich so reden zu hören, schnoddrig und herablassend, als wärst du irgendwo.

– Vroni, da kann ich dir, falls du wenigstens gegen kleinere Vorträge nichts hättest, ein schönes neues Wort erklären: ich fühle mich in letzter Zeit nämlich mal traurig, mal wütend, mal down und mal high, und dann noch etwas anderes: sarkastisch. Ich weiß nur ungefähr, was das ist, aber in mir ist eine besondere Stimmung, wo ich alle verarschen möchte; wo ich zuschaue, als wäre ich in einem Kindergarten oder in einem Affentheater zu Besuch, und ich mache dann Bemerkungen, als ob ich ein Reporter wäre und die Zuschauer zum Lachen bringen müßte. Früher konnte ich so was nicht. Manchmal ist es mehr bitter, manchmal mehr lustig. Auf jeden Fall tut es mir gut, wenn ich sarkastisch rede. Es ist, als wenn ich dem allem nicht so ausgeliefert wäre, was die Eltern machen, denken, planen, brüllen, beschließen.

– Also, Christof: diese Vorstellung, daß Vati dasteht und ganz große Augen macht und plötzlich merkt: er ist gar nicht der ganz große Macher und Planer, und wenn du das so komisch betonst, dann ist das sarkastisch?

– Haargenau . . . ach, du liebe Güte!

– Was hast du denn?

– Na, schau doch mal zum Fenster raus!

– Ich sehe nur, daß Annette zurückkommt, sie war bei Gerlinde.

– Ja, und Mami ist beim Friseur, sie hat gesagt, kümmert euch um Annette, wenn sie heimkommt. Und sie wird uns jetzt erst mal nicht von der Pelle gehen und uns die Ohren vollschwatzen. Oder meinst du, wir können sie in ihr Zimmer schicken zum Spielen?

– Ich könnte das vorsichtig probieren, aber warum eigentlich? Sie ist doch bei diesen Sachen auch betroffen, ich meine, wenn es um deine Alternativen geht, oder nicht? Sie hat ja die Alternative zuerst gesehen und ist verknallt in die gemischte Alternative mit Sahne. Ist das auch sarkastisch, was ich jetzt gesagt habe?

– Noch nicht so ganz, aber witzig kannst du auch sein in letzter Zeit.

– Also, Christof, ich finde, wir schauen einfach mal, was sie so quasseln will. Vielleicht ist es aus mit unserem Gespräch, bevor du das Wichtige sagen kannst. Das wäre schade. Aber wir drei Kinder sind auch wirklich selten alleine zusammen. Wenn man das extra so machen müßte, ich meine, daß wir drei alleine in der Wohnung sind, dann käme mir das vor wie eine Verschwörung. Oder stell dir vor, wir würden uns zu dritt irgendwo anders verabreden!

– Hallo, Vroni, hallo, Christof, ich war ganz lange bei der Gerlinde. Mami hat gesagt, ich darf länger bleiben, weil sie nicht weiß, wie lange es beim Friseur geht. Und wenn sie noch nicht da ist, sollt ihr auf mich aufpassen. Was machen wir jetzt?

– Ja, Annette, hast du denn eine Vorstellung, wie wir auf dich aufpassen sollen? Wir könnten dein Laufställchen vom Speicher holen und dich reinsetzen, das wäre am einfachsten. Wir geben dir die Puppen und die Tiere, und dann spielst du, und ich mach dir ein Fläschchen Kaba warm.

– Ihr spinnt ja. Ich gehe in die Schule, und außerdem habe ich mit der Gerlinde ganz viel über unsere Familie geredet.

– So, so, das war sicher sehr lustig.

– Nein, du Lümmel-Christof, das war nicht lustig, aber wir wissen jetzt, was wir machen könnten.

– Also, schieß los.

– Ich schieße überhaupt nicht. Und wenn du so redest, dann weiß ich, daß ihr bloß über mich lachen wollt.

– Vielleicht der Christof, aber ich nicht, Annette. Das mit dem Laufställchen, das war ein Spaß. Es war alles doch noch viel einfacher, als du im Laufställchen warst. Da hast du noch nicht so viel geredet und im Zickzack gedacht. Also, erzähl doch ein bißchen.

– Gut, wir haben ganz schön mit den Puppen gespielt, und dann haben wir, mit richtiger Milch und Pulver aus der Tüte, Pudding kochen dürfen. Gerlindes Mami hat alles wieder sauber gemacht und uns gebadet, mit Schaum, riech doch mal, hier, am Hals.

– Au weia, das riecht ja, als hättet ihr eine halbe Drogerie ausgeräumt. War denn auch noch ein bißchen Wasser in dem Schaum?

– Wann wollen die denn überhaupt Zeit gehabt haben für Gespräche über die Familie?

– Du, Vroni, spielst du ein bißchen mit mir?

– Ja, siehst du, das würde ich gerne machen, aber du hast gesagt, ihr habt so viel über unsere Familie geredet, und das interessiert den Christof doch auch.

– Dem erzähl ich gar nichts.

– Und wenn ich ihm sage, er soll still sein?

– Dann geht es vielleicht.

– Also, Christof, wenn du dableiben willst, dreh dich zur Wand, und mach keine Fratzen, auch nicht mit dem Hinterkopf, sonst fliegst du raus.

– Einverstanden. Und die Ohren, darf ich mit denen wakkeln, ich meine, wenn ich es gar nicht mehr aushalte.

– Halt's Maul, Christof, dreh dich weg jetzt, und du, Annette, erzähl!

– Also, die Gerlinde hat gesagt, wir sollen doch alle dableiben, und die Tante Gerda soll am Sonntag kommen, wenn alle da sind, und an Ostern. Das ist doch jetzt bald. Aber ich weiß nicht, ob Mami das will. Und Tante Gerda will nicht bei uns schlafen, hat Vati gesagt. Und wir haben doch zwei Gästebetten, und ich würde ihr eines von meinen Kissen geben, und vielleicht den kleinen Bär.

– Liebe Annette, stört es dich, wenn ich jetzt mal mit den Ohren wackle?

– Nein, wackle ruhig, aber warum wackelst du gerade, wenn ich das mit dem Bär erzähle? Ich finde das ziemlich gut ausgedacht.

– Ich weiß nicht genau, warum ich grade jetzt wackeln will, es hat mich so gejuckt hinterm Ohr.

– Dann kratz dich doch und sei still, sonst höre ich auf mit Erzählen.

– Mach ruhig weiter, Annette. Denk doch, der Christof ist ein großer Hund, die wackeln auch dauernd mit den Ohren, und es hat nichts zu bedeuten.

– Also gut. Es ist doof, wenn die Tante Gerda immer nur zum Kaffee käme und hier nicht schlafen will. Dann ist sie auch beim Vorlesen nicht dabei. Sie kann sehr gut vorlesen. Vielleicht können wir manchmal bei *ihr* schlafen, aber das ist umständlich, weil sie keine Kinderbetten hat und überhaupt nicht so viel Platz. Oder ich kann mit Vati allein hingehen und dort schlafen, aber ich weiß nicht, ob Mami will, daß Vati dort schläft. Es ist sehr kompliziert. Vielleicht verreist Mami mal, ganz allein, Vroni, das wäre gut!

– Jetzt schlägt's aber wieder mal dreizehn, muß ich dir mal

sagen. Du machst ja richtige Familienplanung: Am besten nehmen wir im Haus noch eine zweite Wohnung, dann haben wir alle unter einem Dach. Dann braucht nur Mami auch noch einen Freund, dann sind wir eine Kommune, wo alles durcheinander geht . . .

– Vroni, wenn ich keine Fratzen machen soll, kannst du auch die Witze sparen. Man sagt immer, die kleinen Kinderchen sind unschuldig und denken nichts Kompliziertes. Aber was die da zusammendenkt, das ist ja nicht nur Erstkläßlerstroh. Aber, liebe Annette, die Tante Gerda, die kommt nicht einmal zum Kaffee zu uns. Weil sonst unsere ganz friedliche Mami sie vielleicht kratzt und beißt . . .

– Du spinnst, Christof, Mami und kratzen und beißen, niemals . . .

– Du, Vroni, es gibt Umstände, da werden Weiber zu Hyänen. Haben wir in der Schule gelernt, in Deutsch, sogar von Schiller.

– Jetzt sag mir erst mal, was Umstände sind, und dann: was eine Hyäne ist.

– Ach nein, Annette, bitte nicht, das gibt zwei Vorträge, einen über Umstände und einen über Hyänen. Mami ist doch ganz wütend, daß Vati eine Freundin hat, die will sie gar nicht sehen, sie will sicher, daß er sie fortschickt und nicht mehr mit ihr ins Café geht oder überhaupt in die Lärchenstraße.

– Ach so. Das ist dumm. Eine Mutti und eine solche Tante, das wäre gut. Und dann hat Gerlinde gesagt, wir sollen Vati doch einsperren, ich meine, gar nicht mehr aus dem Haus herauslassen. Dann arbeitet er nicht so viel, und er kann nicht abhauen, oder er darf nur zu Tante Gerda gehen, wenn wir es alle wollen, und sie darf nur herein, wenn wir es alle wollen. Alle sollen doch das gleiche wollen. Dann gibt es wieder eine nicht so kaputtige Familie.

– Ja, da bin ich sehr gespannt, ob Vati sich wird einsperren lassen. Wir müssen ihm dann ja auch die Schlüssel abnehmen und alle Fenster dichtmachen. Dann würde er vielleicht immer noch mit dem Kopf durch die Wand rennen. Und wenn du mich fragst, Annette, so sind wir halt eine kaputtige Familie, da können nicht mehr alle das gleiche wollen.

– Aber, Vroni, etwas Kaputtiges kann man doch auch wieder

heil machen, so wie zum Beispiel eine Tasse, mit Kleber, wenn sie nicht zu kaputtig ist.

– Was meinst du, Annette, darf der Christof jetzt auch mal mitreden? Er war eine ganze Weile ziemlich brav.

– Also gut.

– Was meinst du zum Kleber, Christof, denkst du, es gibt einen Familienkleber für unser kaputtiges Haus?

– Ich glaube, es gibt keinen Familienkleber. Davon wird bei uns alles nur noch schlimmer. Die haben doch schon ein paar Jahre geklebt, da haben wir nur noch nichts gemerkt. So eine Spannung bricht doch nicht auf einmal aus. Die haben sich sicher eine ganz schön lange Zeit zusammengenommen! Mami hat nur nachts geheult, Vati hat nie vor uns getobt, Mami hat ihn sicher noch vor uns entschuldigt, und Vati ist noch mit auf Sonntagsausflüge gegangen, oder Mami, obwohl es vielleicht nur noch Theater war. Das ist ganz schön unheimlich. Wir merken nichts und denken: wir sind eine nicht kaputtige Familie und gehören zusammen, und die sind schon die ganze Zeit am Kleben und schaffen es auch noch, das alles vor uns zu verstekken. Neulich habe ich in der Beratungsecke der Illustrierten gelesen, daß manche Eltern sich grade dann noch ein neues Kind zulegen, wenn sie mit dem Kleben kaum noch mitkommen, vor lauter immer neuen Rissen, die es gibt. Oder sie kaufen ein neues Haus, oder ein neues Auto, oder sie ziehen um, oder machen was, wo sie denken: das können sie nur zusammen machen. Und mit Annette könnte es nämlich schon so gewesen sein.

– Jetzt paß aber auf, Christof, ich glaube, du bist ziemlich gereizt und haust zu mit Worten. Das mit Annette, ich meine, warum die überhaupt gekommen ist, das haut mich ja fast um ...

– Was ist denn los mit mir und dem Kleber, ich bin kein Kleber, und ich will auch keine geklebt. Wie kann man Vati und Mami zusammenkleben? Ihr seid ganz blöd, haut ab jetzt, ihr braucht nicht auf mich aufpassen. Zeigt mir auf der Uhr, wo jetzt der große Zeiger steht, und wo er steht, wenn Mami kommt, oder wann es Abendessen gibt. Und jetzt laßt mich allein in der Küche ...

– Gut, liebe Kinder, jetzt bin ich allein und ich höre nur, wie die

Uhr tickt, sonst ist es ganz still ... Nein, jetzt macht Christof oben seinen Plattenspieler an. Wenn ich zaubern könnte, würde ich zaubern, daß Christof kein Lümmel ist, sondern nur Christof. Vroni gefällt mir gut, bei ihr müßte ich nicht viel zaubern. Manchmal ist sie traurig und will nicht mit mir spielen. Aber alle beide können schon besser denken als ich. Immer muß ich einsehen, daß sie klüger sind und daß vieles, was ich denke, zum Lachen ist. Ich will nicht, daß unsere Familie kaputt ist und auseinanderfällt. Oft habe ich Angst, ob Vati überhaupt nach Hause kommt, wenn er ein paar Tage weg ist. Mami sagt dann, er muß so viel arbeiten, damit wir genug Geld haben, aber ich weiß dann nicht, ob er mich mag, wenn ich ihn ein paar Tage nicht sehe. Mit mir spielen oder mir vorlesen ist doch auch schön. Ich weiß nicht, ob ich Sachen mache, die ihm nicht gefallen. Manchmal mache ich Sachen, und dann kriegen Vati und Mami Krach, wie man mich erziehen muß. Ich weiß nicht, ob sie nur wegen mir streiten oder auch wegen anderen Dingen. Zum Beispiel abends, beim Insbettgehen, da gibt es mit Mami oft Tränen. Sie hat abends manchmal genug von mir, oder von uns, und will, daß ich gleich Ruhe gebe und nicht mehr wieder aufstehe und das Licht anmache und alle Puppen aufwecke. Sie sagt dann immer: denk an die Schule, morgen früh kommst du nicht aus dem Bett, dann trödelst du wieder, und wir kriegen Streit. Deshalb lasse ich mich lieber von Vati ins Bett bringen, ihr wißt schon, da gibt's noch Toben und so was, und morgens, wenn ich fast nicht aufstehen kann, trägt er mich die Treppe hinunter und stellt mich ganz langsam, wie ein Kran, auf die Erde. Wir spielen: ich falle immer wieder um, und er muß mich aufstellen wie eine lahme Puppe. Aber das macht er nur einmal in der Woche, wenn er nicht so früh fort muß. An den andern Tagen ist es eben anders, es ist für Mami anstrengend und für mich. Und immer wieder gibt es Streit zwischen den beiden, wie man mich erzieht, und wegen Insbettgehen und Aufstehen und Trödeln und Zuspätkommen und Alle-Sachen-Verlieren, ich meine, morgens die Kleider und die Schuhe nicht finden. Wenn ich nicht da wäre, gäbe es sicher weniger Streit. In der Zeit, wo sie wegen mir streiten, könnten sie etwas anderes machen, vielleicht spazierengehen oder fernsehen. Also, ihr merkt es schon: manchmal denke ich, ich bin schuld, daß alles so schlimm ist, weil ich so schlimm bin und anstrengend. Mami sagt: du kannst nichts dafür, aber ich weiß nicht, ob sie es ganz ernst meint. Aber ich kann auch nicht *nicht* da sein, damit es weniger schlimm ist. Das Schlimmste wäre, ich müßte in ein Kinderheim wie der Klaus aus unserer Klasse, wo der Vater trinkt und alle verprügelt. Plötzlich waren alle Kinder weg, eines bei der Oma, der Klaus im Kinderheim und eines bei einer Tante. Und die Mutter mußte ins Krankenhaus. Die sind noch kaputtiger als wir. Deshalb will ich, daß alle zusammenbleiben. Mit Tante Gerda stimmt etwas nicht, ich mag sie sehr gerne, aber sie paßt nicht in unsere Familie. Vielleicht hat Vati das nicht gewußt vorher, ich meine, daß das nicht geht. Er hätte Mami vorher fragen müssen. Kein Mann kann zwei Frauen haben und drei Kinder, das wird zu anstrengend. Jetzt bin ich müde und hoffe, daß Mami bald kommt und schön aussieht. Ich weiß gar nicht, was wir machen sollen ohne Vati, ich meine, wenn er weggeht und nicht mehr bei uns schläft und uns kein Geld mehr gibt.

6
Wie Christof und Vroni über die Beziehung zwischen den Eltern weiter nachdenken und Mühe haben, eine Sprache für das Unglück zu finden

– Also Christof, mach deine Platte auf halblaut. Solange Annette still ist, können wir weiterreden. Wir waren bei den Alternativen, bei den Schicksalsfragen und bei dem Sarkastischen. Und du hast eine große Neuigkeit versprochen, oder hast du die schon gebracht?

– Ich weiß nicht mehr. Die Neuigkeit war die, daß ich die Sogenannte gesehen habe, und daß meine Gedanken sich geändert haben. Das Klima zu Hause ist doch einfach unerträglich, und ich sehe nicht, wie sich das ändern soll. Ganz lange hab ich gedacht, ich halte mich raus und mache Sport und gehe nach Hause, weil ich muß, und halte die Ohren zu und bin so viel wie möglich bei Freunden. Dann habe ich gedacht: was kann ich tun, damit das wieder erträglicher wird? Muß man sich das alles gefallen lassen, kann man Mami vom Heulen abbringen und Vati von den Dienstreisen, und hat es einen Sinn, für die Sommerferien Kataloge zu studieren und Landkarten und Mietwagenpreise in Jugoslawien oder Eselsgebühren in Spanien oder Ferien auf dem Bauernhof, oder reiße ich kurz vor Schulende aus und mache einen auf reisenden Hippie für ein paar Wochen. Aber das geht alles irgendwie nicht, ach so, ja, und dann sehe ich die Sogenannte und wie sie redet und ganz vernünftig ist und ein bißchen Erfahrung hat von der Welt, weil sie eine interessante Arbeit hat und bis jetzt ganz frei in der Welt herumgelaufen ist. Von vielem hat sie freiere Ansichten als Mami, ich hoffe, sie hat mir nicht nach dem Mund geredet, ich bin ja inzwischen mißtrauisch und denke: paß auf, du kannst jetzt für eine Weile niemandem mehr glauben, sie haben alle mehr oder weniger offene Absichten, und vieles ist nicht so gemeint, wie es gesagt wird, und plappere nicht alles raus, was du denkst! Na ja, und du merkst, daß die beiden, ich meine Vati und Gerda, ziemlich vertraut sind miteinander und über sehr vieles geredet haben. Und wenn du nicht wüßtest, daß die doch gar nicht zusammengehören, dann würdest du denken, die passen nicht schlecht zusammen, und so fröhlich und höflich habe ich Vati überhaupt noch nie erlebt, der kommt mir wie ein anderer Mensch vor, und das ist auch wieder das Gemeine: daß bei den beiden schon alles so weit fortgeschritten ist, und wir Kinder haben geschlafen, und Mami hat geheult und sich nur noch mehr angestrengt, eine harmonische Familie vorzuspielen, als ob sie damit alles wieder klarkriegen könnte. Und wenn ich die beiden sehe, denke ich wirklich: das ist eine Alternative, bei der man aufatmen kann, aber die Frage ist eben: wer atmet auf, wer steigt in einen neuen Zug, und wer bleibt auf dem Bahnhof sitzen und löffelt das alles aus; und kommt bei diesem alten Bahnhof überhaupt ab und zu noch ein Zug vorbei, oder wird der bald eingemottet. Dann werde ich stinkewütend, daß Mami in einer so blöden Lage ist oder an so was wie Alternative überhaupt nicht denkt, oder jedenfalls traut man es ihr nicht zu, auch wenn es da vielleicht so einen alten Schulfreund gibt, der in letzter Zeit wieder öfter schreibt, anscheinend, er lebt in Frankreich und muß wohl mal ziemlich verknallt gewesen sein in sie, vielleicht so zur Tanzstundenzeit, undsoweiterundsoweiterundsoweiter, das rattert im Kopf, und man weiß nicht mehr so recht, wo man hingehört.

– Bei mir rattert es auch im Kopf, Christof, das kann ich dir sagen. Und das mit dem Kleben der Familie mit einem Haus oder einem neuen Kind, da hast du, glaube ich, ins Schwarze getroffen. Ich habe auch eine Neuigkeit, nur schäme ich mich, die zu sagen, weil du dann etwas ziemlich Mieses von mir siehst. Ich habe nämlich neulich ein bißchen gekramt in Mamis Papieren im Sekretär, als sie den Schlüssel nicht abgezogen hat. Ich hab vielleicht gezittert, kann ich dir sagen, ich hab kaum Luft gekriegt vor Aufregung und kam mir so gemein vor und mußte zwischendurch mal in den Spiegel schauen, ob ich wirklich noch die kleine liebe Vroni bin oder ein Mistbiest, das sich vor überhaupt nichts mehr schämt. Wie findest du denn das?

– Kann ich dir genau sagen, Vroni: gemein, aber notwendig. Normalerweise sagt man ja, die Eltern haben die Aufsicht über die Kinder und sollen sie erziehen und vieles planen und vorauswissen und besprechen und so, auch wenn es Kämpfe gibt. Aber das gilt bei uns nicht mehr so richtig, da gibt es jetzt fünf Kinder, und je mehr die beiden streiten und erbittert sind und sogar meinen, der eine will den anderen nur quälen, desto weniger komme ich mir vor wie ein Kind. Und du wirst halt altklug, das ist sicher so was Ähnliches, ich meine, daß man sich anders entwickelt als normale Kinder.

– Wieso meinst du denn, wir seien keine normalen Kinder, Christof?

– Na, jeder hat sicher noch ein Bein auf der Erde, aber in einer Familie, die nicht mehr normal ist, bleibt keiner normal, auch die Kinder nicht. Die fangen an zu grübeln und schlecht zu schlafen und zu träumen, und statt gut in Französisch und Rechnen zu sein, werden sie altklug oder sarkastisch. Aber schieß los, was hast du gefunden beim Kramen, als du wieder Luft gekriegt hast?

– Einen Haufen Briefe, davon viele aus Frankreich, manchmal richtig kitschig: als ob Mami was ganz Besonderes wäre und der da in Frankreich sich sehr nach ihr sehnt. Das Wort kommt jedenfalls oft vor: Sehnsucht. Ich hab nicht alles gelesen, das kam mir zu gemein und auch peinlich vor. Aber einen anderen Brief habe ich ganz gelesen, nämlich von einem Rechtsanwalt, der ihr erklärt, wie kompliziert eine Scheidung ist, wenn die Schuld nicht klar nachgewiesen werden kann, und daß sie sich das in

Ruhe alles noch einmal überlegen soll, vielleicht sei es eine Krise, die vorbeigeht. Das Datum ist so ungefähr ein Jahr vor Annettes Geburt. Ich wurde wieder ganz zittrig, als du das vorhin erzählt hast mit dem Kleben, stell dir vor, man klebt eine Familie mit einem Kind, und dann hält der Kleber gar nicht. Dann fiel mir ein, daß das ja nicht normal ist, wenn Annette jetzt plötzlich wieder ins Bett pinkelt, mit sechs Jahren, und die sagen, das hängt vielleicht mit der Schule zusammen und so, und ich sage, es kann auch mit dem Kleber zusammenhängen, und wenn Annette nicht wäre, dann wäre unser Bahnhof vielleicht schon längst eingemottet und Vati das ganze Jahr auf Dienstreise und Mami in Frankreich. Und wir? Ja, wo wären wir? Im Kinderheim, oder auch in Frankreich, oder wir würden in einem Dienstreiseomnibus leben, oder in einem ausrangierten Schlafwagen von der Bahn.

– Paß auf du, jetzt hör ich die Haustür gehen, und Vati kommt heute auch früher nach Hause, da gibt es ein gemeinsames Abendessen mit anschließendem Bauchweh und heulendem Elend.

– Gut, Christof, dann müssen wir jetzt doppelt so schnell reden, um alle unsere Neuigkeiten zu besprechen. Es ist also nicht so, daß es bei Mami, wenigstens in ihrem Herzen, will ich mal sagen, überhaupt keinen anderen Mann gibt als Vati, sondern, ich denke: wenn sie von dem Dieter aus Frankreich Briefe bekommt, wo einem beim Lesen die Luft wegbleibt, dann hat sie in der Phantasie wenigstens jemand, mit dem sie reden kann, oder mit dem sie vielleicht per Brief schmust oder so, oder wenigstens ihr Leid klagt, oder, um es noch poesiemäßiger zu sagen: ihr Herz ausschüttelt.

– Eigentlich heißt es: das Herz ausschütten, eher wie bei Flüssigkeiten, aber wenn du wegen der Poesie sagen willst, Mami muß das Herz ausschütteln, dann ist es sicher noch schöner. Man denkt mehr an Bettfedern oder Staubfusseln oder Kummerbrocken oder mit was ihr Herz sonst vollgestopft ist.

– Ist das jetzt wieder sarkastisch, Christof?

– Ein bißchen, glaube ich; es ist, wenn etwas Ernstes eine komische Seite kriegt und gleichzeitig ist aber noch eine Bewertung drin. Die fehlt hier aber, ich ziehe es nur ein wenig ins Lächerliche. Ich bin ja nicht dagegen, daß Mami irgendwann auch mal einen Onkel aus dem Hut zieht, obwohl das schon viel komischer klingt als eine sogenannte Tante, vor allem, weil Annette das ja ganz ernst nimmt und dafür Eis bekommt. Im Gegenteil, ich kriege ein bißchen Hochachtung vor Mami, nicht weil sie sich da einen warmgehalten hätte; das hätte das Klima in der Familie ja noch weiter verschlimmert; sondern daß Vati nicht der einzige ist, der was an ihr fand, sondern daß sie, als sie jung war, Verehrer hatte, und darunter einen, der über ganze Jahrzehnte von dem Berg seiner Schülerverehrung nicht mehr heruntergestiegen ist und noch immer mit dem Fernrohr oben steht.

– Neben Schauspieler könntest du inzwischen auch Sarkastiker werden, wenigstens halbtags.

– Ach, Vroni, das gibt es, glaube ich, noch nicht als Beruf, höchstens im Kabarett, wo die über Politiker so reden wie ich über die Eltern. Wenn die Koalitionen wechseln, dann haben die Kabarettisten ja immer auch am meisten Stoff.

– Das habe ich nie kapiert, die Sache mit den Koalitionen ... erklärst du mir das mal?

– Das kommt darauf an, einen wie langen Vortrag du so kurz vor dem Abendessen vertragen kannst.

– Ach so, das könnte mir schon den halben Magen füllen. Probier's mal kurz und langsam, damit ich auch an die Familienkoalitionen denken kann.

– Also, paß auf! Der Präsident eines Landes stützt seine Regierung auf die Bauernpartei und die Fabrikbesitzerpartei. Und die Opposition, das sind die Leute, die die Regierung selbst gerne haben möchten und also von denen schlecht reden und blöde Gerüchte ausstreuen und sagen, sie seien unfähig, also die Opposition, das sind die Autofahrer, die Taubenzüchter, die Kaminkehrer, die Krankenschwestern, und die Bierbrauer ...

– Wie soll so eine komische Mischung denn jemals gemeinsam Politik machen?

– Ja, das frage ich mich auch. Das müssen sie ja auch nicht, solange Ruhe herrscht im Lande und die Bauern und die Fabrikbesitzer sich nicht einbilden, sie seien die Könige, und für das Volk noch ein bißchen etwas übriglassen, ich meine zum Beispiel für die vielen Arbeiter ... Wenn jetzt aber die Fabrikbesitzer anfangen, sich mit den Bauern zu streiten, und die

Fabrikbesitzer möchten lieber mit den Waldbesitzern und den Villenbesitzern zusammenarbeiten, und die Bauern kriegen Reklamebriefe von den Katholischen oder von den Autobahngegnern oder von denen, die die Elektrizität wieder abschaffen wollen, weil Kienspäne besser riechen ... tja, und wo ist jetzt der rote Faden, ach so, ja, dann werden die alten Koalitionen brüchig, und jeder rennt, damit er noch Anschluß findet an Partner, mit denen er wieder was halbwegs Glaubhaftes auf die Beine stellen kann. Das mit den Kaminfegern und den Taubenzüchtern habe ich gesagt, weil es Gruppen gibt, die eigentlich gar nicht geeignet sind für die Politik und die alles nach dem Gesichtspunkt sehen, wie teuer eine Partei das Taubenfutter macht. Merkst du jetzt allmählich, daß ich schon ein bißchen an unsere Familie gedacht habe? Da gibt es auch Gruppen, die hauptsächlich darauf schauen, wie teuer das Speiseeis ist, und wo es Wunden zu verbinden gibt ...

– Aha, ich kapiere, was du meinst. Aber du, bist du mehr Kaminkehrer oder mehr Bierbrauer, oder ist das wieder nur sarkastisch?

– Sowohl als auch, ich meine, es ist besser, wenn man zwei Berufe hat, oder zwei Möglichkeiten, wenn man das Ganze also nicht von einem einzigen Standpunkt aus sehen muß. Die Bierbrauer passen sowohl zu den Villenbesitzern wie zu den Katholischen, sogar zu den Arbeitern, wenn sie es nicht zu teuer machen. Wenn die Oberkoalition sich ändert, also die mit den Bauern und den Fabrikbesitzern, dann wackelt es auch bei der Opposition. Da entdecken die plötzlich ganz neue gemeinsame Interessen: die Bierbrauer sagen, die Bauern sind unsere natürlichen Verbündeten, weil die ja die Gerste und den Hopfen züchten, und die Waldbesitzer sagen: liebe Kaminkehrer, da wir beide den Holzruß so lieben, müssen wir einen Pakt schließen. Na, dämmert es dir jetzt ...

– Beinahe! Es prickelt schon im Kopf, es ist irgend etwas ganz Wichtiges, was ich da denken möchte, aber noch nicht kann.

– Ja, das glaube ich. Die Krankenschwestern haben es immer schwer mit der Wahl einer Partei. Die sehen überall das Gute, und daß es auf allen Fronten Verwundete gibt.

– Du gemeiner sarkastischer Schuft, aha, jetzt verstehe ich!

Diese Frage, die ist immer mal nur so aufgeblitzt in meinem Kopf, und dann habe ich sie schnell weggeschoben, als könnte ich mir die Finger dran verbrennen oder mehr. Ich traue mich immer noch gar nicht, sie auszusprechen. Da hab ich gleich Tränen in den Augen, es wird mir ganz schwindelig. Du meinst natürlich: wenn Vati und Mami sich trennen, wer geht dann mit wem, ich meine, von uns Kindern, oder wer kriegt wen, oder wer will wen, oder wer nimmt wen, oder wer wird wen los, oder wer läßt wen zurück, das ist ja schrecklich! Das wird überhaupt das Schlimmste.

– Ja, das kann ein schlimmes Gezerre geben, und ich weiß überhaupt nicht, wer das eigentlich entscheidet, ob wir da mitreden, ob Vati und Mami sich einigen müssen, ich weiß noch nicht einmal, ob die schon darüber reden. Daran denken tun sie sicher schon lange, aber jeder für sich, und deshalb bin ich oft so mißtrauisch, weil ich manchmal Angst habe, daß jetzt schon alles Politik ist, ich meine Taktik, Werbung, Bestechung, Erpressung und so weiter, die ganzen schlimmen Wörter fallen mir da ein hinsichtlich Eisessen und Rennrad und Klavierstunde und Ferienangebote und Nachhilfestunden und Besuche der Eltern in der Schule und so weiter. Manchmal sieht es so aus, als wäre es für Annette am leichtesten: die ist begeistert über Eis, und wer ihr erlaubt, drei Bonbons auf einmal in den Mund zu schieben, zu dem will sie.

– Du spinnst, Christof, ich weiß nicht, warum du dir da so ein einfaches Bild machst. Was glaubst du denn, warum die stundenlang still in der Ecke sitzt und plötzlich weint oder wegrennt zur Gerlinde, oder ihre Puppen in die Ecke wirft und plötzlich tut, als wäre sie erst drei Jahre alt oder noch kleiner. Die hängt doch wahnsinnig an Mami, auch wenn sie sie gar nicht mehr anschaut, wenn Vati nach Hause kommt. Du meinst bloß, weil sie sich nicht klar ausdrücken kann, spürt sie nicht, was unterirdisch vor sich geht. Ich kann mir ja auch nicht vorstellen, wie so ein Kind denkt, es ist eben Zickzack, das gärt einfach in ihr, und manchmal kommen ganz verquere oder scheinbar lächerliche Sachen heraus. Aber mit gemischtem Eis mit Sahne ist da höchstens für ein paar Stunden was zu machen. Mehr nicht!

– Dann wird ja alles noch komplizierter, als ich es mir gedacht habe. Aber du hast ganz recht, was für Annette das Eis ist, das könnte für mich ja das Rennrad sein, und ich würde mich durch ein neues Rennrad wohl auch nicht beeinflussen lassen.

– Weißt du, was mir dazwischen einfällt, Christof: den Eltern muß es ja ganz unheimlich sein, was in unseren Köpfen vorgeht. Die müssen doch total unsicher sein, wie wir uns entscheiden würden. Jetzt wird mir schon wieder fast schwindelig: wir haben ja auch eine ganz schöne Macht! Wenn ich mir das so vorstelle: wen mögen wir mehr, oder wen brauchen wir mehr, oder wen mögen die mehr und sogar: wen brauchen die mehr? Einfach gruselig.

– Ich kriege eher Bauchweh und finde die Aufsatzthemen in der Schule noch verrückter. Manchmal meine ich, ich muß mir einen Beruf suchen später, wo solche Themen einfach nicht vorkommen. Sonst muß ich dauernd zur Kur ... Das wäre übrigens mal was für Mami, was meinst du, eine Kur? Sie schuftet ziemlich viel für uns und hat keinen Urlaub, weil es im Urlaub ja immer so weitergegangen ist.

– Warum lachst du denn so komisch oder sarkastisch?

– Ich habe daran gedacht, was ich über Kur so gelesen habe, bei den Zeitungsannoncen, und über Kurschatten. Daß die bei der Kur nicht nur warmen Schwefel- und Eisensprudel trinken, fünfzehnmal am Tag, sondern daß man die vom Leben Angeschlagenen in heißen Schlamm packt und drei bis vier Tage, ich meine natürlich Stunden, drin liegenläßt, bis sie etwas angebraten sind und faulig riechen. Es soll aber sehr gesund sein und die Nervenkraft stählen. Zur Wiederbelebung gibt es Unterwassermassagen und Knäckebrot mit Früchtequark gegen die Gehirnverfettung. Und wer Lust hat, lernt das Topflappenhäkeln, das heißt Beschäftigungstherapie. Das ist jetzt sicher etwas übertrieben, aber man kann mit Ton arbeiten oder Ölgemälde anfertigen. Vielleicht würde sie noch eine Malerin, und sie heiratet ihren eigenen Museumsdirektor ...

– Ich muß dich bewundern, obwohl mir oft graust vor deinen Sätzen. Das ist alles so lustig, witzig, aber ich habe keinen richtigen Boden mehr unter den Füßen. Die Hälfte ist Wahrheit, und die andere Hälfte ist der blanke Hohn. Ich glaube, du hast sogar liebevolle Gefühle für Mami, wenn du dir so etwas ausdenkst, aber du sprichst von ihr wie von einem kranken Kälbchen ...

– Nicht doch, Mami ist eine Respektsperson für mich, aber das spricht doch nicht dagegen, daß ich sie oft wie ein Kälbchen erlebe, das die Orientierung verloren hat und nur noch kümmerlich muht.

– Hast du für dich selbst wenigstens auch ein Tier aus dem Zoo, dem du dich verwandt fühlst? Vielleicht ein ganz, ganz hoch fliegender Adler?

– Sicher, allerdings wechselt das je nach Stimmung. Im Augenblick wäre ich gern ein Faultier, das im Garten auf den höchsten Apfelbaum klettert und dort oben so lange schläft, bis alles überstanden ist. Im Schlaf müßte ich allerdings ein Auge frei haben zum Herunterblinzeln. Ich möchte also oben hängen, schlafen, blinzeln und im Schlaf Witze machen können. Wer mich wecken und sprechen will, braucht eine schriftliche Genehmigung, die du auf einer langen Leiter bei mir abholst. Ausgeschlossen sind alle Leute, denen man anmerkt, daß sie vor Normalität stinken. Das kann ich nämlich nicht leiden . . ., hörst du, Vroni, das betrifft auch dich! Ich fürchte nämlich, du könntest auf eine unerträgliche Weise normal werden. Mit normalen Leuten kann man nicht reden. Natürlich meine ich nicht, du sollst ausflippen oder Marihuana frühstücken. Aber du könntest es zum Beispiel bleiben lassen, den Sofakissen auf deinem Bett mit der Handkante nach dem Schütteln einen Schlag zu versetzen, daß sie aussehen wie Schafsgesichter, ordentlich aufgereiht, aber nicht einladend zum Sich-Reinschmeißen, sondern nur zum Vorzeigen!

– Was soll der Quatsch? Du hast über Mamis Kur gesprochen und mußt dir ja was dabei gedacht haben. Aber zuerst sage ich etwas dazu: die Idee finde ich prima. Mami hält sich nämlich für unentbehrlich, was dazu führt, daß man sie zwar sehr liebt, aber auch nie für zwei Tage aus den Augen verliert, beziehungsweise sie uns. Bei uns in der Klasse würden sie sagen: du, ich wäre richtig spitz darauf, daß die mal die Flatter macht, in der jetzigen Situation wird sie es vielleicht erst recht nicht gerne tun, uns, wie sie sagt, im Stich zu lassen. Und trotzdem finde ich die Idee gut. Ich würde gerne ausprobieren, ob ich schon so kochen kann, daß ihr nicht schreiend weglauft. Warum runzelst du die Stirn? Siehst du da gefährliche Anzeichen von Normalsein? Das fände ich ziemlich blöd. . .

– Nein, nein, du wirst lachen, die Idee mit dem Kochen macht mich eifersüchtig. Oder könntest du dir vorstellen, daß ich es auch mal probiere? Ich wüßte sehr gut, wie man einem Huhn, statt es zu rupfen, ganz rationell die Federn abbrennt, dann ist es außen schon ganz knusprig.

– Jetzt hör aber auf, Christof. Wir wollten ausprobieren, ob wir ohne Mami ein paar Wochen überleben, und sie soll sich erholen und ausmalen, wie das Leben später weitergehen könnte. Aber wir wollen nicht aussterben als Familie, nur weil du kochen lernen willst. Ich bin nämlich normal und deiner vielleicht unwürdig, weil ich eigentlich später auch Kinder haben möchte. Ich dürfte dabei nur nicht an so einen bewundernswürdigen Hornochsen wie Vati geraten! Ja, aber wie müßte ich denn sein, ich meine, was für ein Mann würde mich denn nehmen? Schluß jetzt, mir war heute schon zweimal schwindelig, jetzt hören wir auf mit diesen Fragen! Eigentlich müßten wir längst essen, aber ich nehme an, Mami ist der Kochlöffel aus der Hand gefallen, als Vati kam, und er hat ihn eingesteckt, als Beweisstück ...

– Für was? Du meinst, daß sie ihn schlagen wollte ...

– Daran hab ich nicht gedacht. Aber er könnte sagen: die kann nicht einmal einen Kochlöffel festhalten, ach nein, weißt du, das Schlimmste für mich ist, daß er sie für unfähig hält, in einem ganz bestimmten Sinn, und so vieles an ihr, was phantastisch ist, gar nicht sieht! Außerdem wäre es nämlich sehr gut, wenn wir mit Vati mal ein paar Wochen alleine wären. Ich sehe ihn fast nur, wenn Mami mit dabei ist. Und wenn er mich mal mitnimmt mit dem Auto in die Stadt, dann ist das viel zu kurz, und es bleibt eine komische Stimmung. Er braucht, oder wir brauchen, eine ganze Weile, bis wir uns angeschlichen haben und sehen, wo der andere ist, und was er sagen will, und welche Gefühle er hat. Das kann ich im Auto aber nicht sagen, und so schaue ich unglücklich zu, wie er versucht, den richtigen Ton zu finden. Ich bin zu lahm, um ihm zu helfen, und gehe manchmal auf seine falsche Tonart ein, und dann steige ich aus und habe Angst, er meint jetzt, wir hätten eine gute Verständigung erreicht, sachlich mag das ja auch richtig sein, aber mir ist trotzdem elend, weil die Tonart nicht gestimmt hat. Er merkt es wahrscheinlich auch und denkt, hoffentlich merke ich es nicht und finde das Gespräch gut. Das ist ein richtiger Eiertanz: beide strengen sich an und spielen trotzdem Theater.

7
Wie Christof und Vroni einen Streit zwischen den Eltern miterleben und sich vorstellen, daß die Mutter einmal ein paar Wochen alleine verreist

– Horch, Christof, eben ist ein Teller auf dem Steinboden zerbrochen, oder eine Schüssel. Meinst du, sie streiten so schlimm?

– Ja, liebe, Vroni, wenn man jetzt Detektiv wäre, ich meine ein guter, so mit Spürsinn und Schnüffelnase, dann könnte man aus dem Stand sagen, ob der Teller runtergefallen ist, ob er ein Stück weit geflogen ist, ob er Sach- oder auch Personenschaden anrichten sollte, auch wer ihn geworfen hat, ob noch Gemüse drauf war, ich staune über die Vielfalt der Möglichkeiten.

– Ach, hör doch auf, Christof, du machst aus unserem Elend noch Kriminalhörspiele. Ich glaube, der Teller ist runtergefallen. Werfen tun sie doch wirklich nicht oft, nur bei ganz schlimmen Krächen.

– Du willst vielleicht nicht wahrhaben, daß heute so einer in Gang ist. Jedenfalls habe ich schon vor dem Essen Bauchweh, das ist neu. Dann kann ich nicht behaupten, ich habe zuviel gegessen, oder das war wohl ein Fisch aus dem Rhein oder ein Kalb, das ab und zu auch ein bißchen Gras unter das Östrogen gemischt bekommen hat. Was reden wir eigentlich? Du machst einen ja verrückt mit deinen ewigen Abschweifungen . . .

– Die Abschweifung kam von deinem fliegenden Teller, der wahrscheinlich ein ganz normaler Teller war, und er ist Mami aus der Hand gerutscht.

– Liebe Vroni, sag mal ehrlich, glaubst du wirklich, daß es bei uns noch ganz normale Teller gibt, die ganz normal glitschig sind und zufällig auf einen normalen Steinboden fallen und normale Scherben bilden? Siehst du, das meine ich, wenn ich sage, ich fürchte, du könntest so normal werden, daß ich es nicht mehr ertragen könnte.

– Ich pfeif darauf!

– Vielen Dank, Vroni, aber horch doch mal! Weißt du, was die beiden unten jetzt machen? Vorher war es ja ziemlich laut, es klang ganz nach Aussprache, und das neben dem Kochen und Zeitunglesen! Und dann kam der Zufall mit dem Teller. Und jetzt hörst du Gelächter. Rate mal, was die machen. Der eine hat überlegt, ob er türenknallend wegrennt, entweder auf Dienstreise oder, wenn es Mami war, zu ihrer Freundin und Nachbarin. Und dann hat einer die Notbremse gezogen und sie haben an das gemeinsame Abendessen gedacht. Und dann haben sie beschlossen, das ganze auf Windstärke zehn zu halten, sich vor uns nicht zu blamieren, und jetzt kehren sie unter Gelächter die Scherben und das Gemüse zusammen. Das heißt aber, das Abendessen muß nicht unbedingt ein Alptraum werden. Einer von beiden hat Dampf abgelassen, jetzt herrscht nur noch normaler Überdruck. Paß auf, die werden beide Gesichter machen, als hätten sie zusammen Kreuzworträtsel gelöst. Übrigens geht jetzt mein Bauchweh weg, und ich kriege direkt Appetit!

– Du, Christof, ich bin ganz aufgeregt, wie das nachher beim Essen wird. Ich glaube, die wollen uns irgend etwas sagen. Ich habe Angst, aber du kannst das so spannend machen und komisch, daß es nicht mehr so gefährlich erscheint. Ich denke noch einmal an die Kur. Also, nehmen wir mal an, die wickeln Mami ein paar Wochen in den Schlamm, mit Unterbrechungen natürlich, und sie wird verwöhnt, und wir besuchen sie ab und zu, einzeln oder zusammen, ja, das gefällt mir am besten, daß man das dann einmal unauffällig dosieren könnte; in so einer Familie weiß man ja nie, wann man einmal mit einer Person eine ruhige Stunde hat. Ich könnte also hinfahren und wäre an einem fremden Ort ganz allein mit ihr: das stell ich mir sehr schön vor, sie würde sicher ganz anders mit mir reden. Wenn es nicht zu weit ist, könntest du ja sogar mit Georg zusammen mit dem Rad hinfahren, fast wie zufällig kommt ihr beim Sanatorium vorbei, weil in der Gegend zufällig auch noch eine interessante Ruine oder ein Fußballspiel ist. Weißt du, was die wäre, wenn ihr zusammen ins Kurcafé geht? Stolz, riesig stolz auf dich. Alles natürlich gut versteckt hinter Sorge und Bekümmertheit, wegen der Schule, und voll Schuldgefühl, weil sie es doch nicht geschafft hat, eine harmonische Familie zu kleben. Ganz bestimmt, Christof, ich weiß nicht, warum ich da so sicher bin, auf jeden Fall male ich mir aus, wie sie dich richtig herumführt, damit alle sehen, was für einen fast ausgewachsenen Sohn sie hat.

– Über das *fast ausgewachsen*, Vroni, müssen wir noch mal reden!

– Ich werde das *fast* zurücknehmen, sobald du mir richtige Barthärchen vorführen kannst. Der halbe Stimmbruch, an dem du leidest, reicht dafür noch nicht aus.

– Schluß mit dem Quatsch, du meinst also, sie will angeben mit mir? Dann fahr ich schon gar nicht hin.

– Angeben ist nicht das richtige Wort, Christof. Du bist ein Produkt, das ihr sehr viel Sorgen macht und auf das sie doch stolz ist, und wenn ihr an einem fremden Ort seid, glaube ich, wird dieser Stolz ausbrechen. Ich bin ganz sicher, daß etwas anders zwischen euch sein wird, an einem Kurort. Außerdem, du bist doch auch ganz anders mit ihr, wenn ihr unbeobachtet seid oder wenn nicht in jedem Moment euch jemand in die Unterhaltung platzt. So sehr du oft ein Lümmel bist, so könntest du ihr gegenüber manchmal ein bißchen Kavalier sein, ohne daß du dann schon hoffnungslos normal wärst. Ich weiß, du kannst die Rüpelhaftigkeit noch steigern, und wenn wir eine normale Familie wären, wäre das vielleicht auch normal, und sie würde nicht so drunter leiden. Sie leidet, das kann ich dir sagen, auch wenn sie dich noch ganz schön zurechtweisen kann. Aber es ist frech von dir, wenn du dich überhaupt nicht zusammennimmst und ihr deine volle Flegelhaftigkeit zumutest. Manchmal halte ich dich sogar für ein bißchen feige, weil du es mit ihr machst und nicht mit Vati . . .

– Wenn du so weiterredest, Vroni, dann kriege ich gleich wieder Bauchweh, und zwar von dir. Du greifst in meine Privatsphäre ein! Und abschweifen tust du schon wieder. Wir möchten immer noch über Mamis Kur reden.

– Ja, richtig, ich sammle Gründe, allein und mit dir, warum das sinnvoll ist mit der Kur, und ich bin immer mehr begeistert von der Idee . . .

– Früher, Vroni, als ich klein war, wenn ich da hörte, Kinder werden in Ferien verschickt, zum Beispiel in Schullandheime, dann habe ich mir das immer in der Form von Paketen vorgestellt. Und da Mami nicht freiwillig in Kur fahren wird, müssen wir sie ja auch in Kur schicken! Und so mache ich mir Gedanken über die Verschickungsart. Als Paket kommt sie doch nicht in Frage, wegen Übergewicht, das wird zu teuer, und außerdem: vielleicht streikt die Post, da bleibt sie auf irgendeinem Bahnhof liegen und kommt schon viel zu dünn im Sanatorium an.

– Hör doch auf, du wirst noch platzen vor Sarkasmus . . .

– Ich meine es doch nicht böse, es sind ein bißchen verdrehte Gedanken. Aber wie kriegen wir sie dazu, daß *sie* auch es will und dahinter nicht eine *Intrige* sieht? Gell, da staunst du, was ich da für ein neues Wort vorführe.

– Natürlich kenne ich das Wort, in der Klasse gebrauchen sie es sogar ziemlich oft, aber ich weiß nie genau, was es heißt. Es muß irgend etwas sein, was die Lehrer im Lehrerzimmer und die Stadträte in der nichtöffentlichen Sitzung, das heißt, wenn die Zuschauer raus müssen, treiben.

– Na gut, also weißt du ja das meiste schon. Intrigen sind Absprachen oder Bündnisse, von denen ein paar Leute gar nichts wissen und also in Fallen tappen und Fehler machen, weil sie sich vollkommen täuschen über die Absichten von Leuten, die sie für ihre Freunde halten . . .

– Ach so, und du meinst, Mami denkt, dahinter steckt Tante Gerda?

– So ähnlich. Mami spinnt zwar nicht, aber in so einer Situation, wo alle Beziehungen brüchig sind und sich neue Bündnisse bilden, da wird man, wie ich an mir selber sehe, mißtrauisch und erfindet vielleicht wilde Verschwörungsgeschichten, nur um seinen Po fest auf der Küchenbank zu behalten. Du denkst, Mami denkt, Gerda denkt, wenn wir Mami in Kur schicken, dann könnte Gerda für ein paar Wochen hier einziehen? Vati ist kein Primitivling, der so offen Schweinereien macht! Das Komische ist auch, daß ich Gerda gar nicht für Intrigen geeignet halte, genausowenig wie Mami, aber anders. Das, was du dir da ausgedacht hast, das würde man in der Politik wahrscheinlich *plump* nennen: Mami in Kur, Freundin ins Haus . . .

– Christof, dein Nachhilfeunterricht bekommt mir manchmal sehr gut, aber jetzt mach mal Pause. Wenn ich mich in Mami hineinversetze, dann hätte ich auch nicht Angst, daß sobald sie weg ist, bei uns am Frühstückstisch die sogenannte Tante sitzt. Das wäre wirklich zu plump. Außerdem, wieso muß sie denn in Kur und warum nicht einfach in Urlaub. Traust du ihr das denn gar nicht zu?

– Ich hab sogar schon an das Müttergenesungswerk gedacht, da kommen Mütter hin, die sieben Kinder haben und so erschöpft sind, daß sie nicht mehr selber essen können ...

– Hör auf mit dem Gespinne. Guck dich doch um hier in der Nachbarschaft, da gibt es wohl Mütter, die fast umfallen vor Erschöpfung, vor allem solche, bei denen die Männer auch als Erwachsene geblieben sind, was du jetzt noch bist: ein Lümmel. Jawohl, halt die Klappe, wenn du, so wie du jetzt bist, Familienvater wärst, dann müßte die Frau zum Müttergenesungswerk!

– Hast du noch mehr solche Gehässigkeiten auf Lager? Paß auf, dein Mann, falls du einen findest, flieht nach einem Jahr Ehe nach Australien und züchtet Schafe, oder er wird im Dschungel als verschollen gemeldet, falls er nicht kurz vorher verrückt wird.

– Wenn du Streit suchst, richtigen Streit, dann will ich dir nur sagen, daß ich mit zwei Freundinnen Selbstverteidigungsgriffe übe. Wenn ich den gemeinsten anwende, dann ist es zu Ende mit deinem Stimmbruch. Hör doch, Christof, jetzt schicken sie Annette herauf, weil das Essen fertig und das Gemüse wieder aufgesammelt ist.

– Und die Frage des Kurschattens, die eigentlich die wichtigste ist, bleibt ungeklärt?

– Wir verschieben das.

– Nein, wir verschieben gar nichts. Ich habe einen teuflischen Plan, Vroni. Ich werde mit denen da unten mal kurz so umgehen wie Vati normalerweise mit uns. Ich hoffe, sie werden ganz andächtig dabei ...

– Ich verstehe dich nicht ... Ach, Annette, du willst uns sicher zum Essen holen, es riecht schon die Treppe herauf.

– Du und der Christof, ihr sollt sofort kommen, es steht schon alles auf dem Tisch, und ich darf nicht anfangen, wenn ihr nicht da seid. Ihr sollt jetzt sofort kommen, weil ich Hunger habe, und weil Vati es gesagt hat. Die sitzen doch schon am Tisch und gucken so komisch, wie Geburtstag, aber rückwärts, ich meine, wenn ich jetzt bald, statt sieben Jahre wieder fünf würde, dann gucke ich auch so. Ich gehe aber nicht wieder in den Kindergarten. Ich bin doch nicht verrückt. Das könnt ihr mit mir nicht machen. Das kommt nicht in Frage. Da spiel ich nicht mit, da mach ich lieber Schluß, ein für alle Mal . . .

– Du, Vroni, die hat wie ein Computer das ganze Kauderwelsch bei den Streitereien gespeichert und ist randvoll davon. Vielleicht gibt es heute abend die große Solonummer. Sag mal, Annette, woher hast du denn diese ganzen Sätze wie: ich bin doch nicht verrückt, und dann mache ich Schluß, das lernt ihr doch nicht in der ersten Klasse . . .

– Du Doofmann, von uns, von Vati und Mami . . .

– Christof, den beiden geht es, wenn sie streiten, so wie dir. Sie vergessen, daß Annette nicht nur Honigquark im Kopf hat und Schokoladenmüsli, sondern daß sie vieles aufschnappt.

– Verdammt, verdammt, du warst wohl ziemlich oft dabei in dem Getümmel. Du kennst ja die ganzen Platten auswendig, Annette!

– Wenn ich bei der Gerlinde mit den Puppen spiele, dann reden doch die Puppen auch so. Eine sieht genau so aus wie du. Gerlindes Bruder, der Rolf, der lacht sich kaputt, wenn ich die Christofpuppe so sprechen lasse wie du. Der perfekte Lümmel, sagt dann Gerlindes Mutter, wie er rumläuft oder rumfährt mit seinem Rennrad . . . Wir spielen sehr viel mit den Puppen, und oft erfinden wir auch was Neues!

– Ja, Christof, bevor du mit deinem Sarkasmus selber Kabarett machen kannst, wirst du dort schon vorgestellt. Es ist alles ein bißchen unheimlich, was die Puppen alles sagen und durch den Kakao ziehen.

– Wir ziehen die Puppen nicht durch den Kakao, du spinnst. Wir trinken bloß viel Kakao. Höchstens verschütten wir einen halben Becher, aber wir dürfen trotzdem weiterspielen. Gerlindes Mutter sitzt am Tisch und näht und hört zu und sagt: es ist nicht so schlimm, spielt nur weiter . . .

– Jajajajajaja, die brüllen schon da unten. Also Annette, paß gut auf, was ich dir jetzt als Botschaft mitgebe zu denen da unten: du sagst, die beiden haben eine wichtige Besprechung und können erst etwas später zum Essen kommen. Hast du verstanden? Wir haben eine wichtige Besprechung und erst später Hunger. So, jetzt geh schön essen, sonst gucken die noch komischer ...

– Das trau ich mich aber nicht zu sagen drunten, weil Vati dann böse wird.

– Geh jetzt, und sag es trotzdem.

– Also gut.

– Du, Christof, mir wird jetzt wieder ein bißchen schwindlig, du bist unglaublich frech.

– Und aufmüpfig und anmaßend undsoweiterundsoweiter. Was hast du denn noch gespeichert an wunderschönen Erziehungswörtern, du hast ja den ganzen Kopf voll davon, wie Annette von dem Kriegsgeschrei. Ihr seid ja wie die Schwämme, ganz vollgesogen!

– Hör auf, Christof, hör auf, mir ist schwindelig ...

– Das macht nichts. Das ist jetzt alles ein bißchen Nervensache. Versuch mal, ganz ruhig zu sein. Entweder die kommen jetzt gleich herauf und stürmen hier den Laden, dann wird es sehr unangenehm, oder der Krach bricht unten aus, das wäre mir fast lieber. Ich glaube, Mami kann das verstehen, daß wir auch mal eine wichtige Besprechung haben, der bleibt zwar zuerst die Spucke weg, und dann ... Ja, da hast du vielleicht recht, daß sie mich auch heimlich bewundert, ich sage dir, sie wartet darauf, bis ich ihm mal die Stirn biete ... Also, ihr bleibt die Spucke weg, und er geht hoch. Das ist jetzt für mich eine Nervensache. Der Herr Papa hat sich die schöne Gerda angelacht, das imponiert mir, dieser Ganove ...

– Christof, sei still, du drehst ja durch! Der Ganove, du redest, als ob du voll wärst, mit Schnaps, oder Hasch ...

– Ich bin nur voll mit Wut über das, was die mit uns machen! Aber ich will mitspielen! Sonst haue ich ab oder mache einen unheimlichen Stunk. Also, ich sagte, der Ganove, und das meine ich auch, obwohl ich ihn bewundere, der hat sich die Gerda angelacht, oder sie sich ihn. Das ist die Habenseite, wie er als Betriebswirt sagen würde. Aber damit hat er sich auch ganz schön was eingebrockt, was er noch gar nicht so ganz übersieht, der große Taktierer und Intrigant. Paß auf, der merkt zur Zeit, und vielleicht heute abend, daß er nicht mehr der ganz große King ist hier im Haus. Ich bin kein Bäuerchen in seinem

Schachspiel und auch kein Läufer, ich bin ein Turm, und du bist ein eigenwilliger Springer, und Annette ist auch kein kleines Bäuerchen, sondern mindestens drei Bauern, aber leider hast du davon keine Ahnung. Der König ist zwar die wichtigste Figur und das Zentrum des Kampfes, aber er kann selbst nur ganz kleine Schritte machen, und so weiter ... Wenn er jetzt hochkommt und mich verprügelt, dann ist es ganz und gar aus zwischen ihm und mir. Ich hoffe, daß er das ahnt. Und deshalb ist es mir lieber, die führen den Krieg unten weiter, und hier oben verschanzt sich die vereinigte Linke. Du, ich bin unglaublich high, du darfst jetzt bloß nicht wegrennen und die weiße Fahne schwenken und mit denen die Suppe löffeln. Es geht um unsere Zukunft in diesem Spiel, und er muß merken, daß er nicht der einzige Spieler ist.

– Ich hab ganz einfach wahnsinniges Herzklopfen, Christof, und möchte gern hinunterrennen und sagen: es ist alles gar nicht so schlimm. Wir kommen sofort nach der Suppe.

– Ich sage dir, wir kommen zum Nachtisch, außer du kapitulierst zu früh, dann hau ich ab und schlafe bei Georg ...

– Ich haue nicht ab. Du kommst mir vor wie ein General, der einen Aufstand macht ... da kommt Annette und heult ...

– Na, was gibt's zu heulen, Annettchen?

– Ihr sollt endlich runterkommen ... aber es ist schon zu spät. Vati hat gesagt, es ist unerhört, und er will dich schlagen. Aber dann haben Vati und Mami wieder angefangen mit Streiten, so schlimm wie noch nie, der Pudding ist jetzt auch weg ...

– Wieso ist der Pudding weg?

– Mami hat ihn durchs Fenster in den Garten geworfen, und Vati hat ihr eine Ohrfeige gegeben, jetzt sitzt sie am Tisch und weint, und Vati ist weggelaufen und hat die Türen geknallt, aber er ist wiedergekommen ... Jetzt sitzen sie ganz still in der Küche, und es kommt kalt herein zum Fenster. Habt ihr denn das alles nicht gehört?

– Wir waren selber ein bißchen laut. Aber du kannst jetzt erst mal hierbleiben, hier ist es friedlicher. Außerdem, Christof, du hast doch noch ein bißchen Schokolade irgendwo ...

– Richtig, wir essen jetzt erst mal zu Abend, ich hab noch drei Tafeln und ein paar Kekse ... Donnerwetter, das ist aufregend, und ich hab wieder Bauchweh. Aber das geht vielleicht vom Schokoladeessen weg, was meinst du, Vroni?

– Mir ist gar nicht nach Witzen jetzt. Die beiden da unten tun mir grade noch mehr leid als ich mir selber, und dabei tue ich mir meistens sehr leid, und keiner tröstet einen.

8
Vroni berichtet von ihren Gefühlen und versteht immer mehr von ihrer Mutter, die für zwei Wochen zu einer Freundin gereist ist

– Ja, so war es an diesem Abend. Da war er ja noch nicht einmal zu Ende! Aber das erzähle ich euch später. Ich hatte euch ganz vergessen, vor lauter Aufregung. Jetzt muß ich erst den Weg zurückfinden zu euch. Wie klingt das alles? Habt ihr ähnliches erlebt? Habt ihr euch auch so hilflos und wütend und ohnmächtig und traurig gefühlt wie wir? Annette hat nach dem Schokoladeessen noch ganz lange geweint, und dann ist sie, mit dem Daumen im Mund, eingeschlafen, angelehnt an meine Seite. Später haben Christof und ich sie ins Bett getragen. Sonst hat immer Mami sie ins Bett gebracht, außer wenn Vati mal abends da war. Es war so komisch und ungewohnt und auch schön, als Christof und ich Annette ins Bett getragen haben, daß ich auch erst mal weinen mußte. Ich konnte gar nicht verstehen, daß keiner von den beiden hochkam. Dann fand ich es auch besser, weil wir das ja ganz gut geschafft haben mit Annette. Christof hat auf der Treppe ein paarmal gehorcht, was eigentlich los ist. Manchmal haben sie leise geredet und manchmal wieder gestritten. Und dann, stellt euch vor, holt Christof plötzlich Zigaretten heraus und sagt: so, jetzt rauch ich erst mal eine! Ich bin sehr erschrocken. Er hat auch ziemlich gehustet und trotzdem nicht aufgehört. Irgendwann später haben wir gehört, daß Vati weggefahren ist. Wir haben Musik laufen lassen und noch weitergeredet, aber über ganz gleichgültige Sachen, Schule und Freunde. Um die schlimmen Sachen haben wir richtig einen Bogen gemacht, um die Familie, um die Ferien und die Kur, und wie alles weitergehen soll. Wir waren ganz erschöpft. Ganz spät kam Mami herauf und sagte uns gute Nacht, wir sollten auch bald schlafen gehen. Sie war sehr blaß und sah richtig zerknittert aus und alt. Ich hätte sie am liebsten umarmt, aber ich wollte auch, daß sie mich umarmt, und beides ging nicht. Sie war irgendwie weit weg und merkte auch nicht, daß im Zimmer einer geraucht hatte. Das riecht sie sonst sofort, sie mag das gar nicht. Ich meine, nicht daß Christof schon öfter zu Hause geraucht hätte, es war wirklich das erste Mal. Sie mag es ganz allgemein nicht. Als sie wegging, war es ganz still im Zimmer, trotz der Musik, die Christof auch leiser gestellt hatte, als sie kam. Wir konnten uns gar nicht ansehen, Christof und ich. Es war so drückend, aber wir waren trotzdem sehr nahe beieinander. Nach einer ziemlich langen Pause haben wir uns angesehen, und Christof sagte: ›Es muß etwas Wichtiges passiert sein, ich meine, etwas, was Mami so verändern kann; sie war ja fast wie ein Gespenst.‹ Und ich habe gesagt: ›Ich glaube, sie werden sich trennen, sie haben entweder aufgegeben, sich zu verständigen, oder Papi hat endgültig gesagt, daß er weg will, oder Mami hat gesagt, sie kann es nicht mehr ertragen, sein Wegsein und das mit Gerda!

Und so war es auch. Wer es zuerst gesagt hat, oder wer zuerst sagte, ich hab genug, oder ich will weg, oder ich will nicht mehr mit dir leben, das weiß ich nicht. Darüber haben sie in den Tagen und Wochen danach noch öfter gestritten. Also, selbst nachdem klar war: sie wollen sich trennen, haben sie noch gestritten und sich Vorwürfe gemacht, wer es zuerst gewollt hat, als ob es wichtig wäre, bei *einem* die Schuld zu suchen. Es waren ganz schlimme Tage, wo es kein gemeinsames Essen gegeben hat. Ihr müßt euch das mal vorstellen, aber vielleicht kennt ihr es auch: ganz viele Jahre haben wir an einem Tisch gesessen, oft friedlich, und oft auch mit Streit, und jeder hat mal gemeckert und mal was Lustiges oder was Ernstes erzählt, und wir haben gemeinsam Pläne gemacht oder Witze erzählt oder auch gespielt nach dem Essen oder vorgelesen, oder Besuch gehabt, oder gemalt oder auch mal Hausaufgaben gemacht, jedenfalls, wir waren eine Familie, und keiner hat je gesagt: wir sind eine Familie, wir waren einfach eine, es war selbstverständlich, und mindestens wir Kinder haben nichts anderes gedacht, oder höchstens jeder heimlich für sich, wenn er mal ganz unglücklich war oder die Spannung an einem Abend nicht aushalten konnte. Und dann, auf einmal, obwohl wir ja noch im gleichen Haus wohnen, gibt es die Familie nicht mehr. Papi und Mami haben versucht, sich aus dem Weg zu gehen. Sie haben sich nur kurz das Notwendigste mitgeteilt, wegen dem Tages- oder dem Schulplan, oder wegen wichtigen Einkäufen. Und wenn es ganz schlimm war, haben sie diese Sachen sogar auf Zettel geschrieben und auf den Tisch gelegt. Das waren die schlimmsten Tage, wenn Zettel mit ihren Handschriften auf dem Tisch lagen. Wenn diese Zettel auch noch in zugeklebten Kuverts waren, dann habe ich jedes Mal Angst bekommen. Denn dann sollten wir Kinder es auf keinen Fall lesen. Ich konnte nicht mehr Klavier spielen, ich hab einfach geheult, wenn ich üben sollte. Aber obwohl ich gar nicht mehr spielte, durfte ich doch jede Woche einmal zu Frau Severin gehen und einfach so mit ihr sprechen. Das hat Mami mit ihr so ausgemacht, weil sie gemerkt hat, daß das für mich wichtig ist. So etwas Ähnliches macht sie wahrscheinlich bei ihrem Doktor. Ich bin froh, daß sie dorthin geht. Der Tag, an dem sie dorthin geht, ist ein besonderer Tag für sie. Ich weiß nicht, woran ich es merke. Ich richte aber dann von selbst den Mittagstisch und räume auch wieder ab, damit sie nicht in eine Hetze kommt. Wir verstehen uns dann und brauchen gar nichts zu sagen. Jedenfalls mag ich sie sehr gerne, obwohl ich nicht so werden möchte wie sie. Ich möchte einen Beruf haben und nicht drei Kinder, glaube ich. Das wäre mir zuviel. Aber mit vierzehn muß ich auch noch nicht wissen, wie alles wird. Oder wißt ihr es schon, mit zehn, oder zwölf, oder vierzehn? Vielleicht habt ihr auch manchmal Angst vor dem nächsten Tag, oder vor dem nächsten Monat? Ihr könnt es ruhig zugeben. Es ist keine Schande, wenn das Leben ein solches Durcheinander ist. Zum Beispiel wißt ihr vielleicht, wo und mit wem ihr euren nächsten Geburtstag feiern werdet. Ich weiß es nicht. Er ist ein paar Wochen vor Weihnachten, fast zu nahe an Weihnachten, ihr wißt schon warum, nicht nur wegen der Geschenke, auch weil die Feste einfach zu nahe beieinanderliegen. Also, das ist noch lange bis dahin, weil jetzt grade erst Ostern kommt. Aber ich kann euch sagen: es ist unheimlich, wenn man nicht weiß, ob die Familie noch zusammen ist am Geburtstag. Vielmehr: ich weiß es ja, daß es nicht so sein wird, aber ich weiß nicht, *wie* es sein wird, nicht einmal ganz sicher: wo. Zwischen Mami und Vati bin ich furchtbar hin-

und hergerissen. Ich mag beide sehr gerne. Sie sind wie Katze und Hund. Es hat nicht sehr viel geholfen, daß jetzt klar ist, daß sie sich trennen. Sie stecken so voller Enttäuschung und Wut, daß es ganz unerwartet losgehen kann. Die Tage, an denen sie sich nicht sehen, sind noch die besten. Ich glaube, beide denken, sie haben zu viel für den andern geopfert. Alles Gemeinsame kommt ihnen wie etwas Verlorenes vor. Verletzungen, die ganz weit zurückliegen, ich meine, wenn einer den andern schon vor ein paar Jahren einmal beleidigt hat und es war fast vergessen, das kommt dann wieder hoch und sie brüllen sich an, zum Beispiel über Sachen, die schon vor Annettes Geburt liegen. Übrigens, Mami ist nicht in Kur gefahren. Sie fand es lächerlich, in ein Sanatorium zu gehen und sich vier oder sechs Wochen so einem Bade- und Trink- und Massage- und Schlammprogramm zu überlassen. Sie sei nicht krank, nur erschöpft. Sie ist vierzehn Tage zu einer Freundin gefahren. Dort hat es ihr gut gefallen. Einmal habe ich sie dort besucht. Mitten in dem ganzen Elend war das eigentlich sehr lustig. Ich habe gefürchtet, wenn ich dorthin komme, ist es ein Jammertal. Sie ist abgefahren wie zu einer Beerdigung. Aber ihr müßt wissen, sie hat diese Freundin kennengelernt, als sie so alt war wie ich, das heißt in der dritten Klasse auf der Oberschule. Diese Freundin von ihr hat zwei Kinder. Der Mann war mit den Kindern die meiste Zeit weg. Aber eher, weil die sich gut vertragen. Er hat einfach gemerkt, daß die beiden Freundinnen miteinander allein sein wollen, da hat er sogar seinen Urlaub verlegt. Ja, und die beiden Frauen waren wie Mädchen, manchmal fast wie in meinem Alter, und haben richtig rumgealbert und Witze aus der Schule erzählt, und später aus der Tanzstunde, die sind richtig kicherig geworden. Es war sehr gut für Mami, daß diese Freundschaft noch immer so gut und herzlich ist. Mamis Gesicht sah oft ganz anders aus, ein scheues, glückliches Mädchen. Ihr Augenausdruck hat mich sehr beschäftigt. Ich finde ihn unglaublich schön. Wenn sie die Augen so auf mich oder jemand anderen richtet, dann spürt der andere: er ist ganz wertvoll für sie, wenn er lieb ist und sie nicht verletzt oder enttäuscht. Aber wenn sie so schaut, habe ich auch Angst um sie. Sie schaut nämlich auch so, wie Annette den Weihnachtsmann angesehen hat, so gläubig und zutraulich und hoffnungsvoll, daß einem ganz Angst wird, daß jemand, den sie anschaut, nicht so gut ist wie ihre Erwartungen. Ich habe mir vorgestellt, daß Vati früher ganz hingerissen war von diesen Augen. Sie scheinen nämlich zu sagen: ich will mich dir anvertrauen, du kannst mich durchs Leben führen, und dafür werde ich dich die ganze Zeit anstrahlen. Ich weiß gar nicht, ob er so eine Autorität werden wollte in der Familie, er ist ja schon eine in seiner Firma. Aber wenn man so angeschaut wird, muß man ja denken, daß der andere sich anpassen und anschmiegen will und dankbar ist, wenn man ihn an der Hand nimmt und für ihn entscheidet. Und so erkläre ich mir, daß Mami in manchen Dingen ein bißchen hilflos und kindlich geblieben ist und behauptet, von vielen Dingen versteht sie nichts und Vati soll sie erledigen. Ich bin froh, daß es mit Christof und mir anders ist. Ich kann ihn bewundern und bekämpfen, aber ich würde mich ihm nicht zur Führung anvertrauen, zum Beispiel schon wegen seinem Sarkasmus oder weil er viele Sachen mit seinem scharfen Verstand angeht und viel weniger Zutrauen zu Menschen hat als ich. Wir haben gar nicht so viel ernste Sachen geredet bei diesem Besuch. Mami sagte, sie möchte das lieber noch weiter in Ruhe mit ihrer Freundin besprechen. Sie sagte auch noch, am Schluß, sie sei froh, daß sie sich mit mir so verwandt fühle, das war mir ein wenig zu dick aufgetragen, und daß wir vielleicht eines Tages Freundinnen sein könnten. Ich konnte einen Moment lang nicht mehr richtig atmen, freute mich riesig und war doch traurig, weil es auch so klang, als wäre sie gar nicht mehr so gerne eine richtige Mutter, sicher und ruhig und überlegen, sondern als sollte ich möglichst schnell auch erwachsen werden. Und ich denke gar nicht daran, habt ihr das gehört, ich denke gar nicht daran, schnell erwachsen zu werden. Ich finde es gut, vierzehn Jahre alt zu sein, kein Kind mehr wie Annette, die noch im Zickzack denkt. Ich kann mich gar nicht mehr erinnern, wie das war, als ich noch nicht denken konnte. Und es ist auch gut, noch nicht erwachsen zu sein. Die Jungs lassen einen in Ruhe, außer wenn es schneit, dann fliegen die Schneebälle. Das ist so eine Krankheit bei denen. Wenn ich Bücher lese, dann verschwinde ich manchmal für ganze Stunden in den Büchern, und man muß mich richtig herausholen und aufwecken wie aus einem Traum. Und jetzt, glaube ich, will Christof euch auch noch etwas sagen.

9
Christof versucht zu verstehen, wer sein Vater ist; die beiden planen eine Reise nach Italien

– Richtig, Vroni. Mit halbem Ohr habe ich dir sogar zugehört, ich weiß nicht, ob ich das durfte. Ich bin oft ganz erstaunt, was alles in dir vorgeht und wie verschieden wir sind. Manchmal denke ich, du wohnst auf der anderen Seite eines Flusses. Wir können hinüber und herüberrufen, und wenn das Wasser nicht zu laut plätschert oder der Wind pfeift und raschelt, dann können wir uns verstehen. Oder wir rudern, jeder in seinem Boot, zur Mitte des Flusses und landen auf der kleinen Insel mit den Büschen und den Vogelnestern, und dort können wir reden. Unsere Gespräche sind wie Inseln in diesem unruhigen Fluß. Danach fährt jeder wieder an sein eigenes Ufer, und ab und zu winkt man sich zu.

Es war ganz schön atemlos und spannend in den letzten Wochen. Ihr werdet ja einiges mitbekommen haben, so beim Zuhören oder Mitlesen. Ich bin sicher, viele von euch hätten oft gut mitreden können, weil es ihnen ähnlich geht oder weil sie es schon hinter sich haben. Wenn man so mitten drin ist, merkt man ja vieles gar nicht. Ihr hättet uns sicher oft gute Ratschläge geben können, oder ihr wart vielleicht auch wütend oder traurig. Oder habt ihr euch auch überlegen gefühlt oder unterlegen? Oder verwandt? Es gibt viele Möglichkeiten.

In mir verändert sich vieles. Vroni ist so zufrieden, daß sie vierzehn ist. Da geht es mir anders. Sechzehn, das finde ich zur Zeit ein blödes Alter. Ich glaube, ich wäre lieber siebzehn oder achtzehn und wüßte schon, was ich werden will. Und vielleicht hätte ich eine Freundin, mit der ich über alles sprechen kann. Aber ich kann mir kein Bild machen von ihr. Einerseits sollte sie sich von mir vieles gerne erklären lassen, ihr wißt ja schon, ich erkläre gerne komplizierte Sachen. Vroni nennt es meine Vorträge. Ich gebe zu, ich könnte nicht so still und geduldig jemandem zuhören, wie ich es mir wünsche, daß mir jemand zuhört. Darin war Mami ja sehr gut: sie konnte uns, oder auch Vati, sehr gut zuhören und hat sehr gute Fragen gestellt, oder den roten Faden festgehalten, wenn ich zum Beispiel drei

Vorträge auf einmal gehalten habe. Vati hat aber zuletzt immer weniger erzählt. Früher wollte er wohl, daß Mami nur zuhört und ihn bewundert. Und jetzt schwärmt er von einer Frau, die mitreden kann und selbständig denkt. Also hat der sich auch verändert, und Mami hat es nicht gemerkt oder nicht mitgemacht. Es ist, als ob sie etwas verschlafen hätte, so sehr war sie konzentriert auf die Familie. Also gut, ich wollte etwas von meiner künftigen Freundin erzählen, die es noch gar nicht gibt. Sie müßte also gerne zuhören und von manchen Dingen wirklich noch nicht so viel Ahnung haben und entsprechend stolz sein auf mich. Aber sie müßte von manchen Dingen auch mehr verstehen als ich, ich meine nicht einmal mit dem Kopf, sondern mit dem gesunden Menschenverstand, oder mit dem Gefühl. Vroni ist da sehr gut, ich meine, die Richtung, die es bei ihr nimmt. Sie müßte also wissen, daß ich schon ziemlich schlau bin und viel denke und viele Pläne habe, die sich übereinandertürmen, obwohl ich oft vor dem Spiegel stehe und gucke, wie man erwachsen ausschauen kann, ich meine, in der Haltung, und im Ausdruck, lässig und überlegen, und mit einem Mund, der nicht so weich aussieht wie meiner. Hoffentlich könnt ihr das verstehen. Wenn nicht, kann ich auch nichts machen. Vor dem Spiegel merke ich oft, daß ich Gesten mache wie Vati, oder seinen Gesichtsausdruck probiere. Aber ich kann und will ihn eigentlich nicht nachmachen. Es ist zu idiotisch, wie er die Familie übers Ohr gehauen hat mit seiner Gerda. Der hat sich wohl eingebildet, er kann mit zwei Frauen leben, und keiner merkt es, und ohne graue Haare zu bekommen. Die bekommt er nämlich, mit ziemlichem Tempo. Er kann sehr viel und hat einen großen Überblick, aber er ist schwer zu durchschauen. Er hat ganz tief innen eine Art Schaltzentrale, da läßt er nie jemanden hinein. Gerda vielleicht, wenn er keine Angst hat, daß die ihm an den Knöpfen herumdreht und das Kommando übernimmt. Aber so sieht sie nicht aus. Die wirken fast wie ein Team. Sie kommt mir vor wie seine Kopilotin . . . Was rede ich, ich wollte über mich reden, und nicht über die beiden. Aber das läßt sich gar nicht trennen. Ihr habt es schon gemerkt. Wenn ich über die rede, rede ich auch über mich. Auf jeden Fall, ach ja, ich wollte sagen, bei mir ändert sich unheimlich viel, aber ich wäre gerne siebzehn oder mehr. Nie hätte ich gedacht, daß man so von seiner Familie abhängig sein kann. Ich bin manchmal ziemlich deprimiert. Die Familie war, ohne daß ich es gemerkt habe, so eine Art Heimathafen. Ich war wie ein U-Boot, das ausfährt und untertaucht und lange unsichtbar ist, und ganz unerwartet kommt es nach Hause zum Auftanken. Ich meine, ich bin nicht wirklich weggeblieben, über Nacht oder so, das hätte zu viel Ärger gegeben, nein, ich meine, ich war auch in der Familie auf Tauchstation. Die haben kaum gewußt, was ich denke. Ich konnte durch alle einfach hindurchgucken und denken: ihr habt ja keine Ahnung! Und ich hatte keine Ahnung von dem, was Vati treibt. Früher habe ich manchmal gefragt, aber sein Ton war so komisch, belehrend, er hat sich so aufgeschwungen, um dem Sohn etwas zu erklären, wie er es sich vorstellt, daß ein Vater seinem Sohn etwas erklärt. Widerlich. Er fand einfach den Ton nicht. Er hatte ein Bild im Kopf, oder einen Wunsch, wie das wohl laufen könnte. Da hab ich bald aufgegeben und nichts mehr wissen wollen. Dadurch sind wir immer mehr Fremde geworden. Er dachte, mich interessiert es nicht mehr, und ich dachte, der sieht ja doch nie, wer *ich* bin. Klar habe ich gemerkt, daß es ihm ganz wichtig war, mir etwas von seiner Arbeit zu berichten, aber gerade das hat mich gestört, daß er so große, bemühte Anläufe genommen hat. Ihr werdet es vielleicht komisch finden, aber er war befangen, mir gegenüber, und das hat mich auch befangen gemacht. Wer uns zusammen sieht, könnte denken, die gehören gar nicht zusammen. Keiner ist angekommen beim andern. Jetzt kann ich ihn viel besser beobachten. Ich glaube, daß ihm das auch unheimlich ist. Ich schaue ihm ja auch zu, als sei er von einem anderen Stern und als müßte ich ihm auf die Schliche kommen. Er will ein guter Vater sein, und ich lasse ihn nicht! Er hat komplett vergessen, wie er mit sechzehn war, oder er will etwas wiedergutmachen. Er ist ganz früh weggegangen von zu Hause, hat eine Lehre gemacht und erst später studiert. Ich glaube, er ist nie mehr nach Hause gegangen, so schlimm war es zwischen ihm und seinem Vater. Genaues weiß ich nicht. Es fängt aber an, mich zu interessieren. Das ist es, was sich ändert in mir. Ich möchte mehr wissen von ihm. Aber nicht so, daß er mich belehrt, sondern daß er etwas von sich herzeigt. Er gibt nicht gern etwas von seiner geheimnisvollen Autorität her. Deshalb habe ich auch neulich durchgehalten, ich meine, als wir zum

Abendessen runterkommen sollten. Ich fürchte, er meint, ich will nur gegen ihn kämpfen. Ich kämpfe aber darum, daß er mich für voll nimmt, und daß er aufhört, sich Hoffnungen zu machen darüber, was ich werden soll, oder daß er mit mir angeben kann, oder daß er meinen sogenannten Lebensweg steuern kann. Das ist ja albern, aber Väter scheinen sich das oft einzubilden. Sie wollen, daß die Söhne nicht den gleichen Quatsch oder die gleichen Umwege machen wie sie, und dann verschreiben sie Rezepte, die sie vor zwanzig Jahren hätten anwenden sollen, wenn ihnen die eigene Familie oder die eigenen Väter, falls die aus dem Krieg zurückgekommen sind, nicht dazwischengequatscht hätten. Ich meine, nicht alles ist unbrauchbar, was er sagt, aber bei seinem Ton ist es schwer, das zu übernehmen. Dann muß ich viel häufiger widersprechen, als ich möchte. Und er fürchtet, er sei mit einem besonders widerborstigen Sohn geschlagen. Nun gut, ich möchte wissen, wer er ist. Es gibt Seiten an ihm, die auch Mami nicht kennt, das hat sie mir einmal gesagt. Er liebt es, ein Rätsel zu sein, und dann beklagt er sich über seine Einsamkeit. Vielleicht hat Gerda einen anderen Zugang zu ihm gefunden. Auf jeden Fall, und jetzt kommt das Wichtigste: er schlägt mir vor, daß wir zu Ostern eine Woche verreisen. Zuerst dachte er, Gerda, er und ich. Das wollte ich überhaupt nicht, da war er gewaltig enttäuscht und lief mit einem muffigen, kalten Gesicht herum. Und hat gebrütet, das konnte man sehen. Und, was glaubt ihr, was rauskam? Er hat gesagt, er habe nachgedacht, und er sei einverstanden, wenn wir beide alleine fahren. Die nächste Woche fährt er dann mit Gerda. Also muß er etwas im Sinn haben mit mir, ich meine, nichts Geplantes, sondern er kümmert sich um mich, ich weiß gar nicht, wie ich es nennen soll. Ich hatte plötzlich Angst vor diesen acht Tagen mit ihm allein, dachte: jetzt macht er noch einmal einen Erziehungsversuch, oder auch: er will mich auf seine Seite ziehen. Es kann ja alles furchtbar peinlich werden auf so einer Reise. Ich bin ihm ja fast ausgeliefert. Die verrücktesten Schwierigkeiten tauchen dabei auf. Wenn wir in einem Hotel wohnen, haben wir dann ein oder zwei Zimmer, und wenn wir ein Zimmer haben, wie nahe oder weit auseinander stehen dann die Betten? Muß man sich voreinander waschen? Was macht man abends? Gehen wir in Restaurants? Und abends an die Bar?

Aber warum soll ich euch auf die Folter spannen? Er hat, ganz für sich allein, eine ganze Menge gedacht, über das gleiche Thema. Hinterher dachte ich, es war schade, daß wir darüber nicht zusammen nachdenken konnten. Aber so war es halt. Wir sind getrennt marschiert durch unsere Fremdheit. Nun gut, er hat mir gesagt, was er alles zu schwierig findet: Hotel und so, unbekannte Gegend, soll man wandern oder ins Museum gehen oder Boot fahren? Das geht ja alles nicht mehr, ich bin doch kein Kind, das man mit Tretbootfahren beglücken kann, und abends zusammen an der Bar Bier trinken, oder Whisky, das geht auch noch nicht. Er hat also zugegeben, daß er ratlos ist, und ich hab gesagt, mir fällt auch nichts ein, ich möchte mit ihm verreisen, aber ich weiß nicht wie, und ich habe sogar gesagt, daß er mich nicht belehren und erziehen soll. Seine Stirn wurde noch mal ziemlich kraus. Ich glaube, die Sache war nahe dran zu platzen. Wahrscheinlich hat er mit Freunden, die auch Kinder haben, darüber gesprochen. Das war sicher eine große Überwindung für ihn, weil er zugeben mußte, er weiß nicht weiter wegen unserer Reise. Jedenfalls hat er dann vorgeschlagen, wir fahren zu einem Freund von ihm, der eine Vertretung hat in Italien und viele Leute kennt und der uns entweder die Landschaft zeigt oder Kunst oder ein paar Fabriken, für die er liefert. Das war die Rettung. Und ob ihr es glaubt oder nicht, jetzt freue ich mich sehr und lerne heimlich Italienisch, denn damit will ich ihn überraschen, und studiere Landkarten. Wenn wir weit weg sind von hier, kann ich mich ihm vielleicht nähern, ohne Mami zu verraten oder ohne dauernd zu ihr hinzuschielen. Sie reagiert auf so etwas empfindlich und fürchtet, sie wird ausgebootet. Oder sie sagt: jetzt, wo es zu spät ist, wo wir uns trennen, da fängst du an, dich um ihn zu kümmern! Dabei hat er es ja probiert und weder er noch ich konnten die Sache vertragen. Schon gar nicht, wenn sie ihn sozusagen immer wieder auf mich losgehetzt hat. Ich will nicht gemein sein gegen sie, ihr wißt sehr gut, wie sehr ich sie mag. Nur kann man so eine Beziehung nicht planen, und ohne das Unglück oder die Zermürbung, oder vielleicht auch ohne Gerda, wäre er nicht auf den Dreh gekommen, sich wirklich etwas zu überlegen. Zwar hat er Gerda und die vielen Leute im Betrieb, unter denen aber wenig Freunde sind. Aber er könnte ja auch denken, er wird einsam, wenn er die Beziehung zu uns ganz verliert. Ab und zu lasse ich in die Unterhaltungen etwas einfließen über die Geschichte Italiens, damit er merkt, daß ich mich damit beschäftige und mich freue. Sagen könnte ich es ihm mit Worten sicher nicht. Meine Stimme wird jetzt sowieso ein bißchen schwankend. Ich glaube, da sind eine ganze Menge Gefühle versteckt. Jedenfalls fände ich es unglaublich schön, wenn so etwas wie eine Freundschaft entstehen würde. Alle paar Tage gibt es einen ganz kurzen Augenblick, wo wir uns in die Augen schauen können. Daran habe ich gemerkt, daß ich ihn ein paar Jahre lang überhaupt nicht anschauen konnte. Ihn muß das verrückt gemacht haben, daß ich immer wegguckte, wenn er mir etwas sagen wollte. Trotzdem bin ich nicht allein schuld daran. Er guckt so, als dürfte man überhaupt keine Hintergedanken haben, niemals; als wäre man keine ganz selbständige Person. Ich fürchte, daß er so die Arbeiter anschaut in seinem Betrieb, so daß sie sich durchschaut fühlen sollen oder denken, vor dem kann man sowieso nichts verbergen. So hat er Mami auch kleingehalten, nehme ich an, die muß gedacht haben, er kann in sie reinschauen. Eigentlich ist es unverschämt, Menschen so anzuschauen. Man hat dann überhaupt keinen Schutz mehr. Keiner will sich dauernd ertappt fühlen. Das wird jetzt ganz langsam anders, ich meine, die Art seines Blicks. Er zwinkert mir manchmal zu, und ich weiß nicht genau, was er meint. Wenn ich denke, daß er an Italien denkt, dann zwinkere ich zurück. Wenn er zwinkert, wenn Mami was Doofes gesagt hat oder grad mal wieder jammert oder heult oder einen übertriebenen Vorwurf macht, dann zwinkere ich nicht zurück. Da soll er mit sich allein zwinkern. Oder auch nicht. An diesem Punkt will ich nicht der Kumpel von ihm werden. Wenn er nichts Gutes mehr an ihr finden kann, dann ohne mich. Ich mag ihn sehr, auch wenn er mir sehr fremd ist. Aber auch wenn ich ihn mag und bewundere, stehe ich manchmal, wenn die beiden streiten und er mit Worten ziemlich gemein werden kann, daneben, schaue ihn von der Seite an und denke ganz intensiv, so daß er es eigentlich innen, ich meine nicht mit den Ohren, sondern innen, in der Schaltzentrale, hören müßte, also, ich denke ganz intensiv: du altes Arschloch, du Ganove, du Tyrann. Ja, das denke ich, auch wenn ihr das unanständig findet. Ich fühle mich dann besser und brauche ihn vielleicht doch nicht eines Tages, sagen wir, wenn ich siebzehn bin, einmal, nur einmal, zusammenzuschlagen, als ob er einen gewaltigen, zumindest einen wirksamen Denkzettel verdient hätte. Es gibt Situationen bei den Streitereien mit Mami, da kommt es vor, als bliebe nur der Ausweg in eine ewige Feindschaft mit ihm. Ich stelle mir vor, er müßte mit einem Schlag von mir zu Boden gehen und um Gnade flehen.

10
Wie Annette verzweifelt gegen die Trennung von Vati ankämpft, der mit seiner Freundin Gerda in Urlaub gefahren ist

– Hallo, wo wart ihr so lange? Ihr habt bloß so lange mit Vroni und Christof geschwatzt? Von mir hättet ihr auch spannende Sachen hören können, nicht nur von denen. Aber mir hört ja keiner zu. Ihr denkt wohl: die ist noch klein, grade in die Schule gekommen, die redet noch viel Unsinn. Vroni sagt, ich denke im Zickzack. Aber die ist neidisch. Beim Stricken, sagt Mami, ist ein Zickzackmuster wie bei meinem Norwegerpullover das Schwierigste. Die ganze Familie ist Zickzack, falls ihr das noch nicht wißt. Mal Lachen, mal Heulen. Mal Gerda, mal Mami. Mal Brüllen, mal Flüstern. Mal: ach, was hab ich dich gern! Und mal: ach, was bist du für eine Nervensäge! Alles an einem Tag. Es gibt Holzsägen, Eisensägen und Nervensägen. Ich bin eine Nervensäge. Wenn jemand sagt: die ist aber drollig, dann spucke ich ihn an. Selber drollig. Wenn ich dann plötzlich unter den Tisch krieche und heule, gucken sie doof und machen die blödesten Faxen, um mich wieder heraufzulocken. Die denken, ich will Hund oder Katze spielen, als hätte man den ganzen Tag nichts anderes zu tun, als für Erwachsene drollig zu sein. Ich bin dann beleidigt und will keinen mehr sehen.

Christof und Vroni machen mit euch ja, was sie wollen. Ihr müßt auf mich hören! Ich habe ganz viel zu tun gehabt, darum war ich so lange weg. Ich möchte mal ganz allein, ohne die Großen, mit Mami und Vati verreisen. Aber daraus wird jetzt nichts, sagt Mami. Vati mag uns nicht mehr, sagt sie, wenn er es hören kann. Dann wird er wütend und sagt: red nicht so dummes Zeug vor den Kindern. Ich glaube auch nicht, daß er uns nicht mehr mag. Aber er mag Tante Gerda lieber als Mami, und Mami mag mich lieber als Tante Gerda. Ich glaube nicht, daß Vati mich nicht mehr mag. Aber wenn er mich ganz schrecklich mögen würde, würde er Mami auch mögen, weil Mami und ich zusammengehören. Er kann doch nicht nur einen Teil mögen. Wenn es mal zwischen den beiden nicht kracht, sage ich: ihr sollt euch wieder mögen. Mami glaubt manchmal, daß das geht. Vati sagt, das kann man nicht erzwingen. Wir mögen uns schon noch, aber wir möchten nicht mehr zusammenbleiben. Vati ist der Klügste von der ganzen Stadt, müßt ihr wissen, ohne Lachen, bittschön, trotzdem denke ich manchmal, er ist plemplem, nicht oft, aber wenn er so Sachen redet wie: er mag uns, aber er will weggehen. Wenn er mich fragt, warum ich weine, sage ich ihm das auch: weil du weggehst! Ich jammere ganz fest, bis er verspricht: ja, vielleicht nehme ich dich mit. Er sagt, er sucht ein anderes Haus, und ich sage: ich könnte dir helfen. Bevor du es kaufst oder mietest, mußt du es mir zeigen. Ich will ein schönes Haus oder eine schöne Wohnung. Was aus Vatis Zimmer und dem Büro wird, wissen wir noch nicht. Manchmal denke ich, die schwindeln alle und sagen nur, daß Vati weggeht, weil ich eine Nervensäge bin. Aber die nehmen doch auch keine Rücksicht auf mich. Andere Vatis laufen auch nicht weg. Nur der von Claudia aus meiner Klasse, der ist schon vor ein paar Jahren weggelaufen. An Ostern und Weihnachten und zum Geburtstag kriegt sie Post von ihm. Und einmal im Jahr geht sie für ein paar Tage hin. Ich hoffe nicht, daß unser Vati auch so weit weggeht. Wenn einer aus dem Gefängnis ausbricht, sagt Christof, und er ist gefährlich, dann will ihn die Polizei wieder fangen, sogar mit einem Hubschrauber. Wenn er wirklich weit wegrennt und bloß die Tante Gerda mitnimmt und sonst keinen, gehe ich zur Polizei, ich meine natürlich, mit der Sparbüchse, die ist fast voll, und sage: ihr sollt den Herrn Vati wieder fangen. Der ist auch abgehauen. Und wenn sie fragen, ob er wirklich gefährlich ist, weil man nur Gefährliche mit dem Hubschrauber fängt, dann sage ich: ja, er kann gefährlich sein, zum Beispiel wenn er brüllt oder so wild guckt, daß ich fast in die Hose mache.

Ihr merkt schon, ich will nicht, daß er weggeht. Gestern, am Abend, als Mami und Vati im Wohnzimmer zusammensaßen am Tisch und in Papieren gelesen haben und so nahe beieinandersaßen wie schon lange nicht mehr, da hab ich mich von hinten angeschlichen und ihre Köpfe zusammengedrückt, weil sie sich überhaupt nicht mehr küssen. Früher hat Mami oft den Kopf an Vatis Schulter gelehnt, als ob er ein Baum wäre, an den man sich dranlehnen kann. Das macht sie jetzt schon lange nicht mehr. Gut, ich habe ihre Köpfe zusammengedrückt, aber sie sind beide zurückgefahren, Mami hat komisch gelacht, und Vati sagte: ach, laß das doch, und ist aufgestanden und im Zimmer auf- und abgegangen. Später hat er sich um die Ecke wieder an den Tisch gesetzt. Aber sie haben die Papiere weggeräumt. Erwachsene kann man fast nicht verstehen. Sie machen fast nie mehr, was *ich* will. Ich soll immer nur machen, was *sie* wollen. Weil ich ihre Köpfe zusammengedrückt habe, mußte ich früher ins Bett. Ich wäre besser still sitzengeblieben. Manchmal mache ich alles nur noch schlimmer. Ich mache Mami das Herz schwer, sagt sie. Ich will auch ein schweres Herz. Die haben komische Ausdrücke. Gerlindes Mutter sagt so was Ähnliches wie: Vati hat leichte Füße, oder einen leichten Fuß, ich weiß nicht mehr genau. Mami will es mir nicht erklären. Christof sagt: es heißt, Vati ist ein Leichtfuß, aber er will es mir auch nicht erklären oder meint, das verstehe ich noch nicht. Er hüpft fast nie, so wie ich, auf einem Bein. Mit Gerlinde spiele ich manchmal Leichtfuß. Beim Seilhüpfen geht es auch. Dann gibt es noch warmherzig, das sagt Mami von Vroni, und querköpfig, das soll Christof sein. Und Tante Gerda ist vollbusig, das verstehe ich noch am besten. Ich weiß nicht mehr, wer es gesagt hat. Aber das kann man sehen. Jetzt wißt ihr, warum ich so viel Arbeit habe, neben der Schule. Wackelpo, gibt es noch, das sagt Mami von anderen Frauen, das scheint etwas Schlechtes, wenn denen der Po wackelt. Ich habe es mit Gerlinde probiert. Und von Mami sagt Vati, sie ist bissig, das sagt man doch von Wachhunden, und Mami sagt zu ihm: er ist kaltschnäuzig, das kenne ich auch nur von Hunden. Wir sind ein komischer Zoo. Außerdem bekommt Christof geschlitzte Ohren, sagt Vati, wenn er so weitermacht, und Vati sagt von Vroni: hoffentlich ist die nicht doppelzüngig. Versteht ihr das alles? Ich nicht.

Jetzt werde ich schon wieder ganz traurig. Mami geht manchmal zum Friseur, das hat sie ganz lange nicht gemacht, und wenn sie zurückkommt, ist sie sehr schön und das Haar duftet. Dann verstehe ich noch weniger, daß Vati weggehen will. Und noch schlimmer finde ich, wenn Mami, wie neulich, ihn anschreit und sagt: ich will auch nicht mehr, ich hab genug, es ist besser, du gehst so bald wie möglich, du lebst ja sowieso fast nicht mehr hier. Warum heult sie dann so oft und ist traurig, wenn sie auch will, daß er weggeht? Ich finde beide ganz toll, und beide mögen mich auch. Das kann man überhaupt nicht verstehen, daß dann die beiden sich nicht mögen. Mami sagt sogar, wenn sie ganz böse ist: ich kann dich nicht mehr riechen. Dabei riecht Vati gut, er riecht nach Rasierwasser, manchmal nach Zigarren und so, wie er halt immer riecht, und manchmal so wie Tante Gerda. Vielleicht ist es das, was Mami nicht gern riecht. Ich rieche alle gern und schnuppere an allen wie ein kleiner Hund und kann sie, auch wenn ich die Augen zumache, erkennen. Jetzt bin ich sehr müde und gehe gern ins Bett, das heißt, ich lasse mich gern von Mami ins Bett bringen. Aber wißt ihr, was sehr schlimm ist? Nie mehr sind Mami und Vati abends zusammen an meinem Bett, immer nur einer, meistens Mami und am wenigsten Vati. Früher waren manchmal alle dabei, Vati hat noch was vorgelesen, Vroni stand am Fenster, und Christof war in seinem Zimmer und hat getan, als langweilten ihn die Geschichten, und trotzdem hat er die Tür aufgemacht und zugehört und das Radio leise gemacht. Er wollte nicht zugeben, daß er auch gerne Märchen hört.

Jetzt zu Ostern sind alle verreist. Ich bin mit Mami zwei Wochen allein. Das ist sehr schön. Wir sind fast jeden Tag in die Stadt gegangen, oder sonstwo spazierengegangen, und wir haben ganz viele Bücher gelesen, und ich habe ungefähr hundert Bilder gemalt oder noch mehr, vielleicht zwanzig. Die schönsten haben wir aufgehängt. Gerlinde darf auch wieder kommen. Von überallher kam Post, ich meine, vom Christof aus Italien und von Vroni vom Skifahren. Von jedem extra eine Karte für mich. Ich gehe nicht weg von Mami. Ich wohne hier, wo sie auch wohnt. Es ist sehr schlimm, wenn Vati bald weggeht, aber man kann nichts machen. Er hat schon eine Wohnung. Es ist nicht furchtbar weit. Ich kann ihn besuchen, wenn er mich abholt oder wenn mich jemand hinbringt. Jetzt sind Christof und Vroni noch zusammen beim Skifahren. Und Vati ist weit weg mit Tante Gerda. Mit dem Flugzeug. Auf einer Insel. Keiner weiß richtig, wo. Die wollen, glaube ich, auch nicht, daß man es genau weiß.

11
Wie Christof und Vroni sich beim Skifahren in der Schweiz treffen, über die Familie sprechen, und wie Christof Vroni von seiner Reise mit dem Vater nach Italien erzählt

– Hallo, Vroni, du willst wohl grade zum Après-Ski? Geht ihr tanzen?

– Quatsch, wir gehen ins Café. Man kann doch nicht den ganzen Tag skifahren. Wenn man will, kann man auch tanzen. Ab fünf spielt die Musik. Einige Mädchen aus der Gruppe haben auch schon getanzt. Ich nicht. Ich gucke gern zu und träume.

– Von was träumst du denn?

– Lieber Christof, laß dich doch erst mal begrüßen. Ich bin ja ganz atemlos. Ich dachte, du kommst irgendwann heute abend, und nun überraschst du mich beim Weggehen ins Café. Kannst du ein Küßchen überhaupt ertragen? Du redest drauflos, als hätten wir uns zufällig im Wohnzimmer getroffen. Ich bin ganz verwirrt. Mein großer Bruder kommt an den Ort, wo ich skifahre, auch zum Skifahren, und wir werden eine Woche Zeit haben. Das ist doch alles neu und aufregend. Ich heule gleich los vor Stolz und Freude. Und du kommst von der Reise mit Vati. Ich seh dir's doch an, daß es gut war. Du siehst aus, als kämst du von einer erfolgreichen Expedition ...

– Ja, Vroni, ich spiele immer ein bißchen meine Gefühle herunter und tue mehr beiläufig und witzig, als ob nichts Besonderes los wäre. Ich wollte nicht, daß mein Herzklopfen zu schmerzhaft wird. Ich kann es nicht leiden, wenn meine Stimme versagt und man mir anmerkt, daß ich aufgeregt bin. Ich könnte versuchen, dich zu umarmen, was meinst du?

– Ach Christof, das nächste Mal. Der Moment ist vielleicht

vorbei. Aber ich freue mich riesig, dich hier zu treffen, und daß du auch aufgeregt bist, versöhnt mich mit deinem scheinbar so gleichmütigen Gerede am Anfang. Es gibt ja immer noch genug Spuren in deinem Gesicht, die etwas von deinen Gefühlen verraten. Es ist aber schöner, wenn du deine Aufregung zugibst. Weißt du, dann bin ich nicht so allein mit meinen stürmischen Gefühlen, ich meine, es steht nicht einer daneben, der das für schwach hält oder der sich überlegen gibt. Verstehst du?

– Teilweise. Wenn jemand seinen Gefühlen trauen kann, wie du, dann ist es schön, wenn er sie zeigt. Ich mag dich dann. Ich fürchte oft, gleich werde ich vielleicht verrückt und lege schnell den Rückwärtsgang ein. Schön auf dem Teppich bleiben. Witz und Sarkasmus halten mich auf der Erde. Wenn auch ein bißchen traurig. Wenn Verrücktwerden nicht so schlimm wäre, würde ich es machen, ich meine, es lockt mich schon. Aber ich kann doch nicht einfach losschreien hier auf dem Platz, nur weil ich meine Schwester treffe. Oder?

– Komisch wäre es vielleicht schon. Wenn du wirklich durchdrehst, würde ich mich etwas genieren vor den Freundinnen . . .

– Was ist bloß los mit uns? Ich bin noch nicht fünf Minuten hier, und wir sind schon wieder mittendrin. Mit dir kann man geradezu philosophieren, und die Familienkatastrophe wird erträglicher. Eigentlich bist du mein hauptsächlicher Trost . . .

– Warum weinst du jetzt?

– Weil ich dir so viel zeige von mir, und noch gar nicht weiß, was mit dir los ist. Auch wenn du nicht da bist, rede ich stundenlang mit dir. Ich habe dir die ganze Reise mit Vati schon fünfmal erzählt. Manchmal *denke* ich nur noch so, als würde ich mit dir reden. Das ist doch auch schon fast verrückt. Ich bin abhängig von dir, um überhaupt noch denken zu können. Vor zwei Jahren hätte ich noch gesagt: ich habe im übrigen noch zwei doofe kleine Schwestern zu Hause, aber das ist unerheblich . . . Egal, das tut mir jetzt leid. Komm, wir gehen in ein anderes Café, mir ist überhaupt nicht nach Tanzteemusik.

– Mir auch nicht, wenn du es genau wissen willst. Eine Woche lang war ich jetzt fast nur albern wie ein kleines Kind. Nur nachts kam dann die Unruhe: was aus uns wird. Manchmal kann ich schwer unterscheiden, ob ich mir mehr Sorgen mache wegen mir oder wegen Mami. Aber das hängt beides zusammen. Ich habe so Angst, dich auch zu verlieren, es gibt doch sicher auch eine Trennung der Geschwister. Da weißt du jetzt sicher mehr nach deiner Reise. Was sagt denn Vati? Und du? Ich meine, wie habt ihr euch verstanden? Ich möchte hundert Fragen auf einmal stellen und habe Angst vor den Antworten. Ich glaube, ich möchte bei Mami bleiben, aber ich habe Angst vor ihrer Bedrücktheit. Wenn ich ganz schwarz sehe, fürchte ich, sie grämt sich noch weiter aus der Welt hinaus. Ich habe Angst, daß das Haus noch düsterer wird als während der schlimmsten Streitmonate. Weißt du: ich fühle mich schon sehr im Stich gelassen von Vati. Aber die Verbindung war nicht sehr direkt. Du kennst das ja, es ist wie Nebel zwischen ihm und mir, außer in ganz wenigen Augenblicken. Ich fühle mich also nicht so sehr als Vroni im Stich gelassen, sondern weil er die Familie verläßt. Aber diese Ansicht ist ja gar nicht völlig richtig, beide wollen nicht mehr, trotzdem fühlt es sich oft an, als ob er die Familie verläßt . . . er geht ja schließlich weg, und Mami bleibt. Es bleibt dann einfach ein Rest zurück. Wir sind nichts Ganzes mehr, gut, ich wollte sagen, meine Verbindung zu ihm ist nicht so persönlich und intensiv, er war für mich da wie ein Hintergrund, fast ungreifbar, aber sicher. Aber Mami fühlt sich doch viel mehr als Person verlassen, auch wenn sie verbittert schreit, er soll verschwinden. Weißt du, sie fühlt sich oft als Person nichts mehr wert, das ist so niederziehend, es steckt mich an, ich kann mich nicht wehren, es geht richtig durch mich hindurch, wenn sie jetzt über ihr abgebrochenes Studium trauert, wenn sie sich vorwirft, wie dumm sie war, daß sie ihm vertraut hat.

– Erinnere dich aber, daß er ihr oft vorgeschlagen hat, sie solle etwas über die Familie Hinausgehendes tun. Du weißt genau, Vroni, wie sehr sie sich dann kritisiert fühlte. Viele Mahlzeiten waren qualvoll, als das alles noch schwelte, aber am schlimmsten fand ich es, wenn er wieder mal Vorschläge machte, was sie tun könnte. Damals habe ich ihn gehaßt und gedacht, er soll sie doch endlich in Ruhe lassen, er will doch nur angeben mit ihr. Ich habe doch gemerkt, wie fasziniert er von manchen Frauen in seinem Betrieb war oder von einigen Frauen von Bekannten. Er hat immer mit einem Ton der Bewunderung von ihnen gesprochen, irgend etwas Auffälliges und Beachtenswertes erzählt, und auf einmal ist die Luft dünn geworden am Tisch, Mami hat die Gabel weggelegt und hatte keinen Hunger mehr. Ich hätte ihn verprügeln können. Er hätte doch so eine Zicke heiraten können, habe ich gedacht, aber als die geheiratet haben, da wollte er der Star sein, und sie sollte zu ihm aufschauen.

– Christof, ich kriege Angst, wenn du von beiden verächtlich redest . . .

– Ich rede nicht verächtlich, aber kaum sehe ich dich und kann frei mit dir reden, da kommt mir die Wut über diese Mahlzeiten hoch, diese gedrückte Stummheit, die stillen, nur angedeuteten Vorwürfe. Das brauchte ja alles gar nicht mehr ausgesprochen zu werden, da genügten doch einzelne Worte. Zuerst habe ich das alles nicht durchschaut, aber schließlich spürst du doch, bei welchem Thema oder welchem Wort Mami zusammenzuckt und bei welchem angedeuteten Vorwurf sein Gesicht steinern wird und er keinen Nachtisch mehr will oder plötzlich noch Akten nachzuarbeiten hat. Diese ganzen verdammten Anspielungen auf die Erziehungsfehler, auf die Verwöhnung oder die Sauberkeit oder die Schule, ich kotze gleich vor Wut. Du hast doch auch dagesessen und am letzten Bissen gewürgt . . .

– So genau wie du kann ich mich jetzt nicht erinnern.

– Mensch, Vroni, das gibt's doch gar nicht. Du wolltest von der Schule erzählen, und es kam kein Echo. Aber dir hat es sicher auch geholfen, daß du total abschalten konntest. Ich habe dich oft beneidet. Die Messer waren stumpf vor lauter stickiger, vergrämter Luft, und du konntest dasitzen und vor dich hinträumen. Manchmal dachte ich, dein Körper sitzt nur zum Schein da, und du bist längst weg bei deiner Freundin oder hast dich schon in eines deiner Mädchenbücher vergraben. Am liebsten hätte ich manchmal den Tisch umgestoßen, nur damit einer aufschreit oder damit du wenigstens aus deiner unverschämten Verträumtheit aufwachst. Ich habe mich zum Kotzen allein gefühlt, aber jedes Wort hätte alles nur schlimmer gemacht. Ich dachte immer, wenn ich jetzt etwas sage, gehen die hoch oder einer rennt weg oder das Geflenne von Mami ersäuft uns alle . . .

– Jetzt hör aber auf, Christof, du steigerst dich ja rein. Natürlich war das oft unangenehm. Dabei hast du noch Glück gehabt. Du durftest viel öfter weg als ich, und wenn du dabei warst, hat Mami sich mit dem Heulen noch ziemlich zusammengenommen. Ist es das alles, was du von der Reise mitbringst? Habt ihr denn alles wieder aufgewühlt? Dann will ich gar nichts hören.

– Nein, Vroni, ich staune ja selbst. Ich war ganz ruhig vorhin und habe mich so gefreut, dich zu sehen. Aber jetzt trifft sich hier halt ein Teil der Familie, und ich hatte noch nie so viel verstanden und konnte noch nie so frei reden. Das ist ja wie ein Stausee in mir, das jahrelange Maulhalten, Sichducken, die Angst, wann der nächste Krach kommt, das Herumschleichen im Haus, die ekelhafte Rücksicht, die du nimmst, ohne daß du es merkst. Ich staune, daß ich nicht erstickt bin, und ich staune, daß die nicht geplatzt sind . . .

– Die sind auch wegen uns zusammengeblieben, ich meine, die haben oft die Zähne zusammengebissen und gedacht: durchhalten, die Kinder . . . Vielleicht war's gar nicht falsch, Annette wäre doch fast gestorben vor Unglück, ich meine, wenn es früher gekommen wäre. Und wir, oder ich? Ich glaube, ich habe tatsächlich ein paar schlimme Jahre teilweise verschlafen. In der Klasse sagen sie manchmal: die Vroni kommt aus dem Mustopf, kennst du den Ausdruck? Das bedeutet, die ist völlig ahnungslos, fast ein bißchen doof. Bei vielen reden die doch am Tisch oder abends über alles mögliche. Richtig, da fällt mir jetzt natürlich das viele Schweigen oder die künstlichen Gespräche um Kleinigkeiten auf. Wir haben ja nie mehr diskutiert, und ich hab die anderen beneidet, was die so von ihren Tischgesprächen erzählt haben . . .

– Während du dagesessen und von Pippi Langstrumpf und so'n Zeug geträumt hast, habe ich die innerlich immer nachgeäfft. Mensch, wenn ihr wüßtet, ich saß oft da und hab Einmann-Kabarett gemacht, kochend vor Wut und immer so scharf wie's nur ging. Die Zuhörer, ich meine, die phantasierten, die haben oft gebrüllt vor Lachen, und ich konnte weiteressen und als Zwischenmeldung durchgeben: ja, Vati, wir haben heute eine Englischarbeit geschrieben, ich schätze, es gibt eine Zwei. Dann war der wieder zufrieden, und ich habe es den Zuschauern höhnisch verkündet . . .

– Christof, du Ekel, du phantastisches! Das ist ja wie ein

Abgrund, ich meine, wir sitzen da und löffeln die Suppe, und du machst eine Führung durch unseren Zoo ...

– Na, Mensch, irgendwie muß man sich doch am Leben halten. Vielleicht hätte ich auch lieber von Pippi Langstrumpf geträumt oder von meinen Meerschweinchen und Zwerghasen. Du hast deinen Kleintierzoo gehabt und warst unnahbar für jede ernsthafte Anmerkung. Du hast mich wütend zurechtgewiesen, wenn ich mal vorfühlte, ob du auch was Komisches riechst, als ob ich der Teufel wäre und den Schwefeldampf selber produziere. So ein sauberes, ahnungsloses Mädchen warst du, und ich fühlte mich gemein und eklig, weil ich auch nur hingeschaut habe auf den Salat. Ich war so stinkwütend auf dich, natürlich auf alle ...

– Hör auf, Christof, mach mir doch nicht solche Vorwürfe, ich gebe zu, ich habe von all dem nichts wissen wollen. Es tut mir leid, daß du so allein warst. Aber ich hätte es gar nicht ertragen, was du beobachtet hast, schon gar nicht in deiner Sprache, das kommt mir ja jetzt noch wie ein total überpfeffertes Ragout vor, das mir den Magen verbrennt ... Weißt du, ich dachte auch, wenn man hinschaut und darüber spricht, oder es ausspricht, dann wird es erst richtig wahr, ich meine, man faßt das Unglück in Worte, und dann geht es nie wieder weg. Vorher ist es noch wie Nebel, vielleicht doch nicht wahr. Wenn du vor ein paar Jahren so geredet hättest, ich hätte geschrien vor Angst, das wäre mir alles wie ein riesiges Gespenst vorgekommen und du tatsachlich wie der Teufel, der das Böse macht, wenn er daraufzeigt.

– Hol's der Geier, ich habe genug gebüßt für meinen scharfen Blick. Weißt du, was unser Deutschlehrer, den ich ja sehr gerne mag, einmal gesagt hat, als ich, wie so oft, still in meiner Bank saß oder etwas Langweiliges auf seine gebildeten Fragen geantwortet habe: ›Christof, Sie sind in Gefahr, ein Duckmäuser zu werden; oder sollten Sie gar ein stilles Wasser sein?‹ So einen gestelzten Quatsch konnte der reden und wußte nicht, daß meine heimlichen Zuschauer sich oft vor Lachen gebogen haben. Das gibt ein ganz schönes Machtgefühl, kann ich dir sagen, wenn du dein Gegenüber, ohne daß er es merkt, auf einer ganz anderen Bühne vorführen kannst. Am liebsten hätte ich das Marionettenspiel gelernt, weißt du nicht mehr, wir waren doch zusammen in der Schülervorstellung, und nach dem Märchen hat der Kasper noch so ein paar Schulereignisse durchgehechelt. Ich hätte ihn umarmen können wie einen Kumpel. Ich habe nie rausgekriegt, wer dem Marionettenspieler die Sachen erzählt hat. Entweder es war der Direktor selbst, dann ist er wirklich Spitze, oder es war der linke Vikar, der dieses bourgeoise Gymnasium nicht leiden konnte . . .

– Christof, weißt du eigentlich noch, wo es lang geht mit deinen Gedanken . . .?

– Sehr gut, keine Angst, ich hab den roten Faden schon noch im Kopf, bestell dir ruhig noch eine Schokolade, von mir aus auch eine Bündner Nußtorte, das ist hier die Spezialität, ich fühle mich richtig spendabel . . .

– Du Angeber, wer sagt denn, daß du bezahlen wirst? Meinst du, ich hab hier gesessen und gehungert und gewartet, bis mein großer Bruder kommt und zufällig eine spendable Laune hat?

– Du mußt jetzt nicht gleich zickig werden. Aber ich sehe schon, etwas Kavaliermäßiges kannst du noch nicht vertragen, tut mir leid, schönes Fräulein, daß ich's wage, den Kakao ihr anzutragen . . .

– Halt die Klappe, Christof, und halt dich ganz fest am roten Faden, das hilft gegen Ausfälligkeiten. Wenn du willst, kriegst du aber auch noch einen Kaffee, oder verträgst du schon ein Bierchen, großer Bruder?

– Herr Ober, bitte einen Grappa!

– Was ist denn das?

– Ein etwas schärferer Traubensaft, das trinken in Italien die Männer nach dem Essen.

– Wieso bloß die Männer, wenn's doch Saft ist?

– Ich lade dich gerne ein zu einem solchen Saft. Herr Ober, bitte zwei! Ich freue mich, daß du mittrinkst. Dann sehe ich endlich noch deine verträumten Augen von früher. Also prost.

– Pfui Teufel, du mieser Kerl, da fallen einem ja die Zähne aus, der ganze Schlund brennt mir.

– Halt, Vroni, nicht nachspülen mit Schokolade, sonst brennt es nur noch mehr. Das muß man aushalten, siehst du, schon kullern die Tränen.

– Hör auf, du Schuft, du mußt mich nach Hause tragen. Wie lange brennt das?

– Das hört sofort auf, so nach zwei Stunden etwa. Und außerdem fallen einem nur die Milchzähne dabei aus. Wie viele hast du noch?

– Ich will nichts mehr davon hören. Wir könnten doch noch tanzen gehen, mit dir würde ich mich vielleicht trauen.

– Das geht nicht, in meiner augenblicklichen Stimmung. Wenn mich da einer zufällig anrempelt, dann trete ich ihn, daß er von der Tanzfläche fliegt. Aber es wird schon besser. Die Reise war wirklich gut. Unter uns gesagt, war er ziemlich dufte, ich meine, es kamen ganz unbekannte Sachen zum Vorschein, ich habe ein ganz neues Bild von ihm bekommen.

– Seid ihr gemeinsam über Mami hergezogen?

– Ach, hör doch auf damit! Natürlich hat er mir erklärt, wie es, aus seiner Sicht, zu allem gekommen ist. Aber genau das, was ich befürchtet hatte, daß er mich irgendwie reinziehen oder zum Parteinehmen drängen will, das hat er nicht gemacht. Zuerst haben wir überhaupt nicht geredet, ich meine, die ersten drei, vier Tage, da haben wir Fabriken angeschaut, und danach Museen. Hast du gewußt, daß er von Kunst etwas versteht? Nein, na, also, der holt das irgendwo von ganz hinten aus dem Kopf und erklärt dir Zusammenhänge. Aber das war gar nicht das Interessanteste. Sondern er hat die Geschichte von den Bildern erzählt, und was das für menschliche Situationen sind, die da dargestellt sind, und plötzlich merkst du, der denkt nach, für den sind Menschen nicht nur Schachfiguren. Der ist richtig aufgelebt. Ich dachte, woher kennt der die Bibel, hat doch nie ein Wort darüber fallenlassen! Plötzlich tischt der dir das ganze Alte und Neue Testament auf, die meisten Bilder würdest du ja sonst gar nicht verstehen. Du meinst, du wärst im Kino. Und von den verschiedenen Stilrichtungen weiß er auch eine ganze Menge, und warum die so oft die gleichen Geschichten gemalt haben, und wie die Veränderungen der Geschichten in verschiedenen Jahrhunderten sind, und wie man daran sogar etwas über die Politik und die Spannungen zwischen Kaiser, Papst, Adel, den Bürgern, der Republik und so erkennen kann, wer gesiegt hat und wer unterdrückt wurde, und wer sich mit wem gegen wen zusammengeschlossen hat. Nach solchen Gesprächen im Museum konnten wir dann auf einmal reden. Er fing an mit seiner Jugend. Weißt du was darüber, Vroni?

– Fast nichts, nur von Mami ein paar Sachen. Ich glaube, die hat das als gefährliches Geheimnis betrachtet. Ich weiß fast nur, daß er sehr früh von zu Hause weggegangen ist und sich ziemlich alleine durchgeschlagen hat. Er redet nicht gerne davon. Das muß irgendwie bitter für ihn sein, und er will nicht mehr davon reden. Aber dir hat er einiges erzählt?

– Und wie! Er hat sich mit seinem Vater überhaupt nicht vertragen. Der hat ihn verprügelt, im Suff. Er sollte den kleinen Handwerksbetrieb übernehmen. Da war nichts mit Schule und studieren. Er hat die Schlosserlehre abgebrochen und ist abgehauen. Die wußten ein paar Jahre nicht, wo er war, mit sechzehn. Er hat in allen möglichen Berufen gearbeitet, schließlich hat er eine Vertretung übernommen, zuerst fast als Hausierer, später mit einem Büro. Und abends gebüffelt, Abitur nachgeholt und Betriebswirtschaft studiert. Einsam war er, verbissen, zäh und ehrgeizig. In diesem Zustand, tagsüber arbeiten, abends büffeln, immer mit dem Ziel zu studieren, hat er Mami kennengelernt, eine höhere Tochter. Die hat das fasziniert, daß sich einer so zäh dorthin boxen will, wo sie bequem und selbstverständlich schon war. Sie hat ihren monatlichen Wechsel mit ihm geteilt, damit er schneller vorankam. Er verdankt ihr viel und sagt es auch. Er sagt sogar, er weiß nicht, ob er ohne die durchgehalten hätte. Sie und die Wut auf den Vater, dem er's zeigen wollte, das hat ihn vorangetrieben. Sie hat Literatur studiert, ohne besonderes Ziel. Vielleicht wäre sie Studienrätin geworden, ohne Begeisterung. Ich glaube, sie war froh, als sie es bleibenlassen konnte. Ihre Eltern waren gar nicht einverstanden mit ihm. Die schmissen noch mit Wörtern rum wie ›Emporkömmling‹ und ›nicht standesgemäß‹ und ›keine gute Familie‹ und so. Das ging ihr so auf die Nerven, daß sie mit denen gebrochen hat. Da war's dann auch aus mit den monatlichen Zahlungen. Da hat sie gejobt, übersetzt, englische Briefe geschrieben. Sie haben sich wie verschworen gefühlt dem Ziel, daß er durchkommt und daß sie sich das Leben so einrichten, wie *sie* es wollen. Ein paar Mal bekam er feuchte Augen. Zuerst hat es mich gewürgt im Hals, ich konnte es nicht mit ansehen. Aber dann merkte ich, daß er sich schämt und hofft, ich kann ihm ein Zeichen machen, daß ich ihn nicht verachte. Wieso sollte ich ihn verachten? Ich habe seinen Haß doch gespürt auf den Vater und diese riesige Hoffnung auf ein ruhiges Nest. Mami hat sich ganz untergeordnet, sie hat eine Art Aufgabe darin gesehen. Und er war unheimlich empfindlich, in Situationen, bei denen er nicht so geübt war, ich meine, Einladungen, du weißt schon, wie man vornehm Messer und Gabel hält, das ist heute nicht mehr so streng. Und er fühlte sich ungebildet, ihr gegenüber. Er war unheimlich offen. Er haßt sich auch selber manchmal, und vor allem, der weiß manchmal vor Schuldgefühlen nicht mehr aus noch ein. Ich glaube, das war das Wichtigste für mich: daß er nicht kalt ist und gewissenlos. Er hat es ernst gemeint, alles, er war ein aus dem Nest gefallener Vogel, der sich an Mami geklammert hat wie an eine gute Fee. Er weiß auch, daß sie zurückgesteckt hat, um ihn zu schonen, ich meine, sie hat nicht mehr so viel gezeigt von ihrer Bildung, und vielleicht manches vergessen, und viele Freundschaften aufgegeben, weil er das nicht ertragen konnte. Trotzdem war sie ein ganz unschuldiges Mädchen. Er war ihr erster richtiger Freund, wahrscheinlich ihr einziger ...

– Du, mach mal eine Pause, das ist ja entsetzlich, schön und entsetzlich, wie ein Roman. Ich begreife jetzt erst ihre unheimlich bitteren Vorwürfe. Aus der hätte ja wer weiß was werden können, vielleicht wäre sie Journalistin geworden oder wäre heute beim Fernsehen oder Diplomatin, ich traue ihr das plötzlich zu, das begeistert mich und macht mich traurig ...

– Nun bleib mal auf dem Teppich, sie hat ihn ja genommen. Du denkst, er hat ihr Leben verpfuscht!

– Ja, Christof, ich hätte sie gerne als Vorbild, aber irgend etwas ist schief, ich meine, so wie es gekommen ist. Sie muß ganz schön trotzig gewesen sein gegen ihre Eltern, sie hat denen ja mächtig eins ausgewischt. Oh, was fällt mir jetzt alles ein. Das ist ja ein riesiger Druck, verstehst du, wenn die Eltern zuschauen und drauf warten, daß es schiefgeht und dann sagen können: gutes Kind, warum hast du nicht auf uns gehört? Diese Geschichte mit dem Rechtsanwalt und die Überlegung von Scheidung und dann die Annette, als Kleber, da schwindelt einem ja. Die wären, oder wir wären, ach, Christof, es ist einfach schrecklich, die sind vielleicht zusammengeblieben, weil sie nicht ertragen konnten, daß die Eltern recht behalten, daß ihre Verschwörung gegen das Übliche nicht geklappt hat. Ich bin ganz verzweifelt vor Unglück und vor Glück: wir, verstehst du, wir beide, hätten niemals diese Gespräche gehabt und diese Freude, uns hier zu treffen. Die hätten uns getrennt, es wäre eine unverständliche Katastrophe gewesen, wir wüßten vielleicht nicht einmal mehr etwas voneinander, es ist nicht auszudenken. Die letzten zwei Jahre waren gräßlich, aber der andere Gedanke, Scheidung vor sieben Jahren, da seh ich überhaupt nur eine dunkle Wand vor mir. Findest du nicht, daß die sich ganz schön zusammengerissen haben, trotz allem?

– Okay, die Fassade war gewahrt, du mit deinen Meerschweinchen hast ein warmes Nest gehabt, ich am Anfang ja auch. Mich macht das irrsinnig wütend, daß ich von all dem nichts wußte und mir den Kopf heiß gedacht habe, was da los ist. Ich hätte ja nicht so voller Haß und Wut werden müssen, ich hätte die beiden auch nicht so zu verachten brauchen. Der Alte hatte schon recht mit der Verachtung, nur ist es umgekehrt, wie er denkt: die hat nachgelassen, als er endlich ausgepackt hat. Die halten einen doch für zehnmal dümmer, als man ist, und das heißt dann Rücksicht oder Schonung, das ist nichts für Kinder, denen spielt man etwas vor, bis es nicht mehr geht, aber dann packt man immer noch nicht aus, sondern führt Krieg, das ist doch zum Kotzen ...

– Hör auf, Christof!

– Was heißt denn ›hör auf‹, es fängt ja erst richtig an, in mir fängt es erst richtig an zu kochen und zu toben. Ich will ja gar keinen anklagen, es gibt sicher keinen Schuldigen, und trotzdem bin ich unglaublich wütend. Natürlich war es phantastisch, zu Hause immer eine liebe Mami zu haben, die immer da ist und für alles sorgt und immer liebevoll ist, aber sie ist auch eine Glucke, von der du abhängig bist, auf die du Rücksicht nimmst, die so unglaublich unentbehrlich ist, daß du nicht frei atmen kannst. An dieser ganzen Fremdheit zwischen ihm und mir oder ihm und uns ist sie doch irgendwie mitbeteiligt. Alles lief doch über sie. Sie war das Bindeglied, die Dolmetscherin, die Vermittlerin. Wenn man von Vati etwas wollte, wenn man ihm ein Zeichen geben wollte, wenn es etwas mitzuteilen gab, dann brauchte man doch sie, weil sie die einzige war, die einen Zugang hatte. *Sie* hat mir doch das Gefühl gegeben: aus eigener Kraft schaffe ich das gar nicht, mit Vati zu reden, da muß ich ihr erst alles erklären, und sie paßt den günstigen Moment ab, wo sie dann Fürbitte leistet. Da steckt doch ein bestimmtes Bild von ihm dahinter, das sie gefördert hat, er, der Schwierige, Ungeduldige, mit dem man als Kind nicht sprechen kann, außer man nimmt sie zu Hilfe. Und ihre Hilfe schien ja oft auch nötig, wenn er toben wollte: dann hat sie ihn besänftigt, und man fühlte sich gerettet vor seinem Zorn, sie hat sich dazwischen geschmissen wie eine Glucke gegen den bösen Fuchs, und unter ihren Fittichen war es warm und geschützt und dumpf und muffig . . .

– Christof, du bist wahnsinnig ungerecht, er konnte doch auch nicht mit uns reden!

– Warst du denn je allein mit ihm, ist sie denn jemals auch nur für ein paar Tage allein verreist?

– Du hast recht, Christof, da haben wir schon bei dem Gedanken an die Kur drüber gesprochen. Wenn ich einmal mit ihm ein paar Stunden zusammen war, hat sie hinterher genau gefragt, wie es war. Ach, Christof, du öffnest mir die Augen für etwas, was ich sicher lieber im Nebel gelassen hätte. Ich bin richtig wütend auf deine scharfen Augen. Denke nicht, ich werde Mami anklagen. Ich will meine Liebe nicht umkrempeln lassen. Ich bin auf ihr gewachsen wie auf einem ganz sicheren Boden. Können wir die Fortsetzung unseres Gesprächs nicht verschieben? Ich habe Angst. Ich will mein gutes Bild von ihr nicht verlieren. Mir schwankt der Boden unter den Füßen. Mir wird wieder mal schwindelig. Komm, zeig mir, wie man tanzt. Ich muß mich erst vorbereiten auf mein eigenes Wissen, das ich in mir versteckt halte und das du aufstöberst mit deinem unerbittlichen Blick. Vergiß nicht, daß du einen Vorsprung vor mir hast, ich meine, nicht nur, was den Verstand angeht, sondern durch die Reise mit Vati. Vielleicht hast du auch eine ganz verzerrte Sicht. Wenn ich eine Woche mit ihm reden würde, mein Gott, mein Kopf wäre vielleicht völlig verdreht, ich wäre vielleicht verzaubert oder umgedreht. Er könnte mich in Stücke reißen mit seinem scharfen Verstand. Er ist wie ein faszinierender Feind, zu dem ich überlaufen könnte. Hast du das etwa vor, Christof, mich zum Überlaufen zu bringen? Ist das alles geplant und gezielt, was du mir erzählst? Kommst du als Botschafter, als

Diplomat? So viel Mißtrauen, wie jetzt in mir hochkommt, habe ich noch nie gefühlt. Wenn deine Gedanken und deine Gefühle sich mit einer Absicht verbinden, bin ich verloren. Ich würde nicht mehr mit dir sprechen. Laß mich in Ruhe heute abend, ich will nicht tanzen. Ich kriege Angst vor meiner Zuneigung zu dir. Verschwinde. Ich komme morgen in deine Pension, wenn ich weitersprechen kann. Kannst du für mich bezahlen? Ich will ganz schnell an die frische Luft und einen Spaziergang durch das Dorf machen. Ich glaube, ich sehe, wie dir Hörner wachsen und ein Pferdefuß unter dem Tisch. Sei nicht bös, ich will jetzt allein sein.

12
Wie Annette versucht, sich selbst und die Erwachsenen zu verstehen

– Hallo, da bin ich wieder, Annette! Macht nicht so komische Gesichter. Könnt ihr mich jetzt nicht brauchen? Ihr schaut so ernst? Oder soll ich wieder gehen? Soll ich den Mund halten? Was ist denn los mit euch? He, hat man euch etwas Schlimmes erzählt? Hat es wieder einen Krach gegeben, und ihr seid ganz erschrocken? Da kann ich doch nichts dafür. Streiten Vroni und Christof jetzt auch? Hat unsere Geschichte euch krank gemacht? Einige von euch heulen. Wenn so viel Streit ist, will mir meistens keiner zuhören. Bin ich denn für euch jetzt auch schon eine Nervensäge? Also gut, ich spiele noch ein bißchen, bis ihr wieder zuhören könnt. Solche Gesichter kenne ich, wie ihr sie jetzt macht. Von Vati und Mami. Dann ist nichts zu machen mit ihnen. Ich gehe in meine Puppenecke. Ihr müßt trotzdem nicht weglaufen. Am besten macht ihr eine Pause und eßt Kekse oder trinkt Saft. Ich sehe es an euren Gesichtern, wann ihr mir wieder zuhören könnt. Tschüß bis morgen.

– Hallo, Kinder! Habt ihr gut geschlafen? Ich war zu müde gestern, um auf euch zu warten. In ein paar Tagen fängt die Schule wieder an. Für euch ja wohl auch. Ihr müßt nicht denken, daß ich gar nichts mehr zu sagen habe, wenn die andern so lange reden. Ihr denkt wohl, ich bin doof oder zu klein. Jetzt war es so schön mit Mami, die ganzen Osterferien, und ihr macht immer noch Gesichter, als wäre Streit gewesen. Was wohl Vroni und Christof jetzt machen, ob die noch im Bett liegen oder schon auf sind und skifahren? Die müssen halt alleine frühstücken, so wie Mami und ich. Es ist schön und nicht schön. Nicht schön ist, daß die andern weg sind, Vati auf der Insel, die andern in der Schweiz, und schön ist, daß ich Mami alleine habe. Wenn ich keinen Hunger mehr habe oder eine Pause mache, gehe ich auf ihren Schoß. Sie lacht und sagt: ›Bist du wieder ganz klein, Däumchen in den Mund, dann bleibt das Herz gesund?‹ Ich merke es nämlich nicht, wenn der Daumen in den Mund geht. Gott sei Dank sieht es nur Mami, sie lacht mich nicht aus, oder nur so ein bißchen, daß es nicht weh tut. Mami sagt, daß Vati wohl hier auszieht und wir ohne ihn dableiben. Ich will aber mit in sein neues Haus, und mein Zimmer bleibt hier und alle Sachen, dann kann ich immer, wenn es mir gefällt, kommen. Dann wohne ich in zwei Häusern. Das ist nicht schlimm. Ich glaube, ihr denkt immer noch an das, was Christof und Vroni euch gesagt haben. Was die Großen sagen, ist immer wichtiger, außer wenn ich mit Mami alleine bin. Sie kann mir stundenlang zuhören, ich meine, bis zum Beispiel der große Zeiger einmal ganz rum ist und noch mehr, zwanzig Minuten vor halb nach fünf bis dreizehn Uhr, dann kommt der Wetterbericht, den will Mami immer hören. Sie kann es nicht leiden, wenn es regnet. Dann fällt ihr die Decke auf den Kopf. Sie hört mir zu und ich höre ihr zu, wenn sie mir vorliest. Meine Puppen hören mir noch besser zu als ihr. Die Gerlinde ist verreist, und Mami bleibt heute im Bett, sagt sie. Sie hat Kopfweh. Vielleicht weil ihr die Decke auf den Kopf gefallen ist. Vroni ist lieb. Es ist schade, daß ich noch nicht gut schreiben kann, sonst würde ich ihr auch einen Brief schreiben. Mami hat gefragt, ob sie für mich schreiben soll, wenn ich sage, was sie schreiben soll. So haben wir es früher gemacht. Jetzt will ich aber nicht, daß Mami alles weiß, was ich schreiben will. Zum Beispiel, was Tante Gerda mir zu Ostern geschenkt hat, daß ich das toll finde, das will ich ihr nicht zum Aufschreiben sagen, und euch sage ich auch nicht, was ich gekriegt habe. Ich weiß nicht, ob ihr Petzer seid oder nicht. Mami sagt, man soll nicht petzen, aber manchmal hört sie auch zu, wenn ich etwas von Vroni oder Christof oder Tante Gerda erzähle. Mami ist nicht immer gleich. Die lustige ist anders als die traurige, und wenn Vati da ist, ist sie anders, als wenn er weg ist. Ich will immer bei ihr bleiben. Nur, wenn die andern mit Vati mitgehen dürfen, will ich auch mit. Aber Mami lasse ich nicht allein, dann soll sie halt mitkommen oder uns besuchen, oder wir besuchen sie ganz oft. Ich muß viel denken, wie das alles gehen soll. Wenn ich die Puppen nicht hätte, zum Reden, würde mir der Kopf auseinandergehen. Also, viel Spaß in der Schule. Ach so, es sind ja noch Ferien. Vielleicht mache ich einen Besuch im Kindergarten, dort war es ziemlich schön. Dort gibt es nicht so viel Erwachsene und große Kinder und Lümmel, die nie zuhören. Also, tschüß, und gute Besserung, ich meine, bessert euch. Man kann ja sonst nicht mit euch reden.

13

Wie Christof in der Ski-Pension von seinem ersten Rausch aufwacht und beim Spaziergang mit Vroni wieder gesund wird. Wie sie immer tiefer über die Familie nachdenken und entdecken, daß sie bei der Trennung einiges mitzureden haben. Vroni findet in der Mutter allmählich eine Freundin und Christof redet über Gerda als seine mögliche Stiefmutter

– Hallo, Christof, schläfst du noch oder bist du krank? Die Wirtin hätte mich fast nicht raufkommen lassen . . .

– Ah, oh weia, aua, mein Kopf, kannst du mir mal ein bißchen kaltes Wasser drüber schütten? Ach so, das geht nicht im Bett. Ich weiß nicht, ob ich heute skifahren kann . . . Au weh.

– Hast du Fieber? Laß mal fühlen. Ja, als ich sagte, ich sei deine Schwester, meinte die da unten: ›Das sagen sie alle, das kennen wir schon. Bei uns gibt es keinen Besuch auf den Zimmern. Der ist ja kaum mehr die Treppe raufgekommen gestern nacht. Er hätte doch wenigstens einen Schlüssel mitnehmen können.‹ Bist du überfallen worden?

– Nein, gar nicht. Ich schätze, ich hatte meinen ersten richtigen Rausch. Ich bin in so eine Eingeborenenkneipe gegangen, mit Zithermusik und so, an sich sehr gemütlich. Und die haben hier ja so einen Spezialrotwein, er heißt Dôle ...

– Ach so, du bist versumpft, du hast einen Kater. Soll ich dir Heringe zum Frühstück besorgen ...

– Ich werde nie mehr frühstücken können, leider. Vielleicht heute abend etwas Brei. Weißt du, es gab zuerst heißen Apfelwein aus dem Krug. Die reden hier zwar unverständlich, ich schätze, rätoromanisch, aber sie haben mir dauernd eingeschenkt und zugeprostet, ich habe mich ganz aufgehoben gefühlt, später, meine ich. Als du weg warst, habe ich deinen Grappa noch getrunken und wurde schwermütig. Komisches Gefühl. So von den Knien an, schätze ich, bis zum Hals, ganz schwer, Füße kalt, Kopf schief. Die müssen was gemerkt haben von meinem Zustand, ich schätze, die wollten eigentlich unter sich sein, da kam ich rein, ich schätze, aua, hol doch wenigstens mal einen kalten Waschlappen, ich schätze, ich war etwas blaß, und die wollten mir helfen, eine Grippe zu vertreiben ...

– Und weißt du, was ich schätze, Christof: die wollten mal einen von den Tourismusgermanen, die ihnen hier die Preise und die Aussicht verderben, ein bißchen torkeln sehen. Dafür warst du in der richtigen Verfassung. Hier, der Waschlappen.

– Vielleicht könntest du auch einen Eimer bereithalten, ich meine, falls einer von den beiden, der Dôle oder der heiße Nelkenwein, die haben Streit gekriegt in meinem Kopf, falls einer wieder raus möchte. Eine Scheidung wäre ganz gut ...

– Fühlst du dich ein bißchen wahnsinnig oder so ähnlich? Du hast einen Kater und redest vom Kampf der Weine in deinem Kopf ...

– Es ist mir gleich, ob du es ein bißchen wahnsinnig nennst oder einen Kater, auf jeden Fall glaube ich, daß wir den Rettungshubschrauber brauchen, um mich hier auszufliegen. Das übernimmt bestimmt die Krankenkasse.

– Du meinst, die Folgen von deinem Rausch? Ganz bestimmt. Die schicken dich sicher auch noch in Kur, dann wirst *du* endlich in Mamis warmen Schlamm eingepackt, das heißt, sie wollte ihn ja gar nicht. Der ist jetzt frei für dich.

– Erzähl keine Witze! Wenn ich lachen muß, ist das jetzt schädlich.

– Vielleicht kannst du auch, statt dem Hubschrauber, einen

Kaffee trinken und eine Kopfwehtablette nehmen? Oder soll ich Mami ein Telegramm schicken, du seist bettlägerig und mußt ausgeflogen werden?

– Mach doch keine Witze. Wenn du mich zum Lachen bringst, bist du für die Folgen verantwortlich. Also gut, wir könnten einen Versuch machen mit Kaffee. Zeig der Wirtin doch deinen Ausweis, ach, herrje, kann ein Kaffee denn dieses Kreisen im Kopf bremsen, was meinst du?

– Jetzt schlürf doch mal endlich und nimm die Tablette.

– Schon gut, schon gut! Krankenschwestern tun immer so, als sei man ein kleines Kind. Schon deswegen gehe ich nicht ins Sanatorium. Also gut, jawohl, Fenster auf! Wie riecht es denn hier drin . . . Na, egal, die Berge stehen ja noch da, das ist erstaunlich, und sonnig ist es auch. Weißt du was? Wenn du mich stützen würdest, könnten wir vielleicht ein wenig spazierengehen, die Seniorenpromenade entlang. Der Kaffee tut gut. Es ist gar nicht so schlecht, krank oder ein bißchen wahnsinnig zu sein, wenn du dabei bist. Der Mensch braucht gutes Bodenpersonal, wenn er abhebt. Man muß immer versuchen, weich zu landen. Waschen wäre jetzt übrigens sehr schädlich. Und angezogen bin ich auch schon, laß dich nicht täuschen durch die Bettdecke. Siehst du, einen Skistiefel habe ich doch noch ausgekriegt heute nacht. Sag der Wirtin nicht, daß ich mit einem Skistiefel in ihrem ächzenden Bett geschlafen habe, sonst will die Schadenersatz. Laß uns doch endlich mal zur Sache kommen. Also komm, nichts wie raus hier. Wenn ich umfalle, stellst du mich einfach wieder auf, ruhig ein paar Mal, bis ich am Treppengeländer bin. Sehr gut, sehr gut, siehst du. Wenn ich jetzt an der Haustür keine Ohnmacht kriege, haben wir gewonnen.

Annette: Hallo, ihr Kinder! Seid ihr heute besser aufgelegt? Ich glaube, ihr habt Bauchweh gehabt gestern, oder etwas an den Nerven. So habt ihr nämlich ausgesehen. Die Nerven sitzen nämlich im Kopf, wenn es Mami in der Seele weh tut. Das haben wir noch nicht gehabt in der Schule. Vielleicht in der zweiten Klasse. Ich bin auch mit den Nerven fertig, und mit Spielen bin ich auch fertig, und Mami ist fertig mit Aufräumen und Töpfespülen. Jetzt hat sie sich hingelegt. Damit ich mich nicht so langweile, gucke ich, ob man mit euch wieder reden kann. Wißt ihr, was Fertigpudding ist? Man muß nur Pulver in eine Schüssel tun und kalte Milch daran und fertig. Alles ist jetzt fertig. Die Osterferien bald auch, und der Urlaub von Vati. Wenn er zurückkommt, kann es ja heiter werden, sagt Gerlindes Mami. Sie hat mich gefragt, wann er auszieht, aber ich weiß es doch nicht. Er zieht aus, wenn der Möbelwagen kommt, das ist doch klar. Er muß doch erst seine neue Wohnung anmalen und ein neues Bett kaufen, oder zwei. Für mich würde eine Luftmatratze reichen, da kann ich die Luft rauslassen, wenn ich ausgeschlafen habe, ich meine, wenn ich morgens aufwache und heim will zu Mami. Mami räumt schon alle Schränke aus und legt Vatis Sachen extra. Manchmal macht sie überhaupt nicht weiter, sondern findet Briefe in alten Schachteln und ganz viele Bilder von früher. Vati hat sehr viele Kleider. Dunkle Anzüge für Feste und Beerdigungen. Dann sieht er ganz feierlich aus. Vielleicht läßt er ein paar Anzüge da, daß er was zum Anziehen hat, wenn er uns besucht. Die Bücher muß er selbst in die Kisten packen, sagt Mami. Sonst schimpft er, wenn sie vertauscht sind. Mami sagt, wenn der Möbelwagen kommt, verreist sie mit mir, sie will es nicht sehen. Ich würde lieber Vati beim Einpacken helfen, und beim Auspacken. Hoffentlich reichen unsere Kochtöpfe für zwei Küchenschränke. Er muß uns auch so viele Tassen dalassen, daß jeder eine hat, und eine, wenn Besuch kommt. Wenn er weggeht, haben wir nur noch ein kleines Auto, einen Käfer. Das große nimmt er mit. Seinen Schreibtisch natürlich auch. Dann gibt es mehr Platz zum Spielen, aber schade ist es doch, weil dann der große Teppich auch weg ist, auf dem er mit mir geturnt und getobt hat. Er kann etwas, was Gerlindes Vati nicht kann. Wir stehen aneinander, Po an Po. Ich strecke die Hände zwischen seinen großen Beinen durch, er nimmt sie und zieht, und dann fliege ich durch das Tor und hoch. In der Luft drehe ich mich und mache einen Salto, alles saust vorbei, aber er hält mich fest, und dann bin ich wieder auf dem Teppich und kriege zuerst keine Luft mehr. Dann schreie ich: noch mal! Ganz oft.

– Ach Vroni, ich fühle mich so alt wie ein grauer Panther, plus zehn Jahre. Und krank dazu. Aber der Weg ist garantiert eben, steht im Kurprospekt. Alle zweihundert Meter eine Bank. Das ist nötig, heutzutage. Die könnten von mir aus auch gerne alle fünfhundert Meter eine Teestube bauen, und jeden Kilometer eine Notarzthütte ...

– Ja, du lieber armer Christof, und alle zwei Kilometer müßte wohl ein Haus stehen, wo man zwei zusammengebundene Esel mieten kann, dann müßte man dich dazwischen hängen, weil du dich auf einem einzigen gar nicht festhalten könntest. Oder was hältst du von einer Sänfte, mit Fahrer voraus, von sechs Skilehrern getragen, und Alphornmusik ... Deine Krankheit ist enorm gefährlich und anregend. Paß auf, heute abend mache ich ein Gedicht darüber, für's Gästebuch ...

– Vergiß nicht, daß die Lage wirklich ernst ist, Schluß jetzt mit den Witzen. Du machst mir ja bald Konkurrenz, und wo bleibt dann meine gepflegte Einmaligkeit ...

– Würdest du mir verraten, wo man dich oder deinen Sarkasmus eigentlich abstellt, wenn er einem auf die Nerven geht, ich meine, es müßte einen Schalter in dir geben zum vorsichtigen Abdrehen, damit nicht gleich ein Kurzschluß entsteht.

– Ach, Vroni, mir wird so komisch. Nein, nein, ich kotze nicht. Wir sind so lustig, und gleich müssen wir über ganz gräßliche Sachen sprechen. Weißt du, trotz dem Dôle, oder gerade deswegen, ist die Familie mir im Kopf herumgekreist heute nacht, zusätzlich zum roten und weißen Wein. An welchem Punkt bist du weggelaufen gestern und hast mich der Schwermut und dem Suff überlassen? Ich hätte durchaus in der Gosse landen können!

– Ich bin gegangen, weil ich plötzlich entsetzlich mißtrauisch war, ob du mit deinen lästerlichen Reden über die Glucke, ich meine, über Mami, ein Ziel verfolgst, ob du mich gegen sie einnehmen willst. Ich warne dich. Ich will mir mein eigenes Urteil bilden. Du hattest einen kleinen Vatirausch gestern, trotz deiner Wut. Er kommt dir ganz neu vor, oder du hast eine Brücke gefunden zu ihm. Oder er zu dir. Neidisch war ich schon heute nacht. Ich kann mich überhaupt nicht an ein richtiges Gespräch mit ihm erinnern. Ich weiß nicht mal, ob er mich für voll nimmt oder für ein kleines Mädchen. Aber ich glaube, ich kann es dir gönnen, daß er dich für voll nimmt, und du ihn, ohne Haß und Verachtung. Aber ich wäre nie auf die Idee gekommen, daß Mami mit dieser Fremdheit etwas zu tun hat.

Richtig, da bin ich erschrocken. Ich konnte mir das nie anders vorstellen, als daß ich zu ihr gehe, wenn ich von Vati etwas will. Es ist schon komisch. Wie lange habt ihr gebraucht, um die Brücke zu bauen? Eine Woche? Wann soll ich denn das nachholen?

– Wir haben keine Woche gebraucht, drei bis vier Tage. Dann war die Brücke schon begehbar. Der Verkehr ging hin und her. Er hat allerdings mehr von sich erzählt als ich von mir. Aber das kommt noch. Der mußte erst einmal furchtbar viel loswerden und immer wieder gucken, wie es bei mir ankommt. Ich hätte nie gedacht, daß ihm mein Urteil oder mein Verständnis so wichtig ist. Ich habe mich fast geschämt. Weißt du, der muß manchmal gedacht haben: ›Wozu habe ich eigentlich Kinder? Oder einen Sohn von sechzehn Jahren; das kann doch nicht nur Ärger und Abstand sein, und die Erinnerung an den Spaß aus der Kleinkinderzeit.‹ Und so weiter.

– Du kannst Mami nicht einfach vorwerfen, sie hätte wie eine Glucke auf uns gesessen und uns von ihm weggehalten. Erstens hat er wirklich viel geschuftet. Von Tante Gerda rede ich jetzt nicht. Und wenn er seine Kindheit vergessen wollte, weil das zu schlimm war, dann konnte er auch nicht mehr von sich auf uns schließen, ich meine, er kann sich nicht erinnern, und dann weiß er auch nicht, was in uns vorgeht. Schon gar nicht in einem Mädchen. Er hatte nur einen Bruder. Und ich habe es ihm sicher nicht leicht gemacht. Ich hatte Angst vor seiner Überlegenheit. Und Mami, was hatte sie denn, ohne Beruf? Sie hat uns zu ihrem Beruf gemacht. Und darin ist sie einfach Spitze. Ein bißchen altmodisch, ein bißchen ängstlich, aber nie kleinlich. Bist du etwa erstickt unter ihren Gluckenflügeln?

– Ja, ein bißchen. So seit zwei Jahren. Ich muß dann dringend an die frische Luft, auf den Sportplatz oder zu Georg. Es ist doch nicht so, daß ich sie nicht mag. Aber für sie bleibe ich wohl mein Leben lang der Stoffel oder das Christöfchen; ich finde eines so blöd wie das andere, das ist zum Haareausreißen. Das merken die doch sogar in der Klasse, daß ich zwar ganz schlau bin, aber nicht so recht abgenabelt. Die hantieren neuerdings mit ganz ulkigen Begriffen. Nach denen bin ich noch ganz schön mamifixiert, während sie dem Georg einen Vaterkomplex anhängen wollen. Daran ist so viel wahr, daß er jeden zweiten Satz anfängt mit ›mein Alter‹, das soll distanziert klingen, aber du spürst, daß er diesem tollen Rechtsanwalt am Mund hängt und am liebsten das Firmenschild an sein Fahrrad löten würde. Was wollte ich denn sagen, zum Teufel. Das ist ein wirkliches Elend mit dir, daß man immer den Faden verliert.

– Wir haben über deine Gluckentheorie gesprochen, und ich habe gesagt: Mami hat aus der Kindererziehung einen Beruf gemacht, und zwar einen anständigen und guten. Und wenn du das jetzt alles nicht mehr so nötig hast und deshalb auf Abnabelung stehst oder dich von deinem Skatbrüderklüngel aufhetzen läßt, dann brauchst du deswegen noch lange nicht auf Mami schimpfen. Die hat es gut gemeint.

– Mamis meinen es immer gut, das ist ja das Elend, sonst könnte man sie viel leichter in Pension schicken, oder einer altersgemäßen sozialen Betätigung zuführen . . .

– Du schwätzt wie ein gelernter Rundfunksprecher oder wie der Berufsberater, der neulich da war. Mami wird nächstes Jahr dreiundvierzig, und du quatschst von Pensionierung.

– Mensch, Vroni, nimm doch nicht alles so wörtlich. Aber sag mal ehrlich: was kann ich mit ihr, was kann sie mit mir anfangen? Erziehung? Läuft nicht mehr. Hausmusik? Vielen Dank, außer, ich würde ihr mal ein Schlagzeug bringen, dann kann sie ein bißchen trommeln. Ich mag es gern, wenn sie Klavier spielt, aber ich möchte nicht mit ihr vierhändig spielen. Und wenn ich ihr ein Saxophon zeige, hält sie es verkehrt herum und guckt hinein, ob der kleine Mann herauskommt . . . Mensch, sie ist gebildet, viel mehr als ich, aber was kann ich dafür, daß ich sie nicht für voll nehme? Kinder als Beruf reicht nicht aus, vor allem, wenn man sich von jedem neuen immer wieder auf der gleichen Stufe festhalten läßt. Entschuldige, das ist natürlich alles wahnsinnig übertrieben, aber denkst du, ich würde mit ihr über Filme reden? Ich erzähle ihr ja nicht mal, in welche ich gehe. Und ich halte es nicht im selben Zimmer mit ihr aus, wenn der Fernseher läuft. Wenn sich da zwei auf der Leinwand küssen und sie sitzt dabei, dann kriege ich Gänsehaut. Und ohne Gänsehaut lebe ich lieber.

– Ach, Christof, es gibt doch noch genug anderes zu reden. Aber ich glaube auch, daß sie mit mir über viel mehr Themen spricht als mit dir. Dir gegenüber ist sie scheu. Weißt du, auf welches Thema wir uns zubewegen ... Übrigens, da kommt eine Bank, falls du erschöpft sein solltest.

– Nein danke, ich schaffe es noch bis zur nächsten. Also, was für ein Thema? Ja, ich ahne es, aber sag du es.

– Nein, rede du zuerst. Du bist viel schlauer.

– Immer dann, wenn dir's paßt, bin ich schlauer. Ich denke gar nicht dran.

– Feigling.

– Was heißt hier Feigling. Nachher bin ich wieder der Schuft, der dir den milden Nebel vor den Augen wegzieht. Und ich muß mir wieder einen Rausch antrinken, wenn du wegrennst. Nein danke. Ich leide noch am gestrigen. Also, wie wär's, wenn du mal zuerst rausrücken würdest?

– Na gut. Es geht doch darum, wer mit wem weggeht oder bleibt. Und ich denke, daß es dabei auf uns ankommt, ich meine, ganz sicher können wir mitbestimmen ...

– Vroni, du weinst ja! Was ist denn los?

– Ach, Christof, wenn ich an Trennung denke, wird mir immer ganz schlecht. Gut, Vati geht, das finde ich für mich im Augenblick am wenigsten schlimm. Oder vielmehr: ich habe zur Zeit und seit langem sowieso keine nahe Beziehung zu ihm, und da ich sie mir erst suchen muß, denke ich, ich könnte sie auch finden, wenn ich ihn seltener sehe, aber dann anderswo, und vielleicht allein, oder wenn ich auch mal mit ihm verreise. Ich rede nur künstlich so ruhig. Natürlich mag ich ihn, aber da ist eine Wand dazwischen, und seit ich einen Busen kriege, finde ich, ist er noch scheuer, richtig künstlich, das ist gräßlich. An sich redet man mit seinem Bruder nicht über die Gefühle, die man hat, wenn man einen Busen kriegt, aber bei uns ist sowieso alles anders. Ich fühle mich bestraft dafür, ich meine, von ihm, daß ich ein junges Mädchen werde und kein Kind mehr bin, weil er noch unsicherer wird mit mir.

– Und deswegen weinst du?

– Nein, ich weine, weil es mir im Augenblick am allerschlimmsten vorkommt, von dir getrennt zu werden, verstehst du? Ich könnte dich verprügeln dafür, daß ich das aussprechen muß und nicht weiß, wie du es aufnimmst. Du bist fast ein richtiger Freund inzwischen. Leih mir doch mal dein Taschentuch. Danke.

– Mensch, Vroni, also, wenn du mich prügeln mußt, bitte schön ... hm, das sind ja Sachen, die du da sagst, du machst mich ganz verlegen ... schau doch mal, da kommt der Hubschrauber der Bergwacht, der mich holen sollte, ich nehme an, da hat jemand den Fuß gebrochen auf der Piste, oder eine Skischule ist in die Schlucht gefallen oder so. Also gut, die Trennung! Du kannst aber auch Gefühle ausdrücken, da bleibt einem ja die Luft weg. Meinst du, ich trenne mich gern von dir? Laß uns jetzt mal diese Bank nehmen, ich hab doch weiche Knie, entweder vom Rausch oder von deiner Direktheit.

– Also gut, lassen wir uns nieder auf der Seniorenbank, Christof und Vroni, beim Gespräch über die Familienauflösung. Was geht eigentlich kaputt dabei?

– Sozusagen alles. Und doch finde ich nicht mehr, daß es die totale Katastrophe ist. Sieh mal, ich sag es mal ganz direkt: gute Freunde wohnen oft auch nicht zusammen. Sie treffen sich eben ab und zu oder verbringen Ferien zusammen. Ich will gar keinen langen Anlauf nehmen und mich nicht anschleichen, weil ich in den letzten Tagen viel zuviel nachgedacht habe. Was haben wir beide davon, wenn wir zusammen zu Hause bei Mami wohnen bleiben? Wir haben die täglichen Reibereien, sind ein bißchen kindischer, als wenn wir allein zusammen sind, weil die Atmosphäre im Haus das so verlangt. Wir können uns natürlich in unserem Haus verabreden oder draußen. Aber glaubst du, daß wir abends am Familientisch, ganze Besetzung minus Vati, Gespräche führen wie die, die wir hatten? Mami würde dasitzen und die Augen verdrehen, und Annette würde finden, daß ich ein Lümmel bin oder ekliges Zeug rede. Ich bringe meine Freunde schon längst nicht mehr mit, oder sie kommen nicht. Du hast sie bisher auch eher links liegenlassen. Und in einem Jahr wirst du mir den besten Freund anflirten und wegschnappen, dann kriegen wir sowieso Krach ...

– Ich flirte überhaupt nicht, und ich würde auch für deine besten Freunde nicht mit dem Po wackeln; aber du sprichst, als wüßtest du schon, daß du weggehst mit Vati, sobald er auszieht!

– Ich weiß überhaupt nichts, ich denke so vor mich hin und schließe das gar nicht aus. Aber schließlich ist Vati nicht allein, sondern der ist, wie Annette sagt, erst einmal verknallt mit der

Gerda. Da störe ich doch bloß. Die Idee gefällt mir, mit Vati zu leben, aber von jetzt auf gleich ist da überhaupt nichts zu machen. Das dauert noch eine ganze Weile, bis wir uns das zutrauen würden. Ich glaube, es geht ihm da ganz genauso. In den langen Gesprächen haben wir darüber kein Wort verloren, aber jeder hat daran gedacht, möchte ich wetten ...

– Ihr habt also gar keinen konkreten Plan ausgedacht, den ihr uns irgendwann, wenn die Stimmung günstig ist, vorlegen werdet?

– Nein, keine Spur. Wir haben uns ein bißchen angefreundet. Das ist alles. Der alte Vati und der neue gehen mir noch dauernd durcheinander. Das wirst du mit Mami sehr bald auch erleben, falls sie dir etwas anvertraut und nicht alles dem Psychopoden vorheult. Das heißt, ich will nicht gemein sein: manchmal kommt sie ganz aufgeräumt von dort zurück und sieht aus, als ob sie nicht von allen guten Geistern verlassen wäre.

– Christof, sei so gut und rede nicht so abfällig über Mami. Du hast keine Ahnung, was alles in ihr vorgeht. Gut, du bist mit der Veränderung von Vati und deiner beginnenden Freundschaft mit ihm beschäftigt. Gratuliere. Aber das muß nicht heißen, daß ihr jetzt auf Mami runterschaut wie Leute, die das bessere Los gezogen haben. Das ist schäbig.

– Aber wer wird denn gleich in die Luft gehen? Es ist doch nur gut, wenn du eine gute Beziehung zu ihr hast und wenn ihr euch besser versteht. Spricht sie denn mit dir?

– Sie möchte, sie versucht es, sie schämt sich, sie entschuldigt sich, sie fragt mich, ob ich ihr zuhören möchte, sie hat Schuldgefühle. Sie sieht, trotz allem, manchmal nicht, wer ich bin. Nicht daß ich es genau wüßte, wer ich bin. Aber wenn sie reden will, ist sie befangen. Daran sehe ich ja auch, wie sehr sie sich bisher zurückgehalten hat. Sie hat mich sicher auch geschont oder sich, was weiß ich? Die haben sich wirklich zusammengerissen, und man fragt sich: wofür? Es gibt nur eine Erklärung für mich, und die kommt von Dingen, die mir Claudia erzählt. Ihre Mutter behält von dem ganzen Kram, Streit und Versöhnung und Liebe und Sex und andere Frauen und andere Männer und Scheidung und Eifersucht, überhaupt nichts für sich, sie kann sich gar nicht bremsen und redet stundenlang mit Claudia, als ob sie nicht ihre vierzehnjährige Tochter wäre, sondern eine gleichaltrige Freundin, und sie kann es nicht mehr hören, sie fühlt sich gezwungen, Partei zu nehmen, sie soll der Mutter bestätigen, was für ein blöder Kerl der Mann ist, und sie findet ihren Vater gar nicht blöd, nur manchmal. Aber wenn sie es ihr sagt, ich meine, daß sie aufhören soll mit dem endlosen Gerede, dann fängt die Mutter an zu weinen und schreit: ›Mich mag ja sowieso keiner mehr, und ihr steckt alle unter einer Decke‹, und dann ist es noch schlimmer, als wenn Claudia eine Stunde zuhört und danach allein auf ihrem Zimmer weint. Verstehst du, das hat Mami nicht gemacht, obwohl sie es vielleicht gerne getan hätte. Irgendwie hat sie eine Würde. Ich glaube, sie lernt das Reden überhaupt erst wieder mit ihrem Psychodoktor, und wenn sie es kann, wird sie es mit mir probieren. Ich glaube, es dauert noch eine Weile. Ach Gott, was rede ich altklug über meine Mutter. Ich weiß überhaupt kaum, was sie über mich denkt. Wir fühlen uns schon ganz nahe, aber vieles sparen wir aus . . .

– Meinst du, es ist so ähnlich wie zwischen Vati und mir?

– Ein bißchen, aber auch wieder ganz anders. Sie ist entweder zu stolz oder vielleicht zu vornehm, mir, wenn wir allein sind, ihre ganze Erbitterung zu zeigen. Wenn sie gestritten haben, hat sie sich ja manchmal einfach gehenlassen, auch vor uns, und geschrien und ihn beschimpft, aber es hat ihr jedesmal leid getan, daß es vor uns war. Ich glaube, bevor sie mir etwas von ihrer Geschichte erzählt, will sie ihrem Haß und ihrer Enttäuschung nicht mehr so ausgeliefert sein. Was ich jetzt sage, ist längst nicht alles auf meinem Mist gewachsen. Frau Severin versucht immer wieder, mir zu erklären, was vielleicht in Mami vorgeht. Sie ist einfach erschöpft, und Frau Severin sagt, das kann ein paar Monate gehen. Wenn ich so todtraurig bin, sage ich Mami auch nichts mehr davon. Manchmal sitze ich bei Frau Severin und heule nur, und schäme mich inzwischen gar nicht mehr. Ich weiß gar nicht, was ich ohne sie machen würde. Trotzdem glaube ich, daß ich bald wieder mit Klavierspielen anfange. Sie sagt, unsere Rollen zu Hause ändern sich jetzt, es wird nicht mehr so sein wie Eltern und Kinder, nein, anders, aber ich bin froh, daß es langsam geht und es nicht pressiert. Frau Severin hat übrigens zwei Kinder, eine Tochter, die studiert, und einen Sohn, der ist bei der Bundeswehr, und sie sagt, sie hätte viel gelernt von den Kindern, aber es hätte alles sehr, sehr viel Zeit gebraucht. Am wichtigsten finde ich das mit der Erschöpfung, weil Mami ein paar Jahre lang mit aller Kraft probiert hat, die Familie zusammenzuhalten. Und wenn das so ist mit der Erschöpfung, mein lieber Christof, dann meine ich, daß du den Flegel einfach irgendwo anders spazierenführen solltest und daran denken, daß sie nicht der jederzeit in guter Form befindliche Gegner für deine Angriffe und Unflätigkeiten ist...

– So so. Peinlich, nicht wahr. Soll ich jetzt Schuldgefühle kriegen? Habe ich bereits. Laß mich doch in Ruhe, hörst du. Aber du hast recht. Es tut mir leid. Ich wußte nicht, wohin mit meiner Wut. Jetzt wird es wohl bald umgekehrt laufen mit der Schonung. Erst schonen die uns wie unmündige Kinder, und jetzt fassen wir die Eltern mit Samthandschuhen an, damit sie nicht umkippen. Vollbremsung. Warum haben sie denn dann so ein Bild aufgebaut von den wissenden und ausgeglichenen und unerschütterlichen Eltern? Gut, es hat schon längst nicht mehr gestimmt, aber es ist doch noch da. Du denkst, die stehen einfach da und sind fit, und du brauchst dich um deren Sorgen nicht zu kümmern. Denkste. Ich würde sie schon gern für voll nehmen, beide.

– Das kannst du auch, aber nicht gerade für Angriffe und Pöbeleien, Christof.

– Ich bin doch schon dabei, mich zu bessern, das müßtest du doch merken.

– Ich merke es ja auch. Ich bin halt ungeduldig, genauso wie du. Frau Severin sagt, das ist natürlich alles sehr schwer für uns, aber sie glaubt, wir können alle etwas daraus machen. Das habe ich zuerst nicht verstanden. Deshalb hat sie mir viel von ihrer Geschichte erzählt. Sie sagte, sie sei zwei Jahre nach der Trennung erst wieder so richtig zu sich gekommen und wieder ausgeglichen gewesen, davor immer wieder wochenlang verzweifelt. Sie hat gemeint, sie erträgt die Einsamkeit nicht. Sie redet mit mir so, ziemlich vorsichtig, aber ich merke, sie traut mir zu, daß ich später richtig erwachsen werde. Sie sagt: zuerst weiß man zwar, daß jetzt alles anders wird, aber tief drinnen will man es nicht wahrhaben und klammert sich an das Alte, weil es so vertraut ist, und weil man sich sogar schuldig fühlt, wenn man sich auf die Trennung einstellt und danach handelt. Sie habe das Gefühl gehabt: ›Wenn ich etwas Neues für mich tue, dann zerstöre ich das Alte, und es könnte ja vielleicht doch noch einmal wieder gut werden.‹ Sie verträgt sich heute übrigens gut mit ihrem Mann, die besuchen sich sogar, obwohl er wieder verheiratet ist. Und die Kinder können bei beiden Eltern mal so vorbeikommen oder auch Freunde mitbringen. Die reden heute nicht mehr schlecht voneinander ...

– Ich weiß jetzt noch gar nicht, was du mir sagen willst. Ich merke nur, daß ich traurig werde. Es ist etwas im Gang, das wir nicht mehr aufhalten können. Man meint, wenn man darüber redet, hat man es vielleicht im Griff. Aber es ist doch mehr so, daß etwas passiert mit einem. Und du sagst, man kann etwas daraus machen. Wie paßt das alles zusammen?

– Ja, wenn ich das so genau formulieren könnte. Steck mich jetzt nicht an mit deiner Traurigkeit, komm, laß uns weitergehen. Ich hab mich vorhin so ruhig neben dir gefühlt. Weißt du denn, ob du oder ich, ob wir nicht auch schuld sind an dem Bruch? Ich meine, wenn Mami sich nicht so auf uns konzentriert hätte oder wir manchmal nicht so schwierig gewesen wären, daß sie dann mehr Zeit füreinander gehabt hätten oder sie mehr mit ihm mitgegangen wäre? Weißt du, die hat uns abends, als wir kleiner waren, nie allein gelassen, auch wenn er wegmußte und sie gerne mitgenommen hätte. Bei Annette mußten wir dann schon manchmal dableiben und aufpassen, aber es war schon zu spät. Weißt du, das ist ja alles sehr unklar, aber manchmal denke ich zum Beispiel, daß ich vielleicht als Kind gute Tricks hatte, um sie zu zwingen, dazubleiben. Guck doch mal, die Annette macht jetzt manchmal wieder ins Bett. Um die Zeit, als ich in die Schule kam, sagt Mami, hatte ich dauernd eine Entzündung im Ohr und mußte einmal sogar ins Krankenhaus. Ich glaube, sie haben beide Kinder gewollt, aber es könnte doch sein, ohne uns wäre es nicht auseinandergegangen. Mami hat sich an diese Aufgabe geklammert, so wie er sich an seinen Beruf ...

– Du, Vroni, jetzt berührst *du* ein Thema, bei dem ich am liebsten weglaufen möchte und sagen: hör auf, ich will es nicht hören. Eine Zeitlang als Kind bin ich jede Nacht schreiend aufgewacht und rübergegangen ins Schlafzimmer. Das hat mir Vati gesagt, ich hab mich gar nicht mehr erinnert, aber dann kam es doch wieder, weil mir die alte Wohnung wieder einfiel und der kalte Flur, über den ich gehen mußte. Also, ich bin aufgewacht und rübergegangen und zu Mami ins Bett gekrochen. Und sie haben jedesmal Streit bekommen, wann ich wieder gehen muß. ›Der Junge hat Alpträume‹, soll sie gesagt haben, und er soll hierbleiben. Das war so schlimm, daß er immer wieder für ein paar Wochen ausgezogen ist ins Gästezimmer. Die waren damals schon einmal bei der Erziehungsberatung, und die haben gesagt, man soll ein kleines Licht am Bett brennen lassen, und ich soll wieder zurück in mein Bett nach einer Weile. Aber es hat noch ein paar Monate gedauert, bis Mami da mitgemacht hat. Sie konnte dann selbst nicht mehr schlafen, wenn ich wieder in meinem Zimmer lag und ab und zu noch gejammert oder gestöhnt habe. Also, es ist scheußlich, aber ich glaube auch, daß die wegen uns viel Krach hatten, und der Kampf um die Erziehung hat die richtig zermürbt.

– Glaubst du, daß die deswegen, also wegen Sachen, die fast zehn Jahre vergangen sind, noch wütend sind aufeinander? Das ist ja schrecklich.

– Ob sie noch wütend deswegen sind, weiß ich nicht. Aber ich glaube, die haben immer wieder so einen Verdacht gehabt, daß einer dem andern das Wasser abgräbt, weißt du, was ich meine? Es ist so, wie wenn nur einer gewinnen könnte, und der andere verliert, entweder bei den Kindern, oder mit der Freizeit, oder im Beruf, oder im Ansehen, oder bei Freunden. Das ist jetzt wahnsinnig übertrieben. Aber die müssen dann ständig um die Macht kämpfen, und wer unterliegt, verliert das Gesicht und muß sich etwas ausdenken, um anderswo wieder zu gewinnen. Stell dir das doch vor: ich komme schreiend zu Mami ins Bett, und sobald ich bei ihr schlafe, bin ich ruhig, bis am andern Morgen, und ich werde überhaupt ruhiger, und sie sagt, nein, sie braucht es gar nicht zu sagen, sie denkt: ›Siehste‹, oder ›Ätsch, ich weiß doch mehr von meinem Kind‹, und sie streiten ein paar Wochen, und es wird erbittert, es geht ums Rechthaben, und dann gehen sie zur Erziehungsberatung, und die sagen, ich soll doch wieder in mein Bett, wenn das zu solchen Krächen führt, und dann sagt er oder denkt: ›Siehste, du mit deiner weichen Welle‹, und jeder mißtraut dem andern, ob er es nun gut meint für alle oder ob er triumphieren will, das ist doch ein Horror! Die blockieren sich gegenseitig, und es wird ein Patt, weiß du was das ist, nein? Na, das kommt aus dem Schachspiel und bedeutet, keiner kann mehr einen sinnvollen Zug machen, alles ist gelähmt, es gibt keine Entwicklung mehr.

– Ach, Christof, jetzt werde ich noch so gräßlich traurig, trotz der schönen Sonne. Es fallen mir so viele Streitereien ein zu Hause, wo jeder die beste Eigenschaft beim andern schlecht gemacht hat. Daß Mami so eine gute Hausfrau war und zu uns so lieb und immer da war, das war für ihn wie ein Angriff, ein Vorwurf, so als wollte sie etwas verhindern bei ihm oder ihm etwas vorführen. Und daß er immer tüchtiger wurde und im Betrieb aufgestiegen ist, das war für sie, obwohl sie das ja beide erträumt hatten, als ob er es ihr zuleid täte. Sie hat sich manchmal die Ohren zugehalten, wenn er vom Geschäft erzählte. Heute probiert er es ja gar nicht mehr.

– Mensch, Vroni, das war wohl die Zeit, wo er mich dauernd überschwemmt hat mit seinem Betriebskram, als ob ich sein Lehrling wäre, und ich hatte so ein komisches Gefühl: was will der eigentlich, ich hab doch genug Schule in der Schule. Da hab ich ihn kaltgestellt innerlich und blöde Bemerkungen gemacht über die Geschäftemacherei in der Industrie, und ob die überhaupt an nichts anderes denken als an Gewinn und Vergrößerung und Zweigwerke im Ausland. Herrje, ich glaube, ich habe ziemlich zugeschlagen und dachte, diesem Riesen macht das alles nichts aus, den juckt es doch nicht, wenn ich mich nicht dafür interessiere, der will mich doch nur dressieren, damit ich auch so ein Erfolgsroboter werde.

– Weißt du, Christof, obwohl ich immer trauriger werde, je mehr wir den Nebel wegpusten, das ist doch unheimlich, was da alles gelaufen ist, unterirdisch, meine ich, und keiner konnte es greifen, und allen war es elend dabei, ja, Christof, es geht wieder einmal um den roten Faden, und was die Frau Severin meinte mit dem Satz ›Wir können etwas daraus machen‹.

– Richtig, das geht mir auch dauernd im Kopf herum. Was kann das denn heißen für uns beide?

– Ich brauche eine Pause, Christof. Was macht übrigens deine Krankheit? Dort fliegt der Hubschrauber wieder ins Tal. Brauchst du ihn noch? Oder einen Tee hier in dem kleinen Café am Seniorenweg?

– Du hast verdammt gute Ideen, Vroni. Ich hatte sie zwar auch, hab mich aber etwas geniert, weil ich gesagt habe, ich kann vielleicht nie mehr frühstücken. Wenn ich jetzt sieben oder acht Eier mit Speck bestelle und drei Liter heiße Milch, dann fragen die vielleicht, wo der Rest der Klasse ist, ob die gleich kommen. Und ich brauch die für mich alleine! Und du? Möchtest du zwei halbe Hähnchen und eine Kanne Skiwasser? Ohne Streit darüber, wer bezahlt!

– Ich bin für einen Tee, und vielleicht kannst du die acht Eier in mehreren getrennten Portionen hintereinander bestellen, dann kannst du eventuell eine Pause einlegen.

– Einverstanden. Komm, hier an diesen Tisch, hier siehst du die Gipfel besser. So, komm, gib die Jacke. Sehr gut, sehr gemütlich. Also gut, erst einmal drei Speckeier, einen halben Liter heiße Milch und einen Tee, genau, ganz genau, und Bauernbrot. Vielleicht können wir heute nachmittag schon wieder ein bißchen skifahren. Du wirst ganz schön aufgeholt haben in dieser Woche. Wie war denn der Kurs?

– Sehr gut, und sehr lustig. Wenn du willst, zeige ich dir das Wedeln, willst du?

– Gerne. Ich wedle voraus, du hinterher, und ab und zu dreh ich mich um und guck dir was von deiner Eleganz ab.

– Hier, trink deine heiße Milch, das hilft gegen Kater und Angeberei. Kommst du wieder in Fahrt? Bitte nicht. Du bist so nett, wenn du nicht angibst. Es ist richtig erholsam mit dir.

– Vor dir brauche ich vielleicht auch nicht mehr so stark angeben. Aber zum Beispiel, wenn wir mit deinen Freundinnen mal fahren, würde ich möglicherweise schon ein bißchen Zirkus machen, so mit Springen und um die eigene Achse Drehen und auf einem Bein Schwingen. Was meinst du?

– Von mir aus gerne, wenn du nicht zu arg aufdrehst und nett zu ihnen bist. Die fressen dich nicht, auch wenn du ein bißchen normal bist und mal einen freundlichen Satz fallen läßt. Bei den Vorträgen kann ich dir ja ein Zeichen machen, wenn die anfangen zu gähnen, einverstanden? Winkewinke oder so, oder unterm Tisch mit dem Fuß, wie Mami, wenn Vati ins Meckern kam und sie hatte keine Lust, vor uns eine größere Vorstellung zu geben.

– Okay, paß ein bißchen auf mich auf, aber nicht zu auffällig, hörst du? Hast du denn schon die nötigen Postkarten geschrieben, Vroni, ehrlich?

– Ich bin nicht so schreibfaul wie du und finde es auch nicht blöd, übers Wetter und das Zimmer und die Leute zu schreiben, einfach um die Verbindung zu halten. Das ist nicht nur Pflicht-Blabla, wie du meinst . . .

– Mach doch grad mal Stop, bevor du in einen Erziehungsvortrag einmündest. Ich habe sowohl Mami wie Annette am zweiten Tag eine Karte geschrieben.

– Was? An beide? Und am zweiten Tag? Gratuliere. Ich habe das gleiche gemacht, allerdings schon am ersten Tag.

– Sehr gut, hier kann ich deine Überlegenheit gut ertragen. Aber jetzt sind wir am Beginn der zweiten Woche, und wir könnten ihnen einen Nachschlag geben, mit gemeinsamer Unterschrift! Wie wär denn das, Vroni?

– Sehr gut. Wir könnten sogar versuchen, kein Blabla zu schreiben, sondern etwas von unseren Gedanken?

– Au weia, gleich auf Papier, aus meiner schwarzen Seele? Warum soll ich denen das antun?

– Du brauchst ihnen nichts anzutun, Menschenskind, du hast so viel gute Gedanken gehabt, neben den schlimmen, ich helf dir doch, und du hilfst mir. Etwas, was die freut, und wo wir schon mal was andeuten von unseren Reden. Ich will es ja nicht erzwingen, mir ist auch ein bißchen komisch bei dem Gedanken, daß ich an Mami einen Brief schreibe, der nicht nur von alltäglichen Sachen handelt. Es ist doch einfach auch toll, daß wir hier sitzen und beraten; daß wir durchdachte Briefe schreiben, gemeinsam, das ist doch auch für *die* alle neu!

– Wen meinst du denn mit *die,* Vroni? Mami, Annette und Vati?

– Mensch, Christof, ich seh doch deine blinzelnden Äuglein, du hast doch Hintergedanken, wie ich auch. Fang doch mal an damit!

– Immer ich. Bei deiner Unschuldsmiene sieht man das überhaupt nicht, daß du Hintergedanken haben kannst. Das habe ich dir gar nicht zugetraut, Vronilein, Unschuld aus dem Mustopf!

– Hör auf, sonst fällt die nächste Speckeierportion aus, und es bleibt bei einem Liter Milch. Also gut. Wenn man mit dir länger zusammen ist, wird man richtig gerissen und hintergedanklich . . .

– Hintergedanklich gibt es nicht als Wort ...

– Vielen Dank, Christof, für die Belehrung. Für mich gibt es das, seit ich dein Gesicht besser kenne. Ich weiß jetzt, wann du ein hintergedankliches Gesicht machst, da kannst du mich weniger leicht auf den Arm nehmen ... Also gut, ich verrate dir einen meiner Hintergedanken, den nächsten kannst dann du enthüllen, vielleicht haben wir sowieso den gleichen: Schreiben wir eine Karte oder einen Brief an Vati, oder an Vati mit Tante Gerda?

– Richtig, du bist ja ein wunderbar kluges Mädchen!

– Und du, bist du auch ein wunderbar kluger Junge?

– Ehrlich, das bin ich. Wohin schicken wir denn das schöne Verschwörerbrieflein? In die Lärchenstraße, aber nur mit Vati als Adresse, damit Mami nicht durchdreht, oder an die Firma?

– Sehr gut, Christof, du bist schon fast so schlau wie ich. Und die Anrede? Lieber Paps, liebe sogenannte Tante Gerda, lach doch nicht so blöd, weißt du was Besseres? Christof, hör auf mit dem Gewieher hier! Ist denn der Alkohol noch nicht raus? He, krieg dich doch wieder ein ...

– Ach, Vroni, ich stell mir die Gesichter der beiden vor, wenn sie das lesen, mit der sogenannten Tante! Und die vielen möglichen Variationen! Ich darf gar nicht daran denken. Aber im Ernst, ich bin weder für Tante noch für sogenannte, ich bin für Gerda. Die reihen wir gar nicht erst ein in die falsche Kiste von Onkel und Tante, das ist altmodisch, und es könnte sie verlokken, doch noch in die Erziehung einzugreifen. Man muß da vielleicht am besten von Anfang an klare Verhältnisse schaffen. Was meinst du? Sie gefällt mir, aber der Eintrittspreis ist, daß es mehr von gleich zu gleich zugeht. Die ist sowieso jünger als Mami, mindestens fünf Jahre, wenn nicht mehr. Da wollen wir allen Fehlentwicklungen gleich mal einen Riegel vorschieben.

– Du redest wie die Polizei oder der Minister bei den Häuserbesetzungen, wenn sie räumen wollen. Was meinst du denn mit Fehlentwicklung?

– Sag jetzt bloß, du könntest nicht auch ein hintergedankliches Gesicht machen! Im Augenblick siehst du gar nicht mehr aus wie aus dem Mustopf, du spielst es nur noch ein bißchen. Auf gut deutsch gesagt, könnte die Sogenannte von einem oder mehreren von uns die Stiefmutter werden, ist dir das klar? Wenn Vati wieder heiratet und von uns wohnt jemand bei denen, dann hast du eine Stiefmutter vor der Nase, und wenn du nicht alle Märchen vergessen hast, dann weißt du, daß das manchmal sehr blöd ausgeht. Man muß sie leider verbrennen oder aufs Rad flechten, oder der Teufel holt sie, wenn man Glück hat, und nur ganz selten ist sie besser als die alte, ich meine, die echte, und je mehr sie mitreden und mitbestimmen will, desto schlimmer wird es, und man muß sie entweder rasch vergiften oder abhauen, in den finsteren Wald ...

– Stop. Ich glaube, du hast von den Märchen immer nur die schlimmen Sachen behalten. Ich bin immer eher Prinzessin geworden am Schluß oder der Königssohn hat mich geheiratet ...

– Schade, Vroni, Prinz Charles von England ist schon vergeben. Aber in Afrika und China gibt's noch richtige Kaiser ...

– Hör auf mit dem Quatsch. Also, Tante Gerda wird vielleicht meine Stiefmutter. Wie sage ich dann zu ihr?

– Na, Mensch, darum geht doch unsere Diskussion. Vroni, heute, mit unserem Brief, bestimmen wir vielleicht die Richtung, die das alles nimmt. Wir machen Witze, aber mir ist sehr ernst zumute. Soll ich dir ein Seil in den Mustopf hinunterlassen? Du steckst ja echt wieder drin. Wir entscheiden, wie wir die anreden. Es ist schwer, das wieder umzuschmeißen. Stell dir doch vor, die kommt, an Vatis Arm, und sagt dann: ich möchte aber Tante Gerda genannt werden, oder Frau Haubenlerche, oder Mami, stell dir doch das vor, die schlägt dir vor: nennt mich doch Mami, oder Mutti, da würgt's einen doch im Hals! Aber noch ist ja alles offen, Gott sei Dank.

– Irgendwie ist das gruselig. Es gibt nur eine Mami. Mindestens, wenn man so alt geworden ist mit seiner wie wir. Ich weiß nicht, ob Annette sich umgewöhnen würde. Aber die bleibt sicher bei Mami. Also geht es um uns, Christof. Aber das ist ein Thema, wo ich jetzt, heute, und vielleicht morgen, noch gar nicht drüber reden will. Da brauche ich einfach noch ein bißchen Nebel. Wir wollten auch über die Postkarten reden.

– Richtig, und es ging um die passende Anrede. Aber weißt du was, wir fangen einfach bei der leichtesten an. An Annette.

Die hat auch noch nie von uns beiden eine Karte bekommen, mit zwei Unterschriften, und nicht nur Blabla, sondern richtig ausgedacht, was wir schreiben.

– Also, lieber Christof, fang mal an zu denken!

14
Christof und Vroni wollen Annette eine Karte aus dem Skiurlaub schreiben und merken, wie schwierig es ist, an sie und ihre Gefühle zu denken. Sie stellen sich vor, wie die Karte von der Mutter verstanden wird

– Gut, schreibe ich eine Karte an Annette. Ich weiß gar nicht, ob das die leichteste Karte ist. Sie soll nämlich für Annette etwas ausdrücken, aber Mami muß sie ihr ja vorlesen.

– Ach so, daran habe ich gar nicht gedacht. Aber das macht nichts. Dann müssen wir halt an Mami dabei auch denken. Es ist kompliziert und schwere Arbeit, aber ich bin trotzdem begeistert. Eigentlich wird es eine Karte an zwei Personen, die sie ganz verschieden aufnehmen.

– Genau. So kompliziert ist das in unserer Familie. Das ist wie bei Politikern: die reden ganz ernsthaft mit dem Mann oder der Frau, die sie interviewt, als ob es ein Gespräch zwischen zwei Leuten wäre, und sie reden aber auch oder sogar hauptsächlich für die Zuschauer, und blinzeln ab und zu in die Kamera und lassen den Interviewer ein bißchen daneben sitzen. Okay, oder wenn du auf dem Kabarett oder im Theater mit zwei Leuten redest, oder dazwischen zum Publikum ...

– Christof, soll ich mich auf einen Vortrag einstellen ...

– Red keinen Unsinn, ich versuche dir die Kompliziertheit unserer Karte an Annette klarzumachen, und wenn du willst, erkläre ich dir sogar ein neues Wort, was gerade dafür paßt!

– Jetzt bin ich aber gespannt! Intrige kenne ich schon.

– Es geht nicht um Intrige. Aber die Karte ist doppelbödig. Auf dem unteren Boden steht Annette und macht große Ohren und nimmt alles wörtlich, und auf dem Oberboden steht Mami und horcht auf die Zwischentöne, weil sie zwischen den Zeilen herumliest.

– Wie willst du denn Zwischentöne machen beim Schreiben?

– Mensch, Vroni, stell dich doch nicht so dämlich an. Das ist doch nicht direkt gemeint. Wenn ich dich im Mustopf suche, dann greife ich doch auch nicht mit der Pfote in echte Marmelade, verstehst du?

– Ach so, richtig. Also, fang mal doppelbödig an. Nein, entschuldige, ich will keine Witze machen. Aber du verlockst mich immer dazu, das ist ansteckend, und außerdem will ich nicht so richtig anfangen.

– Mir fällt es auch schwer, und es ist komisch, wenn wir als *wir* schreiben, weil wir ja bis jetzt keine Einheit sind. Eltern können an ihre Kinder *wir* schreiben, wenn sie sich einig sind, aber dann schreibt doch immer einer, und der andere stimmt zu oder berät ihn oder korrigiert, und am Schluß unterschreiben beide, oder der andere hängt noch einen Extragruß an. Ich glaube also doch, daß einer schreiben müßte, und der andere stimmt zu. Und da glaube ich, daß du das für Annette besser kannst, Vroni.

– Das schon, aber eigentlich müssen wir ja zwei Texte schreiben. Wir überlegen zuerst, was Mami interessiert, wenn wir an Annette schreiben. Die ist ja nicht doof, sondern hellhörig, und das ist gut so. Also, was schreiben wir für Mami?

– Ist das nicht unfair, ich meine Annette gegenüber? Für sie ist doch die Karte! Mensch Vroni, kaum hab ich den Kuli in der Hand, will ich ihn gleich wieder hinlegen. Aber es ist trotzdem nicht unfair. Wenn Mami schon annimmt, daß wir über die Familie reden, und sie hat ein bißchen Angst davor, dann hat sie erst recht Angst, wie wir davon Annette etwas mitteilen, weil sie zu Annette sozusagen eine fast unschuldige oder mütterliche oder eindeutige Beziehung hat, nehme ich an. Also dürfen wir nichts schreiben, was ihre Angst verstärkt, wir könnten Annette falsche Sachen sagen. Ich will gar nicht darüber nachdenken, was Mami denken könnte, welche Dinge für Annette falsch sein könnten, sonst dreht sich mir der Kopf, aber sie wäre sicher ganz ganz vorsichtig. Und wir wissen auch nicht, wieviel Mami und Annette jetzt in den Ferien zusammen gesprochen haben.

– Leider muß ich dich bewundern, Christof, weil ich gerne auch so um die Ecke denken können möchte wie du!

– Mach dir doch nichts draus. Du kannst dafür geradeausdenken, wie beim Skifahren. Bei der Kurve wird's schwierig.

– Warte nur ab bis heute nachmittag oder morgen, dann redest du anders.

– Also gut. Es geht los. Vronilein, es geht los. Für Mami ist wichtig, daß wir nicht Partei nehmen, daß wir sie mögen, daß wir Annette mögen, daß wir zusammenhalten werden, daß wir keinem die Schuld zuschieben . . .

– An diesem Punkt bin ich schon nicht so ganz sicher, Christof. Ich glaube schon, daß sie es gerne hätte, wenn sie ein bißchen weniger schuld wäre und ein bißchen mehr die Leidende, die Verlassene, und ein bißchen stimmt es ja wohl auch, für mich wenigstens. Aber bis jetzt sind es lauter selbstverständliche Sachen.

– Auch die selbstverständlichen Sachen sind wichtig. Was sie wohl am meisten fürchtet, ist, daß Annette ihr einfach, in ihrer Begeisterung für den selten anwesenden, aber großartigen Vati, wegrennt oder wochenlang heult, weil sie nicht zu ihm darf. Ich glaube, sie fürchtet, wir könnten sie alle verlassen.

– Gut, Christof, dann weiß ich jetzt die Hauptsache. Wir müssen so schreiben, daß ihre Angst nicht noch stärker wird. Reicht das als Einstellung ihr gegenüber?

– Ja, bestimmt. Alles weitere schreiben wir ihr selbst. So, und jetzt nimmst *du* den Kuli in die Hand, Vroni. Wie und was schreibt man an seine sechsjährige Schwester, wenn es nicht einfaches Blabla sein soll? Weißt du, sie muß merken, daß wir ihr, ganz genau ihr und nicht irgendeiner Sechsjährigen, schreiben; daß wir sie kennen, an sie denken, ungefähr wissen, was sie interessiert. Ich will mal einen ganz komischen Ausdruck gebrauchen, auf den ich erst durch das Reden mit Vati gekommen bin: sie muß sich erkannt fühlen, aus der Ferne, und spüren, daß wir beim Schreiben bei ihr sind. Am besten reden wir von Sachen, die wir an ihr besonders mögen, oder die für sie jetzt gerade wichtig sind. Aber nicht künstlich. Mensch, das ist ja wie ein Prüfungsaufsatz, aber eine Prüfung auf Gefühl und Echtheit oder Blabla. Vroni, puh!

– Bei mir bilden sich so ein paar Gedanken, aber red nur noch weiter. Weißt du was, wir trennen uns jetzt für eine Weile, ich meine, hier am Tisch. Du machst dir schon mal Stichworte, was wir an Mami schreiben, und ich lege mal los, im Entwurf ...

– Einverstanden. Nur nicht mit dem Entwurf. Das ist zu blöd, wenn du einen Brief entwirfst, und dann korrigieren wir drin herum, und dann schreiben wir das für Annette noch einmal ins reine. Das geht nicht. Probier einfach drauflos, und laß mir noch ein bißchen Platz. Tschüß, bis nachher.

– Tschüß, du Affe, hör auf, dich dauernd hinterm Ohr zu kratzen, das hilft überhaupt nichts.

15
Wie Annette sich die Karte von der Mutter in der Badewanne vorlesen läßt

– Hallo, ihr Kinder, mir geht es sehr gut. Schon fast zwei Wochen lang habe ich Mami ganz für mich allein. Ich habe immer gedacht, mit Mami kann man nicht toben. Das stimmt aber nicht. Sie ist nicht so stark wie Vati, aber wenn wir zusammen auf dem Bett herumkugeln, ist es auch sehr schön. Es ist nicht so sehr wie Turnen, sondern mit viel Schmusen und Lachen und Kitzeln und Unter-der-Decke-Verstecken. Manchmal gehen wir nach dem Frühstück einfach noch einmal ins Bett. Das darf vielleicht keiner wissen, weil alle Leute nach dem Frühstück arbeiten. Am schönsten ist es, wenn ich Mami kämmen darf. Sie hat sehr schöne Haare. Wenn sie dann wieder einschläft, baue ich eine Höhle aus lauter Kissen und Decken und Stühlen und hole die Puppen herein. Ab und zu gucke ich, ob sie noch schläft. Wenn sie aufwacht, verstecke ich mich, und sie muß mich suchen. Dann darf sie mich kämmen. Ich schreie nicht so oft, nur wenn es rupft. Vorher oder nachher, nein vorher, ich meine, vor dem Kämmen, lacht nicht so doof, gehen wir in die Badewanne und machen einen Berg aus Schaum. Von Mami ist nur der Kopf noch zu sehen, außer ich mache ein Loch in den Schaum. Oder ich muß sie mit den Händen unter dem Wasser suchen. Wenn sie aufsteht, ist sie sehr schön. Ich glaube, daß Mami den schönsten Busen hat weit und breit. So will ich auch werden. Wir riechen sehr gut nach dem Baden, und rings um die Wanne ist es ziemlich naß. Wenn sie eine Zigarette raucht, kann ich jetzt schon die Streichhölzer anzünden. Beim

Ausblasen blase ich jetzt nicht mehr so oft daneben wie früher. Manchmal zünde ich auch mehr Streichhölzer an, oder wir stellen Kerzen auf den Tisch, wenn wir malen. Über dem Bett von Vroni und Christof hängen jetzt schon zwei Bilder von mir. Die werden staunen. In Vatis Bett habe ich einen großen Apfel und eine Orange gelegt. Er wird sich freuen, wenn er wieder bei uns schläft. Wißt ihr noch, wie alt ich bin. Fünf? Falsch geraten. Sechs. Und überhaupt nicht mehr im Kindergarten. Ihr spinnt ja! Mami spielt mit mir doch schon das Buchstabenspiel, ich kenne schon ungefähr zwölf Buchstaben, oder achtzig. Ich will nicht übertreiben. Mami sagt, man soll immer bei der Wahrheit bleiben. Sie sagt, ich mogle manchmal ein bißchen viel, wenn wir Karten spielen, zum Beispiel Memory. Kennt ihr das? Alle Karten liegen mit dem Bild auf dem Teppich, und man muß die zwei, die zusammengehören, finden. Mami vergißt immer, wo die richtigen liegen. Mein Haufen ist meistens größer als ihrer. Sie heult trotzdem nicht, wenn sie verliert. Ich schon. Nicht immer. Wenn ich ziemlich lange heule, kriege ich einen Negerkuß zum Trost, und Mami kriegt ein bißchen Likör oder so was. Süß und scheußlich. Aber sie sagt, es hilft ihr, ich glaube gegen den Kopf, ihr wißt schon, wo ihr die Decke draufgefallen ist. Ich finde, sie sollte die Decke mal ankleben oder festnageln, damit sie ihr nicht immer auf den Kopf fällt. Christof und Vroni sind beim Skifahren. Aber wie sollen die denn skifahren, wenn es hier gar keinen Schnee mehr hat? Sie müssen halt ganz hoch hinauf auf die Berge. Dort schneit es auch noch im Sommer. Es ist mir egal, wenn ihr es nicht glaubt. Auf der Postkarte, die Vroni mir geschrieben hat, war überall Schnee, mitten in der Sonne, sogar auf der Kirche. Jetzt gucke ich, ob Mami endlich aus der Badewanne draußen ist. Vielleicht schläft sie auch im warmen Wasser. Tschüß.

Nein, nicht tschüß. Weil es nämlich geschellt hat und die Post gekommen ist. Der Briefträger hat gefragt, ob Mami da ist, und ich habe gesagt: ›Ja, ich glaube in der Badewanne‹; da hat er gesagt: ›So so, da wollen wir mal nicht stören‹, und ist wieder gegangen. Eine Postkarte mit Schnee ist auch dabei, ich glaube, die ist vielleicht für mich, von Vroni und Christof. Jetzt bin ich gespannt, ob Mami unter Wasser vorlesen kann. Ja, sie sagt, sie kann es. Also hört mal gut zu, und macht keine Wellen, sonst wird alles naß:

›Liebe Annette, stell Dir vor, gestern ist Christof aus Italien gekommen, früher als ich gedacht habe. Das war eine Überraschung. Wir denken oft an Dich, und wir haben davon gesprochen, was Du und Mami jetzt wohl machen. Ihr habt es sicher schön zusammen, und keiner stört euch. Hoffentlich vermißt Du uns auch ein bißchen, aber wir kommen ja bald wieder. Leider fängt dann bald schon die Schule wieder an. Aber Du gehst ja gerne.‹

Hier schwindelt die Vroni ein bißchen, ich gehe nicht immer gerne, ich wäre lieber jeden Tag mit Mami in der Badewanne und danach vielleicht ein bißchen in der Schule, wenn ich Lust habe. Aber es macht nichts, daß Vroni das nicht so genau weiß. Und jetzt schreibt sie etwas Lustiges, wo Mami auch gelacht hat.

›Wir haben so viel über Euch gesprochen, und wie alles weitergeht, daß Christof viel Wein trinken mußte, und dann hat sich ihm der Kopf gedreht, und er hat gedacht, er wird krank. Jetzt ist er wieder gesund, und heute nachmittag fahren wir zusammen Ski. Ich denke, daß Du jetzt viel malst, mit oder ohne Mami.‹

Das stimmt genau, jetzt hat die Vroni es richtig geraten.

›Und fütterst Du auch manchmal den Hund, oder muß das immer Mami machen? Manchmal sprechen wir auch darüber, wie es werden wird, wenn Vati eine neue Wohnung hat, und daß Du traurig bist, wenn er nicht mehr so oft kommt. Er hat Dich aber trotzdem lieb, so wie wir alle. So, und jetzt gehen wir gleich zur Bergbahn, die Du auf der Postkarte siehst, und fahren hoch. Ich freue mich, daß ich Dich bald wiedersehe. Ganz herzliche Grüße von Deiner Vroni.‹

Und dann kommt noch was von Christof, aber Mami sagt, das muß sie erst entziffern, da müßt ihr noch ein bißchen warten. So, jetzt glaubt sie, daß sie es lesen kann:

›Liebe Annette, auch von mir viele liebe Grüße, es war nicht so schlimm mit der Krankheit. Wenn ich zurück bin, reparier ich Dir die Puppenstube, damit die Wand nicht dauernd umfällt. Dein Christof.‹

So, habt ihr jetzt gehört? Die denken an mich und sind froh, wenn ich wieder da bin.

16

Wie Christof und Vroni in 3000 Meter Höhe frühstücken. Sie freunden sich immer mehr an, verstehen die Eltern immer besser, erschrecken aber auch vor ihrer eigenen Macht und versuchen, sich ein Leben nach der Trennung vorzustellen

– Hallo, Vroni, ausgeschlafen?

– Ja, Christof, aber noch nicht gefrühstückt. Willst du mit uns noch einmal frühstücken? Die können hier in dieser Art Jugendherberge sicher auch Speckeier machen.

– Nein danke, ich würde heute gerne etwas Besonderes machen. Es ist schon Mittwoch, und ab morgen soll es wieder schneien. Komm, wir fahren auf die Gipfelstation und frühstükken dort, auf 3000 Meter.

– Aber das Frühstück hier ist doch schon bezahlt! Dann will ich's auch essen.

– Mensch, Vroni, es ist ja prima, daß du eine sparsame Hausfrau wirst, und trotzdem möchte ich mit dir oben frühstükken, und zwar bald, bevor um halb neun der große Ansturm auf die Bergbahn losgeht. Ich kann dir ein Darlehen von sieben Schweizer-Franken geben. Das kannst du mir dann mit Zinsen zu Hause zurückzahlen ...

– Fang nur den Tag gleich wieder so an, dann kannst du alleine frühstücken. Also, warte etwa fünfundsiebzig Sekunden, dann bin ich da. Kannst du solange alleine Witze machen, zum Beispiel über dich?

– Ich probier's mal. Vergiß den Kuli nicht. Auf 3000 Meter Höhe schaffen wir vielleicht auch den Brief an Mami ...

– Also komm. Du brauchst ja gar nicht warten, unsere Skier stehen ja noch an der Talstation. Aber geh nicht so schnell, ich habe noch Muskelkater von gestern. Du wolltest wohl ausprobieren, wieviel ich aushalte an Abfahrten.

– Nein, ich wollte etwas anderes herauskriegen. Auf den gemütlichen Hängen fährst du ja inzwischen elegant wie eine Skiprinzessin. Ich war wirklich sehr beeindruckt. Meine Theorie ist die: deine Fortschritte sind so gewaltig, mindestens beim

Wedeln, wie es in einer Woche eigentlich nur möglich ist, wenn man sich in den Skilehrer verknallt. Zu der Überzeugung bin ich heute nacht nach langem Nachdenken gekommen. Gestern erst hatte ich einen vagen Verdacht, und ich wollte einfach gucken, ob dieser elegante Stil aus Verliebtheit angeklebt ist oder ob er auch bei schwierigen Abfahrten hält. Ich war sehr erstaunt, Vroni. Auf hartem Schnee geht der Lack zwar ein bißchen ab, aber Donnerwetter, das muß ein imponierender Bursche sein. Ich bin ziemlich eifersüchtig . . .

– Zu diesem Problem werde ich gar keinen Kommentar abgeben. Du bist mir viel zu sarkastisch aufgelegt, Brüderchen. Guck doch, wir sind fast die ersten, keine Schlange, der Schaffner wird uns mit Handschlag begrüßen.

– Von mir aus kann er auch die Hand an die Mütze legen und strammstehen. Was meinst du, wie lange die Post von hier nach Hause dauert. Ob Annette unsere Karte schon hat? Sie ist noch abgegangen am Montag. Wenn wir heute das Mamikapitel erledigen, könnten wir morgen den Alternativbrief abfeuern. Was meinst du, Vroni?

– Ich meine gar nichts, sondern gucke, ob die Gemsen schon wach sind. Im übrigen habe ich gestern abend noch ein bißchen vorgearbeitet. Nichts Fertiges, aber Stichworte. Willst du ein paar hören? Okay. Mami hat ein paar Semester Literatur und Sprachen studiert und dann aufgehört. Das kann doch nicht alles verschwunden und vergessen sein. Ab und zu liest sie französische Bücher, als ob sie überhaupt keine Mühe damit hätte. In letzter Zeit sogar wieder mehr. Ist dir aufgefallen, daß auf ihrem kleinen Schreibtisch zwei große neue Wörterbücher stehen? Unübersehbar. Wenn sie da sitzt und liest und blättert, sieht sie fast aus wie eine Studentin. Komischerweise läßt sie sich gar nicht gern erwischen dabei. Ach, du, ich bin ja doof! Fällt dir nichts ein bei diesen Französischwörterbüchern und dieser Beinaheheimlichkeit, mit der sie ihre Schulbücher wieder auspackt? Nein? Dann laß ich dich gerne noch ein bißchen im Nebel tappen. Das gefällt mir, daß du mal Nebel im Kopf hast.

– Es ist kein Nebel, Vroni, es ist höchstens leichter Dunst, der wird bald weg sein. Komm, pack deine Brettchen zusammen, wir müssen bald umsteigen. Wir sind schon aus dem Schatten heraus. Schau doch mal hoch. Wir werden in der Sonne sitzen. Mensch, ist das eine Hetze. Selbst wenn die Bahn fast leer ist, drängeln die Leute ... Also, Vroni, nächstes Stichwort bitte ...

– Okay. Als Mami studiert hat, gab es da ziemlich viele Freunde. Manchmal denke ich, weil das mit dem Studieren nicht so ganz ernst war, daß sie vielleicht sogar eine ziemliche Betriebsnudel war, ich meine: Feste feiern, in die Kneipe gehen, diskutieren, bei Dichterlesungen in der ersten oder zweiten Bank ein schönes, inniges Gesicht machen ...

– Du, ich habe gesagt Stichworte. Du fängst an, Kabarett zu machen über Mami. Das ist eigentlich mein Bereich. Aber gut, es steht dir trotzdem gut. Daß du Mami einmal so auf den Arm nehmen würdest! Ich bin milde entsetzt. Mami ist eine Respektsperson und unbedingt zu respektieren ...

– Das tue ich doch auch. Beiß mir nicht dauernd den roten Faden ab, Christof. Ehrlich, ich glaube, daß sie viele Leute kannte und viele sie mochten. Bis der düstere Emporkömmling kam und einen Lebenshilfeengel brauchte ...

– Sag mal, Vroni, wenn ich dir so zuhöre, dann muß ich meine Theorie über den Skilehrer erweitern. Das scheint nicht nur ein eleganter Pistengeck zu sein, sondern er dilettiert auch im Kabarett. Das ist ein bißchen viel Konkurrenz für mich. Na, gleich gibt's ja Frühstück. Die Luft wird etwas dünn hier oben, oder ist das nur mein armer Kopf?

– Es ist der Kopf, Christof. Und obwohl ich keine Kommentare über den Skilehrer geben will, muß ich mal wieder über deinen Riecher staunen. Das ist nämlich ein Lehrer von der Nachbarschule, 25 Jahre, mit einem unglaublichen Mundwerk, aber sehr gescheit, kein Schwätzer.

– Aber bewahre, sicher ein Philosoph, und schön, sehr blond und wahrscheinlich, schätze, zweimeterundfünfzig groß, mit Schnauzbart und geheimnisvollen, moosgrünen Augen ...

– Ganz richtig, zwischen moos- und flaschengrün. Reiß mir jetzt den roten Faden nicht weg, Christof!

– Ich sehe gar keinen roten Faden mehr. Ich sehe nur noch moosgrüne Fäden, überall in der Luft. Deine Haare sind auch schon ein bißchen grün. Komm, ich rieche Kaffee. Die Aussicht ist nicht übel. Schade um das Marmeladebrot und den Landschulheimkaffee in der fröhlichen Jugendherberge ...

– Sag mal, Christof, bist du eigentlich höhensicher, ich meine, bleibst du auf dem Teppich auf 3000 Meter, oder kriegst du einen Koller . . .

– Ich bin von jeglicher Art Koller sehr weit entfernt. Aber dieser moosgrüne Mensch beunruhigt mich. Das kann ja heiter werden, wenn du in diesem Zustand an unsere arme Mami schreiben willst.

– Dazu will ich dir gleich mal was sagen, als Stichwort Nummer drei. Unsere Mami ist keine arme Mami. Die ist zugebuddelt, bis zum Hals, aber an der ist mehr dran, als du denkst. Bei mir war das heute nacht wie lauter Offenbarungen. Ich weiß auch nicht warum. Ich hatte, so ähnlich wie du vor kurzem mit Vati, ganz für mich einen kleinen Mamirausch. Jedenfalls ist mir klargeworden, daß wir nur die Hälfte von ihr kennen. Sie vielleicht auch. Das ist es ja, was mich so aufregt. Die ist zugebuddelt, und man weiß nicht, was dahintersteckt.

– Also, liebe Vroni, mir ist noch etwas moosgrün vor Augen und leicht dunstig. Ja bittschön, Fräulein, zwei Frühstücke, komplett, jawohl, und zweimal Fruchtsaft, vielen Dank. Mensch Vroni, das ist ja phantastisch hier oben. Mir ist überhaupt nicht nach Arbeit. Schlürf nicht so laut.

– Was kann ich dafür, daß die hier auch die Milch noch heiß liefern?

– Gieß ein bißchen Fruchtsaft dazu! Also, wenn Mami so lange eingebuddelt war, ist sie vielleicht schon etwas verwest, an den vergrabenen Teilen, entschuldige, zieh die Stirn nicht so kraus, ich weiß, das ist etwas unpassend, was ich da sage. Bei den Mumien macht das ja auch nichts. Werd doch nicht gleich wütend, ich muß erst mal warmlaufen, ich muß mich auch erst ausbuddeln, obendrauf liegen immer die blödesten Witze bei mir, das könntest du doch allmählich wissen. Ich hatte Mami irgendwie aufgegeben. Die würde halt allmählich, in meiner Vorstellung, falls ich eine gehabt habe, ein hellgrauer Panther ohne große Perspektive. Wenn du das anders siehst, um so besser, ich meine, ich würde vielleicht auch einen ganz anderen Zugang zu ihr kriegen. Es ist ein trauriges Thema. Ich wußte gar nicht, wie resigniert ich war. Was an ihr mal dran war, als Studentin, und als noch Gäste ins Haus kamen, das kommt mir vor wie eine versunkene Welt, aber von heute aus gesehen waren das eigentlich ganz interessante Leute, die sie anschleppte, anders als die korrekten Herren aus Vatis Betrieb mit den Reklameanzügen ...

– Na also. Und weißt du, wie etwas von der versunkenen Welt am schnellsten wieder zum Vorschein käme?

– Nein.

– Ich schäme mich, es auszusprechen, weil es mir auch so gegen den Strich geht, und gegen meine Gefühle für Vati, und meine Hoffnungen, mit ihm auch offen reden oder etwas anfangen zu können. Ich komme mir vor wie jemand, der den Riß noch vergrößert oder endgültig macht, als ob er nicht längst schon nicht mehr zu überbrücken wäre. Wirst du mir auch nicht böse sein?

– Ich glaube nicht, Vroni. Der Nebel vor meinen Augen verschwindet allmählich. Vielleicht haben wir den gleichen subversiven Gedanken ...

– Was ist denn schon wieder subversiv? Aber kurz bitte, Christof.

– Subversiv ist, wenn Leute heimlich versuchen, bestehende Verhältnisse zu verändern oder umzukrempeln, und die Mächtigen wollen es nicht und sperren die Subversiven ein. Immobilienspekulanten sagen, wenn Studenten oder Lehrlinge leerstehende Häuser besetzen und sie reparieren, das sei subversiv, weil die denken, die wollen dann auch ihre Bankkonten reparieren oder besetzen ...

– Ach so. Ganz verstehe ich es noch nicht, aber ich will auch etwas verändern, was zuerst einmal weh tut. Ich fände es nämlich am besten, wenn Vati bald ausziehen würde. So, jetzt weißt du's.

– Donnerwetter, Vroni, du gehst ja ganz schön ran. Wie willst du ihm das denn beibringen?

– Daruber reden wir morgen, ob wir ihm so etwas schreiben, oder lieber mit ihm sprechen, oder ob er längst das gleiche denkt, oder ob das alles noch Zeit braucht. Da hat Gerda ja etwas mitzureden. Wenn die sich ab und zu treffen, oder wenn er dort schläft, statt auf Dienstreise zu gehen, ist das etwas anderes, als wenn die plötzlich ständig in der gleichen Wohnung sitzen.

– Du, Vroni, in deinem Mustopf entsteht allmählich Gulaschsuppe, oder Rehragout, oder sonst was Scharfes. Ich kann nur staunen. Mir leuchtet es aber ein, weil ich das gleiche auch schon gedacht habe, nur nicht so klar. Ich fände es inzwischen auch besser, Vati außerhalb unserer Wohnung zu treffen. Bei uns triffst du ihn eh nicht, ich meine, als Person, selbst wenn er durchs Haus schleicht und leiblich anwesend ist.

– Genau. Er macht Besuche bei uns, und dann wird die Luft dick. Ich würde ihn lieber selbst besuchen, wenn er das will. Wir müssen nur rauskriegen, was Mami darüber denkt. Das ist heikel. Ich glaube, daß sie dauernd schwankt, zwischen Rausschmeißen und ohnmächtigem, leidendem Zuschauen. Jetzt riecht es aber verdammt nach Verschwörung zwischen uns! Als ob wir die Fäden in der Hand hätten, oder wenigstens einen Trennungsfahrplan entwerfen. Aber weißt du, wir müssen einfach drüber nachdenken. Machen können wir eigentlich gar nichts, nur: uns vorbereiten, oder ein paar gute Gedanken bereithalten, damit die sich nicht über uns auch noch dauernd den Kopf zerbrechen und meinen, das müßte alles mit Schonung und im Nebel vor sich gehen.

– Du, Vroni, das wird eine komische Zeit, die nächsten Monate. Alle sind unsicher und tasten herum und haben Angst, es wird schlimm. Aber man kann die Wochen oder Monate auch so sehen, daß jeder Zeit hat, herauszufinden, wo's bei ihm lang geht. Wenn ich heute, und ohne weitere Entwicklung, wählen müßte, bei wem ich bleiben will, dann würde ich zu Hause bleiben. Das mit Vati ist noch so frisch, so unsicher. Das könnte jeden Tag wieder kaputtgehen.

– Sei nicht so traurig, Christof. Er mag dich ja. Ich glaube, *er* hat auch Angst, er verliert dich, und er wird auch etwas dafür tun, daß es gut geht, nicht nur du. Außerdem bin ich ganz sicher, daß die jetzt viel zusammen reden im Urlaub, ich meine, Vati und Gerda. Ich habe heute nacht etwas Komisches geträumt, nicht nur komisch, auch schön. Ich war so müde, daß ich fast nicht mehr stehen konnte, und da hab ich mich so gegen deinen Rücken gelehnt. Es war nicht klar, ob du es merkst oder nicht. So stand ich ziemlich lange und wurde allmählich wieder stärker.

– Hm, darf ich dir noch etwas einschenken? Willst du noch ein weiches Ei, weil heute Mittwoch ist, oder einen Joghurt? Du hast ja sogar im Traum noch schöne Gedanken. Bei mir sieht's da manchmal etwas düsterer aus, mit Krieg und so, und Verwundeten und Toten. Ich liege dann oft ziemlich lange wach und bin auch heute gar nicht für die schwierige Abfahrt, sondern höchstens für den weichen Sonnenhang hier oben. Ich kann ja mal probieren, so ruhig und elegant zu fahren wie du. Und was machen wir mit dem Brief, Vroni?

– Da gehen wir gleich ran, bevor hier der Rummel losgeht. Wir brauchen keinen langen zu schreiben, auch nicht viele Einzelheiten. Eher etwas über unsere Stimmung, und daß wir nachdenken, an sie denken, nicht zu traurig sind und die Zukunft nicht als pures Unglück ansehen. Mehr etwas zur Beruhigung und Aufmunterung. Sie muß sich ja auch erst daran gewöhnen, daß wir mitdenken und denen und uns plötzlich anders gegenüberstehen. Der Joghurt ist Spitze, das Ei kannst du essen. Im übrigen habe ich einen leichten Kaffeeschwips. In der Jugendherberge, das scheint etwas anderes zu sein als der Kaffee hier oben. Ich glaube, ich habe Herzklopfen.

– Dann laß den Rest stehen, hier sagt niemand: bitte aufessen, obwohl ich das nicht leiden kann, wie Annette das macht, immer voll den Teller und die Tassen, und nach ein paar Löffeln oder Schlucken aufstehen und wegrennen. Das war bei uns früher noch anders.

– He Christof?

– Was?

– Kannst du dich an deinen letzten Satz noch erinnern, den du grade gesagt hast?

– Wieso? Das mit den Tellern und Tassen? Was ist damit?

– Nein, ich meine den allerletzten Satz?

– Aber das war doch der letzte Satz!

– Nein, Christof, der allerletzte Satz hieß: ›Das war früher bei uns noch anders‹. Das ist ein merkwürdiger Satz. Du bist sechzehn, ich vierzehn, und wir reden über Annette, wie Eltern von den früheren Zeiten reden, wenn sie sagen wollen: bei uns war die Erziehung noch streng und richtig. Findest du das nicht merkwürdig?

– Nicht so arg, ein bißchen. Fast zehn Jahre sind zwischen mir und Annette. Ich glaube, mich haben die am meisten dressiert, oder es versucht. Wie ein Paradekind! Ich habe dich ja oft beneidet, weil die da schon lässiger waren. Sicher, bei Annette hab ich fast zugeschaut wie bei einer anderen Generation, eine Mischung aus Bruder und kleinem Onkel. Du hast aber recht, der Satz klingt doch komisch. Ich rede wie Vati früher, wenn er seine Strenge rechtfertigen wollte. Ich schäme mich ein bißchen. Ich glaube, ich hab genau so streng geredet wie er.

– Stimmt, darum ist mir's auch so aufgefallen. Mach dir nichts draus, Christof. Was werden wir nur alles eingebaut haben in unseren Charakter? Wir gehen gleich an die Arbeit. Weißt du, was ich für ein Gefühl habe? Ich merke, wie ich etwas von der Frau Severin in mir wachsen lasse. Ich bewundere sie, und ich rede, auch wenn ich allein bin, oft mit ihr. In manchem möchte ich so sein wie sie ...

– Also, Vroni, ich glaube, wir machen es wie vorgestern. Wir setzen uns getrennt vor unseren Schreibblock, aber so, daß wir uns sehen können. Einverstanden?

– Klar, Christof, das war eine gute Sache, jeder für sich, und ich weiß und sehe doch, daß du nebendran an der gleichen Arbeit sitzt. Keiner hier weiß, was für komplizierte Briefe wir an eine komplizierte Familie entwerfen. Manchmal denke ich: wenn die wüßten! Du, Christof, ich bin stolz auf uns, ein bißchen. Ist das schlimm?

– Wenn du nicht angibst damit, bestimmt nicht. Ich bin hauptsächlich stolz auf dich, und also auch auf mich, weil ich dein Bruder bin.

– Christof, du Spinner, sei still, ich fang sonst an zu heulen oder ich knall dir eine!

17
Vroni entwirft einen Brief an die Mutter und versucht, sich in ihre Lage zu versetzen

– So, Freunde, drüben sitzt Christof und kaut an seinem Kuli. Er arbeitet schon an dem Brief an Vati, oder an die beiden. Ich weiß ja noch nicht, wie wir uns einigen werden. Ich kann nicht gleich anfangen zu schreiben. Ich muß erst mal Luft holen und zum Fenster rausschauen und vielleicht mit euch, wenn das geht, meine Gedanken ordnen. Es ist merkwürdig: ich kenne euch nicht, und trotzdem denke ich manchmal an euch. Ihr wißt schon, was ich meine. Vielen von euch geht es so wie uns, und selbst wenn es bei euch nicht so schlimm war wie bei uns, oder auch noch schlimmer, ach je, das gibt's ja auch, dann tut es gut, wenn man ab und zu denken kann: du bist nicht total allein, sehr viele andere Kinder machen sich vielleicht in der gleichen Stunde oder am gleichen Tag ähnliche Gedanken und haben ähnliche Sorgen. Am liebsten wäre ich jetzt mit denen von euch zusammen, die alles schon geschafft haben, ich meine, wo ›danach‹ wieder Ruhe eingekehrt ist, oder wo vielleicht sogar alle aufatmen und sich nicht zu schlecht fühlen. Habt ihr gemerkt, daß das Wort ›danach‹ in Anführungszeichen steht? Ich kann das Wort ›danach‹ gar nicht ruhig aussprechen. Mir wird ein bißchen schwindelig, wenn ich davon rede. Das liegt hinter der Nebelwand, ihr wißt schon. Also, diejenigen, die ein ›Danach‹ schon kennen, die bräuchte ich jetzt, zum Mitdenken. Denn ich möchte ja an Mami irgend etwas über ein Danach schreiben, ich meine, nichts Genaues, aber ihr sagen, daß ich an ein Danach glaube, das keine Katastrophe sein muß. Wißt ihr, warum ich das glaube? Wenn es Streit gab, waren sicher oft alle eklig zueinander. Und daß Vati so lange *heimlich* eine Freundin hatte, das habe ich ihm noch nicht verziehen, oder ich kann ihn einfach noch nicht verstehen. Ich probier's, und dann ist da oft wieder nur die blanke Wut, oder wenn ich mit Mami Streit habe, die Wut auf Mami: daß sie das nicht verhindern konnte, daß sie ihn nicht mehr gefesselt und fasziniert hat. Ja, stellt euch das vor, ich bin auf Mami wütend, daß er sie nicht mehr so gemocht hat! Ist das nicht verrückt? Kann sie etwas dafür? Kann sie nichts dafür? Sie ist doch eine Person für sich, und trotzdem ist sie manchmal mehr und manchmal weniger wert für mich, je nachdem, wie stark Vati sie mag. Überhaupt macht mich das innere Schwanken verrückt. Frau Severin sagt, das ist normal. Aber für mich ist es nicht normal. Ich wäre gern ruhiger und hätte nicht so oft Gefühle, die sich widersprechen. Ich muß mich jetzt, ohne euch zu kennen, darauf verlassen, daß einige oder viele von euch das verstehen. Sonst fühle ich mich zu allein.

Wie haben sich denn eure Mamis ›danach‹ wieder eingekriegt und weitergemacht? Oder ist es bei vielen von euch umgekehrt gegangen: daß die Mami sich zuerst von der Familie entfernt hat? Haben manche von euren Müttern vorher, ich meine, bevor ihr auf die Welt gekommen seid, oder während ihr noch klein wart, schon einen Beruf gehabt? Oder haben sie nebenbei weiter gearbeitet? Habt ihr gar ein Kindermädchen gehabt? Oder seid ihr Schlüsselkinder? Solche, die irgendwo abgeliefert wurden, zum Aufpassen? Oder habt ihr eine Omi gehabt, oder habt sie noch? Was ist in euren Mamis vorgegangen? Sind manche von euch schon so alt, daß ihr mit den Müttern darüber wie über etwas Vergangenes sprechen könnt? Sind manche von euch schon mit ihrer Mami ›befreundet‹, so wie meine sich das für die Zukunft vorstellt? Bei mir dreht sich schon wieder alles, vor lauter Fragen. Kann ein Kind wie ich seiner Mami Mut machen? Und wie macht man das? Ich hätte ja selber gern, daß sie sich wieder ausbuddelt, auch wenn es mir ein bißchen Angst macht, ob sie dann noch so viel Zeit hat. Wie buddelt man Mamis aus? Komische Frage. Kann, oder vielmehr, *darf* ich ihr raten, daß sie sich bald von Vati trennt? Manchmal denke ich, sie ist vielleicht dankbar, und dann wieder kriege ich Angst, daß sie mir einfach eine knallt. Das ist natürlich verrückt, weil es nicht zu ihr paßt. Und doch denke ich es. Weil es so eine starke Einmischung ist. Trotzdem, ich bin ja davon betroffen. Findet ihr, daß es frech ist, oder anmaßend, wenn ich mitreden will? Nein, das glaube ich nicht. Denn wißt ihr was? Ich buddle mich auch aus! Ja, das ist ein toller Gedanke! Mensch, wir buddeln uns alle irgendwie aus. Bei Christof ist das ja ganz klar. Denkt nur an sein inneres Kabarett. Das finde ich Klasse, wenn auch ein bißchen unheimlich. Ich möchte wissen, wie er mich dargestellt hat. Manchmal sicher als die Doofe, die aus dem Mustopf. Na ja, ich buddle mich heraus aus dem Mustopf, auch wenn es ganz schön mollig warm drin ist. Die Frau Severin hilft mir beim Ausbuddeln. Habt ihr auch so jemand gehabt? Ich hoffe es. Allein ist es viel schlimmer. Das Tolle an ihr ist, daß sie unparteiisch ist. Oder fast. Na gut. Ich will an Mami schreiben, und jetzt könnte es schon besser gehen. Sie wird nicht zu böse sein, wenn der Brief anders klingt als alles, was sie bisher von mir gehört hat. Da muß ich Christof bewundern, wie der sich an dem Abend mit dem großen Streit einfach einen Standpunkt erkämpft hat, trotz Angst und Bauchweh. Und Vati ist trotzdem mit ihm verreist. Also los!

– Hallo, Kinder! Seid ihr wieder da? Nein, ich bin wieder da. Ich war nämlich mit Mami zwei Tage verreist, zu ihrer Freundin. Ich sag euch lieber gleich, daß ich die Annette bin, dann müßt ihr nicht so lange raten. Was habt ihr gemacht, während ich nicht da war? Habt ihr was von Vroni und Christof gehört? Ich nicht, seit der letzten Karte. Die hängt über meinem kleinen Tisch an der Wand. Aber auf die Reise habe ich sie mitgenommen. Mami und ihre Freundin mögen sich sehr. Sie haben viel von früher geredet. Und dazwischen haben sie ganz viel französisch gesprochen, zum Gucken, ob sie es noch können. Da habe ich nicht so viel verstanden. Nur ›bonschur‹ und ›merssi‹ und ›awewu biäh dormi‹, das heißt nämlich: ›ausgeschlafen, mein Herr‹, oder sowas. Und dann hat Mami viel nach Frankreich telefoniert und mit denen auch französisch geredet. Ich glaube, sie kann gut Französisch, schneller wie Deutsch. Das hättet ihr vielleicht gar nicht gedacht. Ich auch nicht. Mit den Puppen habe ich auch probiert, französisch zu reden, aber sie können es noch nicht so gut. Und dann hat sie den Brief von Vati aus Italien aufgemacht. Im Zug hat sie ihn immer nur angeguckt und umgedreht. Aufgemacht hat sie ihn erst, als wir dort waren. Da müssen komische Sachen dringestanden haben! Denn bis sie fertig war, hat sie zuerst geweint, dann geschimpft, dann gelacht, dann wieder geweint, dann noch ein bißchen geschimpft, und zuletzt ist sie zu ihrer Freundin gerannt und hat ihr alles erzählt und hat wieder geschimpft und gelacht und geweint, und dann hat sie die Freundin in den Arm genommen, oder die Freundin Mami, und die Freundin hat zu ihr gesagt: ›Ach, sei froh, jetzt ist es bald überstanden, und dann fängst du neu an.‹ Mit was sie neu anfängt, weiß ich nicht. Weil Vati, glaube ich, ausziehen will, vielleicht im Sommer, wenn da der Möbelwagen kommt. Vielleicht mit heiraten oder so. Aber wen soll sie heiraten, wenn Vati weggeht? Das habe ich überhaupt nicht verstanden, und sie haben es mir auch nicht erklärt, mit was Mami anfangen soll. Sie haben immer nur gesagt: ›Mit Leben, mein Schatz, mit Leben‹, und das habe ich wieder nicht verstanden, und da ist mir auch die

Decke auf den Hals gefallen, und ich mußte husten. Warum lacht ihr? Meint ihr, ich hätte wieder was Drolliges gesagt? Ich weiß es doch, es heißt nicht ›auf den Hals‹, sondern ›der Kopf ist mir auf die Decke gefallen‹. Menschenskind, das ist doch nicht so wichtig. Wir sind doch nicht in der Schule. Redet ihr immer richtig? Ihr Angeber. Ich fange jetzt auch ganz neu an. Mit was, das sage ich euch nicht. Nur wenn ihr's wissen wollt: mit Puddingkochen oder mit Malen. Tschüß, ihr Lümmel. Ihr müßt noch viel lernen. Vielleicht bleibt ihr noch sitzen, paßt nur auf!

Vroni Saas Fee, Mittwoch nach Ostern 1981

Liebste Mami,
bitte sei nicht erstaunt oder gar böse über diesen Brief, der für Dich vielleicht wie eine Einmischung ist. Aber Christof und ich haben in den letzten Tagen, und auch schon in den letzten Monaten, so viel über Euch oder über die ganze Familie geredet, daß es endlich Zeit wird, daß Du etwas davon weißt. Dir muß ich ja nicht erst sagen, wie sehr ich Dich mag. Die letzten zwei Jahre waren für Dich bestimmt sehr schwer, vielleicht für alle. Es war ziemlich schlimm, wenn Ihr Euch so gestritten habt, und auch wenn es keinen Streit gab, ich meine offenen Krach, war die Stimmung furchtbar. Ich kann mir ganz gut vorstellen, wie es Dir oft zumute war. Von Vati weiß ich das weniger. Christof und ich machen Euch keine Vorwürfe, aber Ihr müßt auch nicht so tun, als könnten wir das alles nicht verstehen. Ich werde auf jeden Fall bei Dir bleiben . . . Ach, Mami, ich wollte einen so schön aufgesetzten Brief schreiben, und jetzt ist dieser Satz rausgeschlüpft, ohne Vorbereitung. Also, es scheint doch klar, daß Ihr Euch trennen werdet, und da kommt sicher noch allerhand auf uns zu. Christof und ich denken jedenfalls, daß es besser ist, wenn Vati bald geht. Das darfst Du nicht so verstehen, daß wir denken, er sei allein schuld, obwohl ich manchmal sehr wütend auf ihn bin . . . Ach, Mami, ich kann nicht alles so klar hinschreiben, wie es mir manchmal im Kopf schon ist. Du darfst auch nicht gleich verletzt sein. Wir meinen, beide haben vielleicht nicht immer richtig gehandelt, obwohl für Dich vielleicht alles schlimmer ist. Bitte, versteh doch, daß ich jetzt nicht

einfach schreiben kann: Vati ist an allem schuld, nur um Dich zu trösten! Deshalb bin ich gleich so rausgeplatzt, daß ich auf jeden Fall bei Dir bleibe. Wenn Vati geht, wird es wieder friedlicher. Ich will ihn nicht lossein, im Gegenteil, aber so, ich meine, wenn er noch lange bleibt und doch schon mit Gerda befreundet ist, wird ja alles noch schlimmer. Da ist es besser, wenn wir ihn ab und zu besuchen. Und Du kannst vielleicht etwas Neues anfangen. Darüber haben wir viel gesprochen, und Du weißt ja, daß ich auch mit Frau Severin spreche. Du kriegst ja weiter Geld von ihm und mußt nicht gleich selbst Geld verdienen. Aber Christof und ich denken, daß, wenn wir alleine wohnen, Du vielleicht wieder andere Leute triffst, wie früher, und vielleicht etwas arbeiten kannst, was Dir Spaß macht. Christof und ich finden es sehr gut, daß Du so viel Zeit gehabt hast für die Familie. Das hat uns allen gutgetan. Aber Du fühlst Dich vielleicht besser, wenn Du selbst wieder etwas unternimmst. Wir wollen Dir nicht dreinreden, wir wollen Dir nur unsere Gedanken sagen. Über all diese Sachen konnte ich bis jetzt noch nicht mit Dir reden. Christof sitzt drüben am Tisch und probiert einen Brief an Vati, in dem wir auch ihm unsere Gedanken schreiben. Überhaupt sollst Du ruhig wissen, daß Christof und ich wie Freunde geworden sind. Vielleicht hast Du es schon gemerkt. Du sollst nicht denken, daß wir ohne Vati keine Familie mehr sind. Und außerdem ist er ja nicht über alle Berge. Das heißt: jetzt grade schon, und ich weiß, daß Dich das verrückt macht. Oh, Mami, ich finde vielleicht nicht den richtigen Ton, aber Du sollst merken, daß ich an Dich denke.

Christof ist ganz zufrieden von der Reise mit Vati zurückgekommen. Er sagt, die Beziehung hat sich verändert. Er will vorerst auch bei uns bleiben. Aber er sagt, er kann sich vorstellen, daß er später bei Vati lebt und uns oft besucht. Ist das schlimm für Dich, oder kannst du es auch verstehen? Annette und ich bleiben ja bei Dir.

Liebe Mami, entschuldige, wenn ich mich so einmische, aber ich glaube, daß Du mit vielen Sachen, die Du liegengelassen hast, ich meine, Studium und so, wieder etwas machen kannst. Vielleicht bist Du ja auch heimlich schon dabei, Du liest ja soviel Französisch.

Wenn ich Vati trotzdem mag, sollst Du nicht böse sein und

denken, ich halte nicht zu Dir. Aber Christof und ich sind jetzt keine kleinen Kinder mehr. Das hast Du sicher auch gemeint neulich, als Du gesagt hast, wir könnten vielleicht Freundinnen werden. Ich will es sehr gerne, Mami. Christof sagt wie ein erwachsener Mensch: ›das braucht alles Zeit‹. Wie Frau Severin! Es ist am besten, wenn Vati zuerst allein auszieht, dann haben wir alle Zeit zu gucken, wie es weitergeht. Christof und ich meinen, daß wir uns alle verändern werden, ich meine, in den Rollen, die wir bis jetzt gehabt haben. Weißt Du, was wir für ein Wort gefunden haben für Dich, ich meine, über die letzten Jahre: daß Du zugebuddelt warst vor lauter Familie, und daß Du ausgebuddelt gehörst! Lach nur nicht über mich. Ich glaube auch, und hoffe es sehr, daß eine ganz versteckte Mami zum Vorschein kommt, die mir sehr gefällt. Tschüß, Mami, das ist der längste Brief in meinem Leben, und Du mußt ihn nur ein paar Mal lesen, dann bist Du nicht mehr böse. Ich umarme Dich

Vroni

So, Freunde, wißt ihr, wie ich mich jetzt fühle, nach diesem Brief? Uff, schwer und leicht auf einmal. Schwer, weil alles so ernst ist. Fast feierlich war mir manchmal zumute beim Schreiben. Uff. Ihr werdet das schon kennen, wenn auch nicht alle. Habt ihr auch solche Briefe geschrieben, oder andere? Wenn ich ihn selbst wieder lesen würde, dann wüßte ich, an welchen Stellen mir die Hand gezittert hat. Die Schrift sieht ganz durcheinander aus. Mami merkt es bestimmt, und dann kann sie erst recht nicht böse sein. Sie könnte sogar ein bißchen stolz sein. Und leicht ist mir, weil ich es geschafft habe. Die Berge sehen noch schöner aus als sonst. Aber es wird allmählich voll hier, und laut, und Christof schreibt immer noch. Den hole ich jetzt einfach raus aus seinem Dichten.

18
Christof schreibt einen Brief an den Vater und setzt alles auf eine Karte

– Christof!

– Ja! Bist du fertig? Beneidenswert. Aber ich hab auch das meiste. Ich bastle am letzten Abschnitt, an der Schlußmusik. Soll nicht zu feierlich werden, wenn's geht, etwas poppig. Ich glaub, ich hab ganz schön zugelangt zwischendrin. Ganz neue Töne für unsereinen . . .

– Du machst mich ziemlich gespannt.

– Ach so, Vroni, du willst das auch noch *lesen?* Verflucht! Ich habe über dich, oder euch, ja auch was geschrieben. Na gut, gib mir mal deinen Schulaufsatz, dann tauschen wir, falls du mein Gekrakel lesen kannst. Wie sagt Mami immer so begeistert: da braucht man ja einen Schriftdeuter!

– Du kannst ihn mir ja vorlesen, Christof!

– Ach so, Dichterlesung? Da werd ich an manchen Stellen ganz schön flattern. Aber gut, ich probier's, paß auf:

›Saas Fee, so anno Ostern 81, ziemlich hoch oben, 3000 Meter.

Werter Papa . . .‹

– Christof, halt mal, darf ich dich eigentlich unterbrechen, wenn du liest?

– Nein.

– Über das ›Werter Papa‹ reden wir dann später.

– Richtig. Das ist mit Ober- und Untertönen versehen, falls du das meinst . . .

›Werter Papa, die Reise mit Dir war sehr schön. Eindeutig. Hätte ich nicht gedacht. Du wahrscheinlich auch nicht. Gratuliere, Papa, gratuliere, Christof. Du merkst, ich bin gut gelaunt, obwohl ich überhaupt noch nicht weiß, ich meine, nur ungefähr, was ich schreiben will. Am besten denkst Du, der Brief kommt von einer bisher fremden Person, die sich vorstellen will. Ich hoffe, Du hast eine Flasche Wein vor Dir oder, wenn es Morgen ist, guten Kaffee. Das hilft. Auch in schwierigen Fällen. Das erkläre ich Dir mündlich.

Wir wären, schätze ich, beinahe aneinander vorbeigesegelt auf dieser Welt. Wäre schade gewesen, obwohl ich längst am Schulterzucken war: nichts zu machen mit dem Alten! Pech gehabt! Wird auch so gehen! So weit war's immerhin gekommen bei mir. Lieber Papa, wie froh bin ich, daß es anders gekommen ist, oder anders kommen kann. Du siehst, ich bin da noch ganz unsicher, und Du vielleicht auch. Räusperst Du Dich jetzt, lachend, oder etwas ungemütlich? Weißt Du eigentlich, wie genau ich Dich beobachtet habe? Ich sehe jetzt dauernd Dein Gesicht vor mir, schätze, Du ziehst die Augenbrauen hoch, als käme Dir einer ein wenig zu forsch und flott. Genau so soll es sein! Du kannst ruhig die Augenbrauen heben. Das kann ich aushalten. Mami hat mir manchmal vorgehalten, wieso ich eigentlich *Dich* nie so anpflaume wie sie. Kunststück! Sie hat nicht solche beweglichen Augenbrauen wie Du. Der Brief hat überhaupt nur Sinn, wenn Du weißt, daß ich Deine Augenbrauen nicht mehr fürchte, sondern sehr gut finde. Ich hoffe, Du kannst auf ihren Einsatz als Erziehungsmittel demnächst verzichten. Teufel auch! Solche Töne wollte ich eigentlich gar nicht anschlagen. Trink einen Schluck, Väterchen. Ich trinke hier meistens Dôle. Was trinkt Ihr? Ich meine, Du und Gerda? Bestell Dir ruhig einen Grappa dazu. Der bekommt mir inzwischen auch ganz gut.‹

– Christof, ich halt es nicht mehr aus, du bist ja wahnsinnig, das ist doch nicht dein Kumpel! Du gibst ja an wie ein Ochse!

– Halt die Klappe. Er kann es werden, ich meine, ein Kumpel, wenn er Format hat. Das ist jetzt alles wieder Nervensache. Mach nicht in die Hosen. Ich setze alles auf eine Karte. Wenn er nicht aufpaßt, ich meine, wenn er nicht mitkommt, geht's ihm wie seinem eigenen Vater. Die Story hat mich immer beeindruckt, echt. Also, reiß dich zusammen. Wo waren wir? Aha . . neuer Satz:

›Es könnte noch gut werden zwischen uns. Aber Du mußt wissen, daß ich Dich fast aufgegeben hatte. In Italien fand ich Dich toll. Ich war stolz auf Dich, ich bin es. Aber nicht wegen Deinem Managerposten. Sondern wegen allem, was Du außerdem noch weißt und denkst und fühlst. Mensch, Du hast ja ein Innenleben! Und sogar ein reichhaltiges. Entschuldige, wenn ich jetzt manchmal nicht den richtigen Ton finde. Du bist da übrigens nicht viel besser. Gehört in Klammer! Gut, Vati, Du imponierst mir, und ich mag Dich. Aber ich traue weder Dir noch mir. Verstehst du? Als Du erzählt hast, ich meine, so aus Deiner Kindheit und Jugend, und später einiges aus der Geschichte mit Mami, da hab ich zuerst gemerkt, wie einsam *Du* warst. Und nach der Abreise von Dir, im Zug, hat es mir gedämmert, wie einsam *ich* war in dieser Familie. Ich habe es fast für normal gehalten, obwohl ich von Freunden wußte, daß die mit ihren Eltern reden können. Pech gehabt, dachte ich. Da war wohl der falsche Weihnachtsmann da. Ich traue *Dir* nicht, weil alles so neu ist. Deshalb brauche ich Zeit. Ich möchte Dir trauen. Aber eine solche Reise ist zuwenig. Ich will nicht anspruchsvoll sein, aber ich habe Nachholbedarf, und meine Zweifel sind noch größer als mein Erstaunen. Und ich traue *mir* nicht, weil ich mich in dieser Gefühlssparte, in die mich das bringt, überhaupt noch nicht auskenne und nicht weiß, wie ich reagiere. Das heißt: ob ich diesen unerwarteten Übergang aushalte. Verstehst du? Prost.

Ich habe mir überlegt, ob Du diesen Brief alleine liest oder gleich mit Gerda zusammen. Da haben wir das Problem: Du bist nicht mehr allein, und ich kenne die Dame kaum. Ich vertraue darauf, daß Du ihn zuerst alleine liest, aber ich bin einverstanden, daß Du mit ihr darüber sprichst. Ich glaube, daß ich sie gut finde, Du Schuft und Heimlichtuer. Aber alle Achtung . . .‹

– Christof, Pause, mir ist ein bißchen schwindelig. Bestell mir doch noch was Leckeres, zur Beruhigung.

– Okay, ich spendier dir ein Birchermüsli, das soll gut sein für die Nerven. Und weißt du, was ich trinke, damit es mir nicht aus dem Hals staubt beim Vorlesen? Zwei Dezi Dôle!

– Am frühen Morgen? Wir müssen doch noch abfahren!

– Eben, Vroni, deswegen. Das verbessert ungemein die Kurventechnik. Außerdem will ich ihm zuprosten können, merke ich, in die Ferne. Prost Papa! Wie ich ihn kenne, hält er sich an seinen Barbera. Kann's weitergehen? Okay: bei dir verliert man selbst bei Schriftstücken den roten Faden, Vroni, wie schaffst du das? Ach so, ich hatte ihm grade meine Hochachtung bezeugt. Neuer Satz:

›Du kommst mir vor wie ein Gangster, mit dem ich zufällig etwas zu nahe verwandt bin. Aber ich habe Respekt vor Dir. Trotzdem, lieber Papa, möchte ich Dir hiermit, nach eingehender Beratung mit Vroni, nahelegen, demnächst auszuziehen. Ich schätze, das würde allen Beteiligten gut bekommen, einschließlich mir. Obwohl ich, wie Du weißt, gut auf Tauchstation gehen kann. Du kannst Dich besser tarnen, ich kann besser wegtauchen. Zwei ansehnliche Einheiten der Mittelmeerflotte. Ich bin also in Italien neben Dir aufgetaucht und konnte gut ein paar Tage bei Dir angetakelt an der Breitseite liegen. Weg von dem blöden Militärjargon! War eher Zufall. Prost. Ich fände Deinen baldigen Auszug fair, weil Du doch nur noch Gast bist. Ich wäre lieber bei *Dir* zu Gast, und sogar oft, als Dich bei uns wie ein Geisterschiff aufkreuzen zu sehen. Mit den bekannten Folgen. Ich rede jetzt etwas großspurig, weil es, wie Du vielleicht merkst, um unsere Zukunft geht, also um meine in bezug auf Dich. Ich könnte mir nämlich vorstellen, und wünsche es irgendwo ganz stark, mit Dir, oder Euch, zusammenzuziehen. Falls Du, oder Ihr, verdammt, mich wollt. Aber da werdet *Ihr* Bedingungen stellen, und ich möchte auch welche stellen. Ich weiß nicht, ob ich dazu das Recht habe, ich meine, juristisch. Aber wenn ich irgendwann zu Dir ziehe, muß die Beziehung sich verändern. Ich muß a) mehr Spielraum haben und b) sicher sein können, daß ich mit Dir reden kann. Dazu gehört c) die Gewißheit, daß Du nicht denkst, Du müßtest mich noch einige weitere Jahre einem Erziehungsprogramm unterziehen! Denk doch an Deine eigenen Gefühle, als Du sechzehn warst! Ich habe eigentlich gar keine Lust, mich demnächst alleine durchzuschlagen. Ich kann mir durchaus vorstellen, beim Rest der Truppe zu bleiben und in Ruhe das Abitur zu machen. Falls ich es schaffe. Aber lieber würde ich irgendwann zu Dir ziehen, oder zu Euch, und etwas von Dir haben. Was Du von mir haben könntest, weiß ich nicht. Aber ich war sehr froh, daß ich Dich glücklich und offen gesehen habe. Mit mir! Prost.

Fast hätten wir uns verpaßt. Oder ich Dich. Mir war nie klar, ob ich Dir etwas bedeute. Du warst immer ein paar hundert Meter weiter oben, unerreichbar. Und hast von Deiner Höhe herunter pädagogisch in mir herumgestochert. Prost. Das war höchst unbekömmlich und hat mich an endgültige Trennung denken lassen. Der Dôle ist verdammt gut, selbst am frühen Morgen! Ich war ziemlich verzweifelt, weil ich dachte, ich werde nie gut genug für Dich sein. Als Du mir von Deinem Vater erzählt hast, habe ich kapiert, daß Du auch nie respektiert worden bist als Kind oder als junger Mensch. Hättest Du ja nicht gerade so perfekt wiederholen müssen! Ich war sehr glücklich in Italien, aber ich hatte auch eine Sauwut auf Dich. Es könnte übrigens sein, daß ich Dir, selbst wenn Du wieder zurück bist, oder auch schon ausgezogen, ab und zu Briefe schreibe. Ich kann so besser meine Gefühle festhalten und ausdrücken. Wenn Du auftauchtest, habe ich manchmal nur noch einen leeren Kopf gehabt. Verdammt ungemütlich, wenn der andere einen schwachsinnig machen kann! Ich sehe natürlich ein bißchen schwarz, was Deine Zeit angeht, ich meine, die Du für mich aufbringen kannst: Du bist ja jetzt noch unentbehrlicher in deinem Exportladen, und den Rest der kostbaren Zeit kassiert die neue Dame. Respektvolle Grüße! Aber mir ist unklar, wo *unsere* Beziehung da bleibt.

Es ist wahnsinnig schön hier, vor allem durch die Gespräche mit Vroni. Der geht es übrigens ähnlich mit Dir: Du bist eine Art fremder Riese im Haus, der ab und zu mal ein paar Fragen oder Bemerkungen rüberschmeißt. Die kann man dann aufsammeln oder nicht. Wenn Du mit uns etwas zu tun haben willst, müßte sich irgend etwas an Deinem Zeitplan ändern. Um Vroni zu verstehen, oder um etwas von Dir zu erkennen zu geben, bräuchtet Ihr auch ein paar Tage für Euch. Also, obwohl es mich eifersüchtig macht, würde ich Dir raten: verreise auch mal ein paar Tage mit ihr! Ich glaube, das hat aber noch ein bißchen Zeit. Mit Gerda sollte ich auch einmal in Ruhe sprechen, oder sie mit mir. Das geht jetzt alles etwas durcheinander, wer mit wem spricht. Denk immer an *Deinen* frühen Abflug von zu Hause! Das ist keine Drohung. Dir hat ja irgend etwas Menschliches gefehlt. Ich hoffe, daß dieser Brief nicht danebengeht und im Abseits landet. Wäre schade. Lieber Papa, ich möchte, daß dieser verdammte kalte Nebel zwischen uns verschwindet! Vielleicht geht es zuerst wirklich nur mit Briefen. Aber die Reise war wirklich Spitze. Du schienst ja interessiert an mir. Das hat mich fast umgehauen. Also tschüß. Ich werde ganz verlegen sein, wenn ich Dich sehe. Du vielleicht auch. Sprich mit Gerda darüber. Mir kommt es so vor, als ob das gut wäre. Herzlich

Christof

PS. Vielleicht kann uns Gerda sogar helfen, uns zu verständigen.‹

– Mensch Christof, ich find dich einfach toll. Komm, ich will jetzt einfach mal deine Hand halten. Ich bin so wahnsinnig stolz auf dich. Ich habe überhaupt nichts aufgeschrieben, ich habe atemlos zugehört. Von mir aus brauchst du kein Wort zu ändern. Richtig beschützt habe ich mich von dir gefühlt. Aber das war nicht einmal so wichtig. Sondern du trittst ihm wie eine richtige Person gegenüber. Jetzt kann er einfach wählen, ob er dich haben will, dann muß er sich anstrengen, oder ob er auf dich verzichtet, dann ist er ein Idiot. Mensch Christof, unsere Familie ist so angeschlagen, und trotzdem sind alle Personen darin eigentlich prima. Ich bin ganz begeistert, mitten in dieser . . .

– Was wolltest du sagen, Vroni?

– Riesenscheiße! wollte ich sagen, und dann hab ich plötzlich Mamis Stirnfältchen gesehen und gestoppt. So wie du bei Vatis Augenbrauen. Ich sag's aber grad noch mal: ich bin begeistert, mitten in dieser Riesenscheiße!

19
Annette denkt an den Tag, an dem der Möbelwagen kommt und Vatis Sachen mitnimmt

– Hallo, Kinder, ich bin auch noch da, Annette. Immer wenn Vroni und Christof zu euch reden, macht ihr so ernste Gesichter! Und bei mir lacht ihr meistens. Das ist nicht gut. Morgen kommen sie zurück, und Vati auch. Dann wird's turbulent, sagt Mami. Wißt ihr überhaupt, was das ist, turbulent? Na also. Paßt nur auf, ich erklär's euch. Turbulent ist, wenn alles durcheinanderhüpft und umeinanderpurzelt, so daß es ganz unruhig ist, und nichts ist mehr an seinem Platz. Wie in meiner Spielkiste, wenn sie umfällt. Oder halt wie im Kindergarten, wenn die Tante Marlies mal rausgeht und ein paar Kinder streiten und ein paar klettern auf die Tische und ein paar fangen an, mit dem Wasserhahn zu spielen. So schön wie die letzten Tage war es hier noch nie. Trotzdem bin ich froh, wenn sie wiederkommen. Wenn wir zwei Wohnungen haben, also, eine für uns und eine für Vati, dann wird es vielleicht auch besser, und trotzdem bin ich traurig. Vroni und Christof haben diese Woche nur an Mami geschrieben, nicht an mich. Es war auch keine Postkarte, sondern ein ganz langer Brief. Mami hat ihn ganz oft gelesen. Sie hat geweint und gelacht und sich gefreut. Aber es stand nichts Schimpfiges drin, wie in dem Brief von Vati, ihr wißt, den sie bei der Freundin gelesen hat, da hat sie gelacht und geweint *und* geschimpft. Und dann hat sie gesagt: ›Ach, Annette, was habe ich für großartige Kinder, lauter Goldschätze, aber komplizierte.‹ Und dann haben wir angefangen zu kochen. Sie hat nämlich eine Gans gemacht, und ich durfte die Äpfel und die Füllung der Gans in den Bauch stopfen. Es sind fünf Äpfel reingegangen. Und Mami hat den Bauch wieder zugenäht. Dann hat sie im ganzen Haus saubergemacht und Blumensträuße aufgestellt. Jetzt sieht alles sehr schön aus. Und Mamis Freundin ist auch da heute, aber leider nur heute. Mein Schulranzen ist auch schon gepackt. So einen großen Möbelwagen, wie wir für Vatis Sachen brauchen, habt ihr vielleicht noch nie gesehen. Aber vielleicht kommt er erst im Sommer. Man weiß es nicht. Man weiß auch noch nicht, welche Teppiche und Schränke er mitnimmt. Mami sagt zu der Freundin: ›Das gibt noch ein ziemliches Gezerre mit der Teilung.‹ Ich habe Angst, ob die sich an den Haaren reißen, wegen der Tassen und wegen den Teppichen. Das finde ich nicht gut. Oder ob sie einen Teppich auseinanderzerren. Ich muß immer viel denken und bleibe stecken. Gerlinde weiß auch nicht, was ein Gezerre ist. Sie ist wieder da. Ich auch. Jetzt gehe ich, glaube ich, ins Bett, freiwillig. Heute mache ich vielleicht kein Theater, obwohl ich aufgeregt bin. Vroni und Christof kommen so spät, daß es für mich zu spät ist. Aber selbst wenn das Licht aus ist, bleibe ich wach, bis ich sie höre. Wie ich das mache, bis zehn Uhr wachbleiben? Ihr wißt doch, daß ich bis achtunddreißig zählen kann. Das mache ich, das dauert lange, und dann rede ich einfach mit dem Teddy, dann ist es nicht so langweilig. Und dann rede ich noch mit Vati und sage: ›Lieber Vati, du kommst heute auch zurück, aber du schläfst wahrscheinlich nicht bei uns. Trotzdem bist du in der Stadt, und am Dienstag trinken wir vielleicht alle zusammen Kaffee, ich meine, Tante Gerda, du und ich.‹ Mami hat, als ihr alle fort wart, nicht so oft gesagt, ich bin eine Nervensäge. Sie hat viel öfter gesagt: ›Du bist mein Schatz, und dich mag ich.‹ Das ist immer am schönsten, wenn sie das sagt.

Tante Gerda ist ganz toll, aber wenn sie sagt, daß ich aussehe wie das Christkind persönlich, ist es nicht so toll, und ein bißchen komisch, und außerdem sagt sie, ich bin drollig. Das mag ich nicht so gern. Wenn Mami sagt, ich bin ein Schatz, dann weiß ich ganz genau, was sie meint, weil sie mich kennt. Ich weiß auch, was sie meint, wenn ich eine Nervensäge bin, weil sie mich da auch kennt. Ich weiß nicht, ob die tolle Tante Gerda auch eine Nervensäge mag. Ich bin beides: ein Schatz und eine Säge. Tschüß, schlaft gut. Vielleicht bin ich noch wach um zehn, vielleicht auch nicht. Wenn Mami am Bett etwas singt, vergesse ich manchmal, wie es bei siebenundzwanzig weitergeht mit Zählen, und dann schlafe ich ein.

20

Vroni erzählt, wie Christof den Antwortbrief des Vaters liest, und wie erschüttert und glücklich er ist; außerdem stellt sie fest, wie sich im Leben der Mutter einiges ändert

– Liebe Freunde, ein paar Wochen sind vergangen, seit ich mit Christof in der Schweiz war. Ach, es ist so viel passiert, daß ich euch nur das Wichtigste sagen kann. Es war wunderbar, die Tage mit Christof. Nur einmal hatten wir einen sehr sehr schlimmen Streit, als wir nämlich darüber sprachen, was wohl geschehen würde, wenn Vati plötzlich, weil die Gerda ein bißchen verknallt ist in Annette, sagen würde: sie soll zu ihm kommen, also bei denen wohnen. Uns ist auf einmal eingefallen, daß Annette für Vati sehr viel bedeutet, und daß das vielleicht das Schlimmste für ihn ist: sie bei Mami zu lassen. Selbst wenn Christof und ich zuerst einmal dort bleiben, könnten wir ihn besuchen und mit ihm reden. Wir können ihn besuchen, ohne daß uns jemand hinbringen muß. Bei Annette ist das ja anders. Wo sie wohnt, dort lebt sie auch, ganz fest, und entweder Vati muß sie holen, wenn er sie sehen will, oder Mami muß sie hinbringen, oder Gerda macht es. Alles ist gleich schwierig, weil es die Unruhe und den Streit zwischen den Eltern wieder hochbringt. Und Annette braucht es, einen ganz sicheren Halt zu haben bei einer Person. Christof war auf einmal unsicher, ob Vati nicht ein

Recht hat, Annette mitzunehmen. Ich konnte schon das Wort nicht ausstehen, es ist das gleiche Wort wie für Möbel und Teppiche: mitnehmen. Und ich fand es unerträglich, auch für Annette, als ich merkte: über sie wird vielleicht einfach entschieden. Oder: wenn man sie fragen würde, also, wenn Vati locken würde, ihr ein schönes Zimmer in seiner neuen Wohnung versprechen würde, dann wäre sie wahnsinnig zerrissen. Sie würde ja verrückt, wenn sie entscheiden soll, wohin sie will. Ich dachte: niemals darf Vati Annette vor diese Entscheidung stellen, weil es für Annette dann so sein wird, daß sie entweder ihn oder Mami furchtbar enttäuschen und verraten muß. Und das hält sie nicht aus. Stellt euch doch vor, sie sagt: ›Ja, Vati, ich will mit dir gehen‹, und dann sieht sie, wie Mami einen Heulanfall kriegt. Dann sagt sie: ›Mami, nein ich bleibe bei dir‹, und dann sieht sie, wie Vatis Gesicht finster und starr wird, weil sie doch grade das Gegenteil gesagt hat. Ich hatte immer so ein Bild vor mir, daß die an ihr reißen, und Annette schreit vor Schmerz, und die zerren weiter. Ich fühlte mich von Christof, mit dem ich mich so gut verstanden habe, völlig im Stich gelassen, weil er einfach sagte: ›Das wird sie schon überstehen, und sie gehört beiden Eltern gleich, und vielleicht ist es für Mami sogar leichter, sich auszubuddeln, wenn Annette weg ist.‹ Ich weiß nicht, ob ihr es verstehen könnt, aber ich bin so zu Tode erschrocken, weil ich dachte, es gibt zwischen Männern und Frauen oder zwischen Mädchen und Jungen vielleicht Unterschiede im Denken, die überhaupt nicht zu überbrücken sind, und die zu einer schlimmen Feindschaft führen können. In meiner Wut konnte ich mir vorstellen, daß ich Christof kaputtmachen könnte, nur damit seine Vorstellungen sich nicht durchsetzen können. Und er sagte auf einmal so gemeine Sachen gegen die Sentimentalität der Frauen, daß mir ganz schlecht wurde und ich dachte: ich werde mich nie einem Mann anvertrauen. Nach zwei Tagen war es dann wieder gut, und wir hatten eine sehr schöne Reise nach Hause.

Vati hat sich die ersten Tage gar nicht blicken lassen. Er hat tatsächlich eine Wohnung gefunden und läßt sie renovieren. Ich kann gar nicht hingehen. Annette ist manchmal dort, und Christof hat sie auch schon gesehen. Gott sei Dank gibt es keinen Streit um Annette. Vati und Mami haben sich geeinigt, daß sie bei uns bleibt, aber daß es Besuchsmöglichkeiten gibt. Ich habe seit dem Streit mit Christof wohl ein paar Wochen in Angst gelebt, sie könnten um Annette streiten und beide versuchen, sie jeder auf seine Seite zu ziehen. Das darf man einfach nicht machen, und sie haben es auch nicht gemacht. Jetzt soll im Frühsommer der Umzug sein, genau steht der Zeitpunkt noch nicht fest. Vati ist selten da. Aber wir haben doch eine ganz gute Lösung gefunden, die zuerst komisch und verrückt schien und allen weh getan hat. Er kommt, wenn Mami nicht da ist, oder sie nimmt sich etwas vor, wenn er Zeit hat, uns zu besuchen. Aber wie es dann bei uns zuging, könnt ihr sicher nicht verstehen, wenn ihr nicht wißt, wie er auf Christofs Brief reagiert hat. Mami hat mich, als wir heimkamen, einfach in den Arm genommen und gesagt, sie sei so froh und stolz gewesen über das, was ich geschrieben habe, daß alle meine Angst weg war. Was in ihr so vorgeht, erzähle ich euch später. Weil wir ja zusammen waren, als Christof den Brief geschrieben hat an ihn, hat er auch gewartet, bis ich von Frau Severin zurück war, bevor er Vatis Brief an ihn geöffnet hat. Ihr könnt euch denken, mit welcher Aufregung wir in seinem Zimmer mit dem Kuvert dastanden. Es ging ja um sein Schicksal, und auch darum, ob es für alle eine friedliche Lösung gibt. Mir war wieder ein bißchen schwindelig, und Christof hatte Magenweh. Ich glaube, er hat versucht, sich auf das Schlimmste vorzubereiten: auf einen möglichen Bruch. So, wie ich Christof inzwischen kenne, hätte er, wenn Vati falsch reagiert hätte, vielleicht kein Wort mehr mit ihm gesprochen. Aber es kam ganz anders.

Es stand nicht viel drin in dem Brief. Er war mit Filzstift geschrieben, in großer, unsicherer Schrift. Und da stand:

Lieber Christof,

ich mag Dich sehr gerne, aber Du mußt Geduld mit mir haben.

Herzlich, Dein Papa.

Als Christof das gelesen hatte, ist er in den Knien eingeknickt und wäre fast hingefallen. Er hat sich an mir festgehalten und ist zur Couch geschwankt. Und dort hat er geweint, wie ich nie jemanden habe weinen sehen. Es hat ihn geschüttelt, und er hat geschrien vor Schmerz und vor Glück. Ich mußte mitheulen und saß eine halbe Stunde bei ihm. Es fing immer wieder an. Zwischendurch lachte er, dann heulte er wieder los, und dann sah er mich an durch alle die Tränen durch und sagte, er kann mich gar nicht klar erkennen, deshalb will er meine Hand nehmen. Es war, wie wenn man jemanden vor dem Ertrinken rettet, und er kann es noch gar nicht glauben, daß er gerettet ist. Auf einmal, als er ruhiger war, ist er eingeschlafen. Ich habe ihn zugedeckt, und als ich von meinem langen Spaziergang zurückkam, hat er immer noch geschlafen; als Mami mit Annette abends kam, auch noch, und erst am frühen Morgen habe ich ihn rumoren gehört. Er kam in mein Zimmer herüber und sagte, er fährt mit dem Rad weg, er geht heute nicht in die Schule. Ich soll Mami sagen, es sei ihm nicht gut, und er wolle allein sein und nachdenken. Und dann ist er weggefahren, obwohl es noch dunkel war. Bis am Abend haben wir nichts von ihm gehört und waren sehr besorgt, aber ich wußte ganz genau, daß er nichts Dummes macht, eher etwas Unerwartetes. Er ist an diesem Tag zweihundert Kilometer gefahren mit dem Rad und rief am Abend an, er sei bei Freunden in einer anderen Stadt, und er komme erst am Sonntag wieder. Als er wieder auftauchte, erzählte er mir, er habe zweimal mit Vati telefoniert, und die Gespräche seien gut gewesen. Er hat den Eindruck, daß Gerda eine wichtige Rolle spielt im Hintergrund, und ist ganz zufrieden damit.

Ja, und ich? Ich spiele wieder Klavier, besser als vor der langen Pause, nur mit der Geläufigkeit der Finger war es zuerst ein bißchen schlechter. Wenn ich mit Frau Severin sprechen will, rufe ich sie an, dafür nehme ich jetzt nicht mehr die Klavierstunde. Und nun kommt für mich das Wichtigste. Ratet mal was? Ihr wißt doch, daß Mami wieder anfing, französische Bücher zu lesen. Mich hatten nur die großen Lexika verwundert, weil sie ohne Wörterbuch lesen kann. Habt ihr's schon erraten? Sie übersetzt ein Buch, einen Roman, ins Deutsche! Als sie so heimlich dranging und sich gar nicht so gern erwischen ließ dabei, da machte sie's zur Probe. Sie mußte ein ganzes Kapitel abliefern, bevor sie den Auftrag bekam, mit schriftlichem Vertrag und einer Frist bis Herbst und einem ganz anständigen Honorar pro Seite. Wir haben ziemlich viel herumphantasiert, was wir machen mit dem Geld. Ich sage: wir, obwohl es ja Mamis Geld ist. Wißt ihr, warum ich trotzdem ›wir‹ sage? Ich sitze jetzt nämlich fast jeden Tag mit Mami zusammen, schlage die schwierigen Wörter nach, vergleiche Mamis deutschen Text mit dem französischen und bin ganz begeistert, wenn ich ihr einen Rat geben kann oder das richtige Wort erwische. Mein Französischlehrer hat gefragt, ob ich in Frankreich war in den Osterferien. Er merkt es also schon, daß da etwas läuft. Ich verrate aber nichts, obwohl ich mich richtig zusammennehmen muß, um nicht anzugeben mit unserer Übersetzung. Wahrscheinlich habt ihr euch auch schon gedacht, daß da Mamis Schulfreund dahintersteckt, der als Journalist in Frankreich lebt, nicht weit von Paris. Es kann sein, daß Mami ihn zu Pfingsten besucht, und es kann sogar sein, daß ich mitfahre, aber das ist noch offen, weil auch Vati etwas plant für Pfingsten. Ihr seht, es wuselt und blubbert und gurgelt in unserem Mustopf, das Leben ist aufregend, manchmal bedrückend, manchmal fällt uns allen die Decke auf den Kopf. Aber das Allerwichtigste ist, daß Mami doch nicht in den ganz großen Sumpf gefallen ist. Man kann sagen, es herrscht Waffenstillstand, sagt Christof, und im Untergrund bilden sich die neuen Koalitionen, und was ihm so alles einfällt an militärischen und politischen Vergleichen. Ein wenig blöde war es, als es in unserer Klasse herumging, ich meine, daß Vati auszieht. Ein paar aus der Klasse haben halt neugierige Fragen gestellt, oder auch freundliche. Ich weiß nicht, wie es bekanntgeworden ist. Ich hab gefürchtet, ich würde mich noch einmal schämen müssen wie verrückt, aber es ging. Frau Severin hat mich darauf vorbereitet. Stellt euch das mal vor. Sie sagte eines Tages: ›Wie wird das sein für dich in der Klasse oder sonstwo, wenn du darauf angesprochen wirst?‹ Zuerst war ich gleichgültig und dachte, das wird man sehen, aber dann habe ich gemerkt, als ich es mir genau vorstellte, daß es mich schon würgt im Hals und ich nicht einfach ruhig etwas sagen kann. Also gut, jetzt ist auch dies überstanden, und ich zittere nicht mehr, wenn jemand auf das Thema kommt.

21

Wie Annette es einfach nicht fassen kann, daß sie nicht immer, wann sie es will, den Vater besuchen kann; wie Vroni sie zu trösten versucht, und wie schließlich die ganze Familie in den Ferien verreist, alle in verschiedene Richtungen; Christof schreibt an Vroni aus Zürich und Vroni an Christof aus Paris

– Da kommt Annette angelaufen. Vergnügt sieht sie nicht gerade aus. Was ist denn los, Annette?

– Vati ist ganz böse wegen mir, er hat mich hergebracht. Ich wollte auch helfen beim Anstreichen, und da ist der Eimer mit Farbe umgefallen, und alles ist auf den Boden gelaufen. Tante Gerda ist auch da. Sie hat gesagt, es ist doch nicht so schlimm, aber Vati war ganz böse. Nie kann ich helfen! Vati war böse, weil die Männer böse waren, die die Wände anstreichen. Es ist ja noch gar kein Teppich auf dem Boden, nur Holz. Man muß es weghobeln. Vati ist aufgeregt, ob alles klappt. Auf dem Balkon ist viel Platz, da kann man einen Hasenstall aufstellen. Aber ich weiß nicht, ob Tante Gerda das will. Ich will dort einen Hasen und bei uns einen . . .

– Und wer soll den füttern?

– Ich natürlich. Ich gehe jeden Tag hin und bringe ihm was zu fressen. Dann sehe ich auch Vati jeden Tag, und wir können vielleicht oft Eis essen . . .

– Ach, Annette, ich weiß nicht, ob das geht. Ich glaube, daß die jetzt erst einmal ein bißchen Ruhe haben wollen. Weißt du, Vati arbeitet doch den ganzen Tag, und Tante Gerda auch. Die kommen doch erst abends nach Hause und sind dann müde. Ich glaube, es ist am besten, wenn du am Wochenende hingehst, ich meine, wenn Vati dich dann abholt oder wir dich hinbringen. Wir wissen das doch jetzt noch nicht, wie oft wir ihn sehen. Weißt du, wenn du zu oft hin willst, das ist so viel Aufwand mit dem Fahren. Aber denk nur nicht, Vati geht dir verloren. Es ist viel besser, wenn er am Samstag oder Sonntag richtig Zeit hat, und nicht so jeden Tag abends und mit Hetze. Es ist doch am besten, wenn Mami dich morgens weckt und in die

Schule bringt, oder bald kannst du ja auch alleine den Weg machen.

– Aber mich kann doch auch Vati ins Bett bringen und aufwecken und das Frühstück machen. Er kann das ganz gut.

– Na klar kann er das gut. Aber manchmal muß er doch schon ganz früh weg, oder er ist verreist, und manchmal kann er ausschlafen, wenn es abends ganz spät war, und so weiter. Weißt du, er wird sich schon anstrengen, daß du zu ihm kannst, weil er dich ja mag. Aber ich glaube, du kannst nicht jeden Tag hin. Es wird jetzt wie ein Ausflug sein. Du wohnst bei uns, und wir besuchen ihn, aber man muß es planen, und der Tag soll nicht so durcheinandergehen. Weißt du, vielleicht ist auch Mami traurig, wenn du jeden Tag hinwillst, und auch dort schlafen und so, du weißt ja gar nicht mehr, wo du hingehörst.

– Ach, ihr seid blöde. Nie geht es, wie *ich* will. Bekommt er denn ein Telefon? Dann kann ich ihn ja auch immer anrufen . . .?

– Ja, bestimmt, und er wird dich auch anrufen. Du mußt das einfach mit ihm ausmachen, wann du ihn anrufen kannst. Du mußt doch nicht weinen.

– Doch. In seinem Büro hat er drei Telefone, und viele Leute rufen an. Warum kann ich ihn nicht anrufen, wann ich will?

– Weil er gesagt hat, wir sollen ihn im Büro nur anrufen, wenn es dringend ist.

– Es ist aber dringend, wenn ich ihn was fragen will. Oder wenn ich ihm was erzählen will.

– Also gut, Annette, das mußt du mit ihm besprechen. Weißt du, man kann ihn ja nicht direkt anrufen. Da kommt immer erst die Zentrale, und die Frau fragt dich, bitteschön, wer sind Sie, wen darf ich melden, ist es dringend, und was sagst du dann?

– Daß ich die Annette bin, ist doch klar, und ich will den Vati sprechen.

– Gut. Also muß Vati der Frau sagen, wenn die Annette anruft, das ist meine Tochter, dann verbinden Sie mich. Aber weißt du, oft ist er auch bei den Maschinen in der Fabrik. Und dann rufst du an, und die Frau muß den Lautsprecher anmachen und überall rumrufen, wo Vati ist, oder er hat vielleicht so einen Piepser dabei, da piepst es, dann rennt er weg von den Maschinen und die Treppen rauf oder runter, und dann kommt er an beim Telefon und fragt: ja, was ist, und da sagst du: hier ist die Annette, du Vati, der Hase hat heute nur drei Möhren gegessen statt vier! Oder so was?

– Du spinnst, ich will ihm sagen, was in der Schule war, und ob er am Abend kommt.

– Ach so. Also, besprich das mit ihm. Weißt du, er ist oft so in Hetze dort, daß er gar nicht ruhig reden und zuhören kann. Du wirst das schon rausfinden. Du hast jetzt Angst, er geht verloren, aber das ist nicht so. Die Frau Severin hat sogar gesagt, wenn es Krach gibt zwischen den Eltern, wie oft du hinkommen sollst, dann muß vielleicht ein Richter das entscheiden.

– Was ist das, ein Richter? Ist das was Schlimmes?

– Ich glaube nicht, er schreibt nur etwas auf, wo sich alle dran halten müssen, damit es nicht so viel Streit gibt. Zum Beispiel, wenn Vati sagt, du kannst kommen, wenn Mami dich bringt, Mami sitzt aber am Schreibtisch und übersetzt, weil sie jetzt auch Geld verdienen will, und hat keine Zeit, schon ist der Streit da und du heulst, Vati ist wütend, und Mami sagt, ich bin doch kein Chauffeur . . .

– Vroni, du spinnst, Mamis müssen doch gar kein Geld verdienen, die holen es auf der Bank oder kriegen es von Vati . . .

– Ja, du Schäfchen, wenn alles gut geht. Aber auf der Bank, das Geld, das ist ja meistens auch von Vati. Und wenn Vati jetzt die Tante Gerda hat, und eine neue Wohnung bezahlen muß, dann will er Mami sicher nicht mehr so viel Geld geben . . .

– Ach so, und wieviel muß er ihr geben?

– Das weiß ich nicht, aber wenn es Streit gibt, muß das auch der Richter entscheiden.

– Wie weiß der denn, wieviel wir brauchen? Der kennt uns doch gar nicht!

– Wir müssen vielleicht alle hingehen und mit ihm sprechen, und jeder sagt seine Meinung, und wieviel er braucht, und dann denkt der nach und schreibt es auf.

– Ist der nett, ich meine, mag der uns?

– Ich hoffe, daß er nett ist. Aber darauf kommt es nicht einmal an. Er macht das vielleicht jeden Tag, weil es in vielen Familien Streit gibt. Aber weißt du, für Mami ist es auch wichtig, daß sie selbst Geld verdient.

– Aber sie hat doch gar kein Büro und geht nicht in eine Firma. Wer soll ihr denn Geld geben?

– Doch, Mami hat ihr Büro auf ihrem Schreibtisch, in ihrem Zimmer oben. Sie übersetzt ein Buch und kriegt dafür Geld. Und ich glaube, daß du sie dann manchmal gar nicht stören darfst, weil das so kompliziert ist, und sie muß nachdenken.

– Von wem kriege ich dann das Taschengeld?

– Das weiß ich auch noch nicht, vielleicht von jedem die Hälfte. Ach je, lauter Sachen, bei denen wieder Streit entstehen kann. Siehst du, das müssen wir zusammen erst rauskriegen, wo es Streit geben kann, und was wir machen können, daß es nicht so oft ist. Weißt du, es gibt ja jetzt viel weniger Streit, aber wenn die sich jetzt trennen, dann gibt es noch viele Sachen, die sie eigentlich gemeinsam entscheiden müßten, und beide sind immer noch manchmal böse aufeinander, und dann kracht es.

– Ich will aber nicht, daß es wegen mir kracht, hörst du.

– Das ist lieb von dir. Aber dann sei auch manchmal nicht so quengelig und heul nach dem Vati, wenn es grade nicht geht, daß er kommt, oder daß du ihn besuchst.

– Gestern hat Mami geheult, weil ich zu Vati wollte, und nicht bei ihr bleiben. Meinst du das?

– Geweint hat sie, weil du zu Vati wolltest? Und was war dann?

– Ich hab so fest geheult, daß sie auch geheult hat, und sie hat Vati angerufen, und er hat mich geholt, und dann habe ich die Farbe umgeschüttet, und er ist böse geworden. Alles wegen mir.

– Siehst du. Weißt du was, Annette? Das Beste wäre, wenn es so schwierige Sachen gibt, ich meine mit Besuchen und Taschengeld und Heulen und Vati anrufen, daß du zu mir kommst, und wir sprechen darüber. Und die Sachen, die unmöglich sind, die lassen wir fallen, und mit den anderen, mit denen gehst du dann zu Mami?

– Aber wenn du zu oft nein sagst?

– Ich will doch gar nicht nein sagen, wenn es nicht sein muß. Aber Vati und Mami sind jetzt ein bißchen gereizt, du weißt, wegen der Trennung und weil du manchmal eine Nervensäge bist. Und wir gucken dann zusammen, ob du was möchtest, was wie eine Nervensäge aussieht.

– Gut, Vroni, ich will keine Nervensäge sein, oder nicht so oft. Bleibst du auch ganz sicher bei uns?

– Ja, Annette.

– Ganz bestimmt, Vroni?

– Ganz bestimmt.

– Und Christof?

– Christof bleibt auch erst mal da, aber es kann sein, daß er später zu Vati zieht. Du brauchst doch nicht gleich zu weinen. Christof sehen wir sicher noch viel öfter als Vati, der ist doch mit dem Rad ganz schnell da und hat viel mehr Zeit.

– Ich will aber, daß er dableibt.

– Ach, Annette, das will ich doch auch. Aber er braucht jetzt vielleicht Vati mehr als Mami. Dafür hat Mami dann für dich mehr Zeit. Weißt du, Christof ist doch zu Mami oft ein Lümmel, das sagst du doch selber, und bei Vati traut er sich nicht so, da hat er mehr Respekt. Und wenn er dann zu uns zu Besuch kommt, ist er vielleicht gar kein Lümmel mehr, sondern ein junger Mann. Und er macht nicht auch noch dicke Luft bei uns.

– Also gut, ich geh jetzt, und erzähl das alles der Gerlinde und frag sie, ob es gut ist. Tschüß.

– Ja, und dann kamen ein paar aufregende Tage, weil wir doch die Pfingstferien planen wollten und Mami sich geweigert hat, darüber mit Vati in unserer Wohnung zu sprechen. Das hat mich so wütend und traurig gemacht. Wie soll das werden, wenn die über so wichtige Dinge nicht sprechen wollen. Gut, ich gebe zu, das ist fast das schwierigste Thema: wer mit wem wegfährt. Aber daß beide nicht ruhig bleiben können beim Reden ist schlimm. Sie haben sich am Telefon angeschrien. Dabei war die Lösung gar nicht so schwierig. Mami kann es oft einfach nicht fassen, daß sie jetzt einfach ersetzt ist, ich meine, für Vati, durch die Gerda, und sie hat natürlich Angst, ob Christof sie noch mögen wird, wenn er umzieht. Jedenfalls war ich manchmal wie ein Botschafter zwischen den feindlichen Lagern und bin ein paar Mal hin- und hergefahren und habe zum erstenmal auch mit Vati ein vernünftiges Gespräch gehabt. Ich hab gezittert dabei, er war zuerst wie fremd und dann froh, daß ich ihm keine Vorwürfe gemacht habe. Ich habe ihm gesagt, wie sehr ich hoffe, mit ihm auch einmal ein paar Tage zu verreisen, war aber ganz einverstanden, daß wir das auf den Herbst verschieben. Als er gemerkt hat, daß ich nicht verdreht bin oder wütend, wurde er ganz freundlich und ruhig und sagte: ›Vroni, es tut mir leid, daß alles so gekommen ist. Wenn du magst, bring ich dich mal mit Gerda zusammen, und im Herbst, oder auch schon früher, wenn es sich ergibt, können wir einmal sprechen, wie alles gekommen ist, und wie es weitergehen kann, so daß wir uns nicht Feind sind und uns weiter mögen.‹ Das ist jetzt wie eine Zukunft, ein ›Danach‹. Ich habe so eine Art Bündnis mit ihm geschlossen, daß wir uns achten, auch wenn wir uns in den nächsten Monaten nicht verständigen können, ich meine, nicht so herzlich und offen, wie ich es wünsche. Und Christof scheint sich mit Gerda ganz gut zu verstehen. Er sagt, sie ist klug und diskutiert gern mit ihm und respektiert ihn wie einen Erwachsenen. Fast. Ich hab auch noch einmal Streit bekommen mit Christof, weil ich zuerst nicht einsehen wollte, daß ich nicht schon an Pfingsten mit Vati verreisen sollte. Aber dann haben wir zusammen gemerkt, daß es mehr Eifersucht und Ehrgeiz war von mir, mich mit Vati schnell auch so gut zu vertragen wie er, und er hat mir klargemacht, daß es für mich genausogut ist oder besser, mit Mami nach Paris zu fahren. So, jetzt wißt ihr's. Und Annette? Ja, das war zuerst schlimm. Sie wollte natürlich mit, nach Paris, und mit Papi und Gerda und Christof, es war eine Katastrophe, so daß Mami schon wieder einfach zu Hause bleiben wollte, wegen ihr. Da rief zum Glück Mamis Freundin an, als das Geheule grad am schlimmsten war, und hat Annette eingeladen, zu ihr zu kommen, und da fühlte sich Annette froh und geschmeichelt, daß nur sie allein dorthin durfte. Das hielt nicht lange an, dann kam wieder ein Wutanfall und Heulen und Nachts-Aufwachen, und schließlich haben wir ihr versprochen, sie hinzubringen, auch wenn es ein großer Umweg ist. Ich muß zugeben, es war ein bißchen unheimlich, wie wir Annette immer wieder überredet haben. Ich war so begierig, nach Paris zu fahren mit Mami, daß ich ihr immer wieder Mut gemacht habe, fest zu bleiben. Manchmal fühlte ich mich ganz schlecht, weil ich dachte, ich habe Annette ausgetrickst. Aber zwischendurch war sie immer wieder so begeistert, daß alle Schuldgefühle weg waren. Es war klar, daß wir natürlich etwas Gutes für sie wollten, aber wir wollten sie auch los sein, ich meine, ich, und Christof und vielleicht Mami sogar auch. Gerda hätte sie gerne zuletzt auch noch mitgenommen in die Schweiz, aber das wollte Mami auf keinen Fall. Da war Mami richtig rabiat, daß Annette nicht mit Vati und Gerda verreist. Da kommt noch was Schlimmes, fürchte ich. Ich kann Mami verstehen. Aber sie wird so wütend, daß es mir richtig weh tut, und ich könnte mir sogar denken, wie es Vati dann Angst macht. Auf meinen Rat hin hat Christof Mami einen Brief geschrieben und sie gebeten, sie solle ihm die Freiheit lassen, sich mit Vati und Gerda weiter anzufreunden. Mit viel Seufzen sieht sie es ein. Sie weiß, daß sie es nicht verhindern kann, und wenn sie mitspielt, bleibt ihr sicher viel mehr Zuneigung erhalten, als wenn sie sich dagegen stellt. Rede ich jetzt wieder altklug? Wenn ihr wüßtet, wie das oft in meinem Kopf durcheinandergeht! Neulich habe ich mit Mami geschmust wie ein kleines Kind. Ich bin eingeschlafen, den Kopf in ihrem Schoß, und wollte gar nicht wieder aufwachen. Manchmal möchte ich wieder ganz klein sein und an alles nicht denken müssen. Dabei geht es mit dem Französischen jetzt immer besser. Ich darf sogar abends in einen Volkshochschulkurs gehen, Mami war extra bei dem Direktor und dem Dozenten. Dort arbeiten wir mit Tonbändern, und ich habe jetzt sogar einen Fortgeschrittenenkurs auf Kassetten und lasse ihn noch abends im Bett unter der Decke laufen, bis Mami kommt und freundlich, aber bestimmt das Licht ausmacht und den Stecker rauszieht. Ich meckere dann zwar, aber ich mag es, wenn sie so freundlich bestimmt ist. Dann weiß ich auch: sie geht nicht aus dem Leim und behält einen klaren Kopf.

Zürich, Dienstag nach Pfingsten

Liebe Vroni,
Wo Du wohl jetzt stecken magst? Auch in der Hauptstadt, oder auf dem Land? Wie ist denn Mamis Freund? Ist es überhaupt einer, oder eben ein alter guter Schulfreund? Komischerweise möchte ich schreiben, sie soll sich mal ruhig Zeit lassen, als ob ich ein Recht dazu hätte. Aber es ist so ein Gefühl. Dabei sitze ich hier in der Schweiz mit Vati und seiner Freundin und finde die Welt beinahe in Ordnung. Verrückt! Und Ihr kommt mir vor wie auf einer Expedition. Zum Ausbuddeln

von Mami! Verrückt! Na, Ihr Goldgräber, ich hoffe, es geht Euch gut.

Eben gab es den ersten handfesten Krach mit den beiden Leutchen. Mir scheint, ich habe gewonnen, vielleicht auch wir alle. Es war so: Wir haben für eine Woche ein ganz nettes Ferienhaus, eine Stunde von hier. Und heute ist Hauptstadtbesuch. Heute abend gibt's Theater. Das heißt, wenn das Theater nicht besetzt wird von den jungen Leuten, die für ein Jugendzentrum kämpfen. Hättest Du das gedacht, daß die in Zürich hier so eine Art Bürgerkrieg mit ihren Kindern führen? Die Zeitung ist voll davon. Im Augenblick merke ich nichts davon. Ich sitze am See in einem Café und gucke auf's Wasser und denke. Die Verliebten machen eine Dampferfahrt. Vati in seiner altmodischen Vorstellung meinte natürlich, ich fahre mit. Er fand es unmöglich, seinen sechzehnjährigen Sohn allein in Zürich zu lassen. Ich weiß nicht, was er fürchtet. Daß ich Heroinhändler werde, bis sie wieder zurück sind, oder daß ich in der Bahnhofstraße noch ein paar Fensterscheiben einwerfe oder ein Geschäft ausräume? Verrückt! Ich weiß nicht, was er sich vorgestellt hat: daß ich mit denen im Liegestuhl oder was weiß ich auf dem Schiffsdeck sitze und zuschaue, wie sie Händchen halten und einander knipsen, als müßten sie das Album rasch vollkriegen.

Gerda ist dufte. Sie hat wegen mir Krach gekriegt mit ihm und gesagt: der ist alt genug, und wenn er hierbleiben will, soll er doch hierbleiben, sie werden ihn schon nicht klauen. Es ist komisch, so ältere Leute so verknallt zu sehen. Vati macht manchmal ganz alberne Hüpfer und bleibt vor Kleiderläden für Damen stehen. Es ist, als hätte er was in den Kaffee gekriegt, was high macht. Trotzdem bin ich begeistert von ihm. Ab und zu wird er ganz kumpelhaft, nicht unangenehm, nur immer wieder sehr überraschend, vor allem, wenn es dann dazwischen wieder solche Szenen wie vor der Dampferfahrt gibt. Aber dann kann er wieder sagen: ›Weißt Du, ich bin ein Lehrling, oder nein, ein Auszubildender, im Vaterberuf.‹ Das haut mich um, und ich kann nicht mehr wütend sein. Ich sage dann: ›Okay, dann studiere ich halt auf Sohn‹, dann gibt's für alle drei ein großes Gelächter. Vor allem, wenn dann Gerda noch sagt, sie will auf die Abendschule für Alternativmütter gehen. Irgendwie hat die es faustdick hinter den Ohren, aber mit viel Humor. Die kann gut mit Männern umgehen. Kunststück! Im Betrieb hat sie kaum was anderes um sich. Ich schätze, die ist das gerade Gegenteil von Mami. Zuerst zehn, fünfzehn Jahre ein freies und selbständiges Leben, und jetzt angelt sie sich halt so einen Aussteiger, der die Kinderkrankheiten hinter sich hat, aber dafür so eine kleine Herde hinter sich herzieht wie uns. Neben dieser Frau kann ich durchatmen, falls Du verstehst, was ich damit meine. Keine häuslichen Erstickungsgefühle mehr! Ich muß sogar schon aufpassen, daß ich Vati keine Konkurrenz mache mit kleinen Aufmerksamkeiten wie Türaufhalten, In-den-Mantel-Helfen und so, ich gucke mit zu bei einer merkwürdigen Verwandlung. Lach doch nicht! Gestern früh habe ich versucht, Frühstück zu machen, weil die vor zehn ja nicht aus dem Bett krabbeln, dafür die halbe Nacht quatschen und lachen. Komme mir sehr reif vor daneben. Probiere heimlich das Fotografieren. War sehr versucht, Vatis Wagen zu nehmen und eine Spazierfahrt zu machen. Ich glaube, er weiß noch nicht, daß ich fahren kann. Du weißt, Georgs Vater ist ein paar Mal mit uns auf dem ADAC-Übungsplatz gewesen; der will, daß Georg es auf jeden Fall kann, auch wenn er den Führerschein noch nicht machen darf. Wollte aber Vati nicht erschrecken.

Mensch, Vroni, es ist toll hier, zum Aufatmen. Was macht Mami? Ich hoffe, sie bleibt auf dem Teppich. Ach je, Du, mit Annette, das wird Probleme geben. Die beiden hätten am liebsten die halbe Annette. Das hält sie nicht aus. Ich denke oft an unser Gespräch. Ich glaube auch, man kann sie nicht halbieren. Aber wie wird es dann? Vati meint, er kann sie jedes Wochenende holen, damit er wie selbstverständlich der Vati bleibt und Annette sich an Gerda gewöhnt. So sehr ich sie mag, denke ich doch: da stimmt was nicht, ich meine, man kann mit Annette vielleicht doch nicht eine zweite Familie, eine Wochenendfamilie aufmachen. Darüber konnte ich mit denen aber noch nicht reden, will ich auch nicht, ich meine, ich fang nicht von mir aus an. Außerdem kann man sich vorstellen, daß Gerda selbst noch ein Kind bekommt. Dann müßte sie zwar ihre feine Handtasche ab und zu wegstellen, das wäre zuerst wohl sehr komisch, die feine Dame mit einem dicken Bauch und Windeln und so, aber wer weiß, verknallt wie die ist! Ich spitze ganz schön die Ohren manchmal, während ich lässig durchs Fernglas schaue. Also, liebe Vroni, Du siehst, ich bleibe auf meinem Kabarettposten, aber es ist nicht mehr so grimmig, sondern verdammt spannend und auch schön. Tschüß, von Expedition zu Expedition, Dein

Christof

Paris, Donnerstag nach Pfingsten

Lieber Christof,

es war sehr schlau gedacht von Dir, den Brief mit Eilboten zu schicken, aber es hat einen kleinen Zirkus gegeben, weil der Postbote heute früh das ganze Haus aufgeweckt hat und Mami natürlich ziemlich große Äuglein gemacht hat, daß ich hier Expreßpost bekomme. Nachdem sich aber alles wieder beruhigt hatte, fand ich es sehr schön. Keine Sorge, wir sind ziemlich fest auf dem Teppich, und er ist ganz bunt und vielfarbig. Dein Brief war sehr spannend, und natürlich wieder sehr kabarettistisch. Ich muß aufpassen, daß ich Deinen Stil nicht einfach nachzuahmen versuche. Du, Mami schwimmt hier wie ein Fisch im Wasser, das er lange vermißt hat. Sie kennt Paris ganz gut und muß nur wieder alles hochkommen lassen. Sie benimmt sich ganz sicher, liest Fahrpläne und entziffert Metrolinien, guckt in der französischen Zeitung, sie heißt ›Le Monde‹, wo es Ausstellungen gibt und was im Theater los ist. Und Dieter? Das ist ein feiner Mensch, scheu und gebildet, eine Mischung aus Dichter und Journalist, der hauptsächlich mit seiner Schreibmaschine verheiratet ist und mit zwei Katzen. Jetzt sitzen sie dort hinten in einer ruhigen Ecke in diesem Café und schauen zusammen Mamis Übersetzung durch. Ich glaube, er ist ganz zufrieden, aber er sagt, man merkt, daß Mamis Französisch so etwa zwanzig Jahre alt ist, und er muß ihr eine ganze Menge sprachliche Feinheiten erklären, Sachen, die sich in der Bedeutung ein wenig verändert haben, neue Ausdrücke oder Anspielungen, die man so auf Anhieb gar nicht wissen kann. Die beiden sitzen stundenlang und reden, schreiben oder kichern, und Mami sieht ganz glücklich aus. Ich glaube, er ist ein totaler Junggeselle. Man kann ihn sich fast nicht verheiratet vorstellen. Ach, was rennen meine Gedanken wild in der Gegend herum! Ich prüfe sozusagen für Mami, ob er als sogenannte Alternative in Frage kommt.

Es hakt aber aus mit meiner Phantasie. Er benimmt sich, wie wenn ein ganz scheuer Hirsch eine vornehme Gazelle trifft. Sie stammen eigentlich von zwei verschiedenen Kontinenten, und der Damhirsch fragt die Gazelle, ob sie Bonbons mag, und sie sagt: ›Ach, meine Hauptnahrung war bis jetzt eigentlich Gras.‹ Wenn der drei Kinder auf einem Haufen sieht, dreht er, glaube ich, durch oder redet in Versen mit ihnen. Mami muß sich manchmal ein bißchen wehren, sonst füttert er sie mit moderner französischer Poesie, und sie würde lieber fein essen gehen. Wir waren ein paar Mal aus in Lokalen mit langen, handgeschriebenen Speisekarten, wo ich trotz Volkshochschule und Übersetzung mit Mami nicht viel verstand, und sie hat mir das meiste erklärt und ist fast ausgeflippt vor Begeisterung. Ich kannte sie gar nicht wieder. Sie wußte nicht so recht, ob sie ihre französischen Essens-Kenntnisse vor mir geheimhalten sollte oder mich begeistert einweihen. Es war so was, wie wenn sie nicht recht wüßte, ob sie mich jetzt verdirbt oder mich süchtig machen könnte. Es war ein bißchen verdreht, eine Art maßlose, aufgeregte Freßgier nach feinen Sachen. Da muß eine Erinnerung in ihr hochgekommen sein, die wie ein Schwips war. Und dann kriegte ich allmählich raus, daß sie mal ein paar Monate als Au-pair-Mädchen in Paris war und sich entsetzlich in den jungen Professor verknallt hat, dessen Haus und Kinder und Hund und Gemahlin sie doch betreuen sollte. Ja, Christof, das Mamilein hat eine Seite, wo sie regelrecht abhebt. Also, Du fragst nicht ganz zu Unrecht, ob sie auf dem Teppich bleibt. Wie kommst Du eigentlich auf die Frage, Du Gauner? Hast Du mehr gewußt als ich? Oder war es nur so ein Angeberspruch? Weißt Du was, die hat sich mit Mann und Kindern so angebunden, fast möchte ich noch sagen, getarnt, aber das ist zu stark, weil etwas Flatteriges in ihr ist, was ihr sogar vielleicht Angst macht. Sie sagt, sie sei jeden freien Abend damals ins Theater gerannt und hat einmal heimlich bei einer Ballettschule angefragt, ob man sie aufnimmt. Die hatte Vorstellungen, was ganz anderes, Verrücktes zu machen, und dann kam diese große Verknalltheit, und Madame Professor hat gemeint, es sei besser, wenn sie wieder in den Schoß ihrer Familie zurückkehrt. Und irgendwann danach, ich meine, als sie dann angefangen hat zu studieren, kam Vati vorbei, und sie hat sich freiwillig fesseln lassen. So, das ist das

Neueste von meiner Expedition. Wenn man sie ausbuddelt, muß man aufpassen, daß sie nicht noch mal Schauspielerin oder Zirkusreiterin wird, sondern tatsächlich auf dem Teppich bleibt. Aber auf welchem? Den muß man erst weben. Ich glaube, es wird eine verrückte Zeit, aber spannend. Du schreibst ja von Deinen Atembeschwerden zu Hause und von Deinem Aufatmen. Seither achte ich auch auf mein inneres Geschnaufe, und da geht es mir eher wie bei Sturm in den Bergen: du tust einen ruhigen Atemzug und willst dich an den nächsten machen, dann reißt dir der Wind die Luft vom Mund weg, und du schnappst ins Leere. Und dann kommt der Wind aus der anderen Ecke und du denkst erschreckt: ›Jetzt bläst er dich auf wie einen Luftballon‹.

Aber Mami ist sehr zum Mögen. Du Lümmel und junger Mann, kannst Du das Folgende überhaupt verstehen? Sie ging mit mir in einen feinen Parfüm-Laden, ließ sich mit der größten Lässigkeit verschiedene zeigen und hat dann zwei gekauft. Wenn sie das eine nimmt, dann könnte ich hinter ihr hertrotten wie ein Lamm und nur noch nach dem Duft schnuppern, mit geschlossenen Augen. Ihr auf Eurer Schweizer-Expedition! Denkt bloß nicht, wir wären langweilige Frauen. Euch wird noch die finstere Reue plagen, daß Ihr nicht alles tut, um uns festzuhalten. Ihr werdet ganz schön glotzen, was aus uns werden wird! Wir stecken Euch doch lässig in die Handtasche. Ach, Christof, der Wind, der neue, hat mich doch ein wenig aufgeblasen, ich sehe Dich lächeln und Kabarett machen. Schreib's doch mal auf und trage es vor, in zehn Jahren, wenn wir uns in Frieden wieder alle treffen können. Es geht jetzt vieles auseinander, aber in mir bleibt es doch zusammen. Ich werde Vati nie loslassen, und Dich schon gar nicht. Und wenn Ihr nach Südamerika verschwindet! Ihr treulosen Affen! Hoffentlich baue ich selbst nicht eine solche Selbsttäuschung, ich meine, so eine Art Versteckspiel mit mir selbst und dem anderen mit ein, wenn ich mal heiraten sollte. Das ist ja gruselig, daß man sich selbst und den anderen vielleicht so wenig kennt, daß man erst nach Jahren merkt, was drinsteckt, und was man verschwiegen oder unterdrückt oder beiseitegelegt hat. In den Gesprächen mit Dir gucke ich manchmal über den Rand des Mustopfs. Gott sei Dank, Du Nebelspalter! Wenn ich noch ein paar Mal gründlich mit Dir rede, kann mir kein Mann mehr was vorflunkern, auch wenn er sich für den Größten hält. Ich werde ein bißchen Kabarett mit ihm machen und schauen, was er dort für eine Figur macht. Du mußt mich aber auch zur Beratung einladen, wenn Du mal denkst, jetzt gefällt Dir eine besonders gut und Du verlierst Deinen coolen Verstand und blickst nicht mehr durch. Da hilft Dir *Dein* Kabarett nämlich gar nichts, weil Du dauernd in den Zuschauerraum purzeln wirst, und so weiter. Ich mache mir schwesterliche Sorgen um Dich! Bei Dir könnte das ja bald losgehen, ich meine, mit Freundinnen und so. Mich graust's, wenn ich an Deine Kompliziertheit denke. Ich schreibe Deiner Freundin dann eine Gebrauchsanweisung. Braucht sie Dir ja nicht zu zeigen. Sonst wirkt sie gar nicht mehr. Ach je, Du Brudergauner. Tschüß, bis bald!

Vroni

– Hallo, ihr Kinder. Seid ihr auch verreist? Oder habt ihr bei uns geklingelt und mich gesucht? Da habt ihr höchstens die Gerlinde mit ihrer Mami gefunden, die die Tiere gefüttert und Blumen gegossen hat. Ich bin nämlich bei Tante Carla und bei Onkel Fred und bei Gerhard und Michael. Die kennt ihr nicht. Aber ich. Ganz gut. Wir sind jetzt Freunde. Nur darf ich nicht heulen, sonst lachen die. Tante Carla ist Mamis Freundin. Ihr vergeßt aber auch alles. Die haben einen sehr großen Hund. Aber er ist brav. Mami hat schon einmal angerufen, aus Frankreich, und Vroni auch. Es ist ganz schön hier. Nur abends bin ich mit dem Teddy ganz allein und muß ihn trösten. Einmal hat Tante Carla für mich Vatis Nummer gewählt, weil ich so gequengelt habe. Er hat mir versprochen, daß wir wieder ins Café gehen, und daß Tante Gerda sich auch freut. Am Telefon kann ich nicht so gut mit ihm sprechen. Weil er mich da nicht in die Luft werfen kann. Er hat gelacht, als ich gesagt habe, er soll mich durch's Telefon in die Luft werfen. Aber Küßchen geben kann man so, man hört es knallen, mit dem Mund. Man muß einfach die kleinen Löcher küssen, wo man sonst reinredet. Er hat es auch gehört, und er hat gebrummt, wie ein Bär. Er will aber nicht wieder zu uns kommen, weil sie sich jetzt getrennt haben. Warum, weiß ich immer noch nicht. Ich mag beide. Aber sie haben so viel Streit. Wißt ihr das überhaupt noch? Christof durfte auch mit. Und

Vroni mit Mami. Und ich durfte allein verreisen, weil ich jetzt schon sechs bin. Übermorgen holt mich Mami wieder ab. Am schönsten wäre es, wenn alle zusammen, ich meine Mami, Vati, Tante Gerda, Vroni und Christof, mit dem Auto kämen. Sie kriegen dann Kaffee und Kuchen, und dann fahren wir heim. Aber das geht nicht, sagt auch Tante Carla. Vielleicht sagt sie es auch nur, weil Mami es sagt. Manchmal verstehe ich, was die Großen sagen und denken, und manchmal nicht. Sie sagt, ich darf auch wiederkommen, wenn es mir gefällt. Gerhard und Michael sind noch nicht so große Lümmel wie Christof, sie sind größer als ich, aber kleiner als Christof. Aber frech sind sie manchmal auch. Nur, weil sie vielleicht keine Schwester haben, sind sie auch nett zu mir und nehmen mich mit zum Spielen. Sie wollten auch sehen, wie ich überall aussehe, und sind die ganze Zeit dabeigeblieben, wie Tante Carla mich gebadet hat. Ich glaube, die haben vielleicht noch nie ein Mädchen mit sechs Jahren gesehen, ich meine, ohne Pullover und Strümpfe. Tschüß. Wenn ich wieder zu Hause bin, erzähle ich euch mehr.

22

Wie sich Christof und Vroni zum erstenmal im Gasthaus ›Zum Elefanten‹ zu einem Gespräch treffen und über die Lage nach dem Auszug des Vaters beraten, und wie Vroni die Nähe der Mutter sucht, und warum Christof sie meidet; wie Eifersucht zwischen ihnen aufkommt, während im Hintergrund der Streit der Eltern um Annette schwelt; wie Christof und Vroni sich mit der Person des Familienrichters beschäftigen, der so vieles entscheiden soll; und wie sich ihre Freundschaft vertieft, während sie sich um Annette Sorgen machen

– Grüß dich, Vroni, willkommen im ›Elefanten‹. Bist du gerannt? Du bist ja ganz zerzaust!

– Grüß dich, Christof. Ja, ich bin gerannt, und ich sag dir auch gleich warum. Ich finde es ganz schön idiotisch, daß du dich mit mir in einer Kneipe verabredest! Als ob zu Hause nicht genug Platz wäre, und als ob wir nicht Tür an Tür wohnten. Ich fand das so doof, daß ich bis zuletzt getrödelt habe. Und nur weil es versprochen war, daß ich komme, mußte ich zuletzt rennen. Und du sitzt hier mit Zeitung und Teeglas, als ob du nie woanders Zeitung gelesen hättest. Bist du oft hier?

– Langsam, langsam, Vroni. Ich bin nicht oft hier, aber manchmal. Und ich hoffe, ich kann dich noch überzeugen, daß es besser ist, für mich wenigstens, wenn wir uns hier treffen. Trink doch auch erst mal einen Tee oder eine Schokolade. War's denn schlimm heute in der Schule?

– Ich finde es immer schlimm, wenn ich nachmittags Schule habe. Ich fühle mich fremd hier. Bist du gern hier? Was bringt dir denn das? Ich rede schon wieder wie Mami, die solche Kneipen haßt. Ich habe noch nicht mal ein eigenes Urteil. Wenn du nicht hier am Tisch sitzen würdest, wäre ich längst wieder draußen. Laß dich erst mal kurz anfassen, sonst fühle ich mich kühl wie in einem Wartesaal. Mensch, Christof, laß mir doch Zeit! Nein, den Tee bitte dahin, ich setz mich um, ich will nicht in diesen Saal gucken, ich schaue das Fenster und die Blumen und dich an, dann geht's hier vielleicht. Also, was willst du?

– Vroni, bring mich doch nicht in Verlegenheit mit solchen Fragen, schieb mir nicht die ganze Verantwortung zu. Wir leben seit ein paar Wochen wieder nebeneinander her in der Wohnung, und seit Vati vorletzte Woche ausgezogen ist, haben wir noch kein vernünftiges Wort miteinander geredet. Oder soll ich dir auch in der Wohnung Briefe schreiben?

– Nein. Ach, Christof, vielleicht doch. Es war herrlich, dein Brief in Paris. Und an Vati schreibst du ja auch manchmal, und er ist nicht weit weg. Ehrlich, ich fände es inzwischen nicht mehr verrückt, wenn du mir morgens beim Frühstück einen Brief von dir in die Hand drückst. Ich ginge dann ganz anders in die Schule. Ich würde die Mathematikstunde abwarten und ihn dann ins Buch legen und lesen. Und wenn ich erwischt würde, wäre ich rot, über und über. Aber schön wär's trotzdem.

– Vroni, ich versprech dir einen Brief zum Geburtstag. Willst du ihn direkt in die Schule geschickt bekommen?

– Nein. Das wäre irgendwie komisch. Der Lehrer, der ihn brächte, würde blöd gucken oder Bemerkungen machen, so in die Richtung: der kommt wohl von jemand, der dir nicht mehr nach Hause schreiben darf? Also, Christof, Schluß mit der Briefgeschichte, jetzt sind wir im ›Elefanten‹, und ich fange an, mich besser zu fühlen.

– Ich brauche einen neutralen Ort. Ich kann nicht einfach in dein Zimmer kommen zu einer richtigen Unterhaltung. Jeden Augenblick kommt jemand herein, oder man hört die im Haus rumoren. Zu Hause muß ich mich auch immer wehren gegen die Tatsache, daß ich dort eigentlich noch Kind oder Sohn oder Lümmel oder Flegel oder was weiß ich bin. Hier bin ich mehr ich. Der Abstand hilft mir, nicht so wütend oder traurig zu sein beim Nachdenken. Kannst du denn überall denken?

– Eigentlich schon. Es kommt einfach so, egal, wo ich bin. Nur in der Schule geht's nicht.

– Siehst du, da sind wir schon verschieden. Ich kann in der Schule prima denken, ich meine, meine eigenen Sachen. Dafür geht's schlecht mit den Schulsachen. In der Schule kann ich schlecht über die Schulfragen nachdenken, und zu Hause schlecht über die Familienfragen. Das paßt mir gar nicht, weißt du, ich dachte lange, denken ist denken, und ich muß überall denken können. Es ist doch ein Fortschritt, wenn ich in den ›Elefanten‹ gehe. In Mamis Nähe übrigens ist es am schwersten. Sogar, wenn ich sie gar nicht sehe, nur höre, denke ich oft wie ein Lümmel. In ihrer Nähe kann ich oft nur trotzig denken, oder in Ausdrücken, die sie schockieren würden. Also gut, Vroni, du hast's gut, du kannst überall denken. Du mußt ein unverwüstliches Gehirn haben!

– Ein bißchen kleiner als deins, aber nicht so anfällig, das stimmt. Wenn es verstopft ist, dann tu ich es unter Wasser.

– Was heißt das?

– Wenn was angestaut ist, kann ich sowieso nicht denken. Dann heule ich, aber das geht auch nicht auf Kommando. Also muß ich mit dem Denken warten, bis ich mal wieder geheult habe. Du Affe, was für dich der ›Elefant‹ ist, ist für mich die Befreiung mit Weinen. Und das hängt auch irgendwie mit Mami zusammen, ich meine, nicht direkt. Aber wenn sie einen bestimmten Blick hat, der so viel stumme Nähe und Nachfrage und hilflose Anteilnahme ausdrückt, dann geht es meistens.

– Und es macht dir nichts aus, so neben ihr zu heulen? Ich

glaube, ich würde aus dem Fenster springen, oder sie wüst anschreien, wenn ich neben ihr heulen müßte.

– Wieso denn das?

– Ich fürchte, sie würde mir mit der Hand übers Haar streichen und mit sanfter Stimme fragen, was mir fehlt. Sie würde es benützen wie eine Chance, mir näher zu kommen, für mich zu nahe. Tränen sind doch für Mütter wie Köder, wo sie plötzlich Beute und tröstende Arbeit wittern.

– Du bist ein Ekel! So stell ich mir Wildwesthelden vor, die eine Schlägerei anfangen, wenn sie merken, sie könnten Gefühle, ich meine, weiche oder freundliche, kriegen. Für mich gibt es nichts Schöneres, als wenn mir Mami mal wieder übers Haar fährt. Ich sage ihr dann zwar nicht, warum ich heule, aber sie versteht es trotzdem, oder ungefähr, ist auch gleich. Und dann gehe ich hoch in mein Zimmer und heule noch weiter, und nach einer halben Stunde kann ich wieder denken ...

– Dann kann ich ja nur hoffen, daß du gestern oder heute auch schon mal kräftig geheult hast!

– Halt die Klappe, du redest wie von Schnupftabak oder Medizin nehmen. Bist du kabarettistisch aufgelegt oder kaltschnäuzig? Dann kann ich gleich wieder gehen.

– Weder noch, Vroni. Melancholisch bin ich, und hintergedanklich. Seit der Alte weg ist, fehlt mir was zu Hause. Ich dachte, ich atme auf, wenn er seine Sachen packt, und jetzt werd ich melancholisch, das ist ja zum Verrücktwerden. Ich dachte, das ist was für Dichter, oder Leute mit Liebeskummer. Ich fühle mich fast krank, als stünde ich nur auf einem Bein. Es war vielleicht schwachsinnig von mir, beim Umzug zu helfen. Ich dachte, so bring ich das am besten hinter mich: coole Mitarbeit, optimale Planung, ich meine Raumausnutzung in dem Möbelwagen. Hab noch Krach angefangen mit den Möbelpackern, die gehen ja forsch ran, als ob alles Gerümpel wäre. Ich meine, sie sind nicht unvorsichtig, nur routiniert und gleichgültig. Die merken nichts, wenn sie Vatis Sessel oder den Schreibtisch hochwuchten. Ich glaub, ich hab mich übernommen bei dem Umzug. Manchmal hätte ich gern eine Bombe in den Wagen geworfen, und manchmal hab ich mich gefühlt wie der Jungchef, der die Firmenentflechtung überwacht. Es war schrecklich. Ich glaub, ich hab gar nicht geschlafen in der Nacht. Und ich konnte

Mami nicht ins Gesicht sehen, fast eine Woche lang. Ich glaub, meine Nerven sind viel zu dünn. Am schlimmsten war es bei einigen Sachen, wo ich dachte, die gehören genausogut Mami wie ihm, und ich wußte ja nicht, ob alles wirklich abgesprochen war. Also kam ich mir noch vor wie ein Dieb, oder jemand, der bei einem Einbruch hilft. Wenn ihr nicht verreist gewesen wärt, hätte ich voll durchgedreht.

– Wenn du so von ›ihr‹ sprichst und meinst Mami, Annette und mich, wird mir ganz elend. Hör doch auf damit. Oder wart ihr ›ihr‹ beim Umzug? Meinst du das mit dem Durchdrehen?

– Vroni, ich hab wohl geglaubt, ich kann denken, ›wir‹ ziehen aus, obwohl ich ja noch bleibe. Ich mußte eine innere Wahl treffen, um überhaupt mitmachen zu können beim Auszug. Und das war Quatsch. Es war überhaupt Quatsch, mitzuhelfen. Die Profis sind wirklich am besten. Bei Beerdigungen könnten die Leute ja auch kommen und es selbst machen wollen. Das ist glücklicherweise nicht erlaubt. Als ihr zurückgekommen seid, kam ich mir vor wie ein Schuft. Und deshalb sitzen wir jetzt auch im ›Elefanten‹ und nicht in unserer Wohnung, aus der ich Vatis Sachen mit rausgetragen habe.

– Und seit dem Auszug geht es dir so schlecht?

– Richtig. Ich dachte, es vergeht rasch wieder, wie ein kleines Fieber, aber es ist nicht so.

– Christof, manchmal denke ich, du bräuchtest auch so jemanden wie Frau Severin. Du schleppst ja alles mit dir rum, und ich weiß nicht, ob dir jetzt das Kabarett noch viel hilft.

– Ich dachte, ich habe jemanden!

– Wen denn?

– Na dich! Das war sehr hoffnungsvoll. Aber seit Paris und dem Auszug, oder schon vorher, als ihr abgehauen seid, und auch schon ein paar Tage davor, warst du ja nicht mehr auffindbar. Hast du denn nichts gespürt von der Spannung? Denkst du, wenn du mich ein paarmal freundlich anlächelst, wärst du wirklich da? Du könntest ja auch mal sagen: komm, ich will mit dir reden!

– Das wollte ich auch, aber ich habe auch immer wieder Angst davor. Ich habe sogar befürchtet, wir kriegen Krach, gerade nach dem Umzug. Da war durch unsere Reise zu Mamis Freundin ein Riß da. Da wart ihr wirklich ›ihr‹ für ein paar Tage, die Ausräumer. Ich hab gedacht, so sehr bräuchtest du dich ja nicht an Vati ranzuschmeißen, daß du ihm ausziehen hilfst. Und das fand ich wieder ungerecht von mir, Du hast es sicher gut gemeint. Ich habe immer Angst, du läufst so weit über, daß ich dich eines Tages nicht mehr finde ...

– Das mußt du gerade sagen, die sich weigert, sich Vatis neue Wohnung auch nur anzuschauen. Das ist doch nicht gleich Hochverrat, oder erlaubt Mami dir das nicht?

– Red doch keinen Unsinn, du mißtrauischer Dachs. Aber wir haben ja ähnliche Verdächtigungen gegeneinander. Nein, Mami würde da nie Druck ausüben, sie findet es sogar übertrieben, daß ich nicht hingehe. Sie sagt, daß sie es gut fände, wenn ich den Kontakt nicht abreißen lasse. Es ist etwas anderes: ich habe deine Begeisterung für Gerda gesehen, und so etwas könnte ich zur Zeit nicht gebrauchen. Die neue Mami kommt so langsam und so vorsichtig zum Vorschein, und ebenso eine neue Beziehung von mir zu ihr, daß ich da keine Unruhe, verstehst du, keine Störung will. Die Gerda läuft mir nicht weg, falls sie für Vati wirklich eine Alternative ist, und mit Vati ist ja verabredet, daß ich im Herbst mit ihm verreise. Im übrigen glaube ich, versteht er mein Wegbleiben, oder er respektiert es mindestens. Mir hängt ja die Grübelei über Motive und Schuldgefühle längst zum Hals heraus. Aber wenn ich klar mit Mami lebe und mit ihr an der Übersetzung arbeite, dann findet er das sogar gut und er hat weniger Schuldgefühle. Soll ich dir mal was ganz Altkluges sagen, es stammt zwar nicht ganz von mir, aber ich habe es allmählich ganz gut verstanden: Schuldgefühle helfen keinem weiter, so schön es manchmal ist, welche zu machen oder zu denken: der andere soll sie ruhig haben und an seiner finsteren Entscheidung herumkauen. Ich sehe ganz deutlich, wie Mami an diesem Problem herumkaut: wenn sie glücklich ist, bei der Arbeit, kann sie die Ehe sozusagen aufgeben, und dann gibt es wieder Telefonate mit Vati, wo es mir vorkommt, als wollten sich beide auf ewig beschuldigen. Mit dem Kopf freuen sie sich, wenn es dem andern gut geht, und tiefer drinnen soll der andere leiden und Reue haben.

– Vroni, weißt du was? So fröhlich sich das ansieht mit der Alternative und Gerda, aber sie spürt ganz genau, daß Vati noch längst nicht wieder auf dem Teppich ist. Wenn in ihm die

Erbitterung hochkommt, zum Beispiel, wenn etwas schief geht mit einem Besuch von Annette bei ihm, und Mami hat keine Zeit oder keine Lust, sie hinzufahren, und er kann sie nicht holen, dann drehen offensichtlich beide durch, und er denkt, sie will ihn strafen, und sich rächen und ihm Daumenschrauben anlegen. Ein paarmal ist sie ganz schön erschrocken vor seiner Wut. Ein paarmal wollte er Annette holen lassen, von einem Fahrer seiner Firma, aber das ist dann doch zu verrückt, offensichtlich, und Annette wollte auch gar nicht in den großen Wagen steigen. Mit Annette sitzen die ganz schön in der Zwickmühle. Er hat das Gefühl, er muß lieb und ganz korrekt sein, wenn er sie kriegen will. Die denken mal wieder über Anwalt und Gericht nach, bloß wegen den Terminen.

– Ach Christof, ich habe so gehofft, daß es nicht so weit kommt. Mami ist da kaum ansprechbar. Sie sagt, sie hält es nicht aus, wenn Annette mehrmals in der Woche hin will. Sie meint, Annette braucht Ruhe, aber bring das mal Annette bei, und ob Mami recht hat, weiß wahrscheinlich niemand, das vermischt sich, ihre Verantwortung und ihre Wut. Und deshalb denkt auch sie, sie hätte am liebsten ein Papier vom Gericht, wo alles drinsteht.

– Aber so, wie die dazu stehen, Vroni, gibt es Sieger und Verlierer, das wird schlimm, das ist wie der Kampf um meine Schlafprobleme damals, aber hoch zwei, und mit fremden Schiedsrichtern.

– Meinst du denn, daß man einem Gericht vertrauen kann?

– Ich hab nur einmal mit der Klasse einen Vormittag bei Gericht zugebracht, aber das war ein Strafrichter. Der hatte an einem Vormittag eine ganze Latte von Tätern. Stell dir das mal vor: der hat an einem Vormittag vier Leute verknackt, zwei freigesprochen und ein Verfahren aufhören lassen, oder wie heißt das: eingestellt. Er war cool und ruhig, aber er hat sich die Sachen ganz schön vom Leib gehalten. Bei zweien waren Sozialarbeiter dabei, und die Anwälte wollten die Familiengeschichte bringen, und Entschuldigungsgründe. Das hat er kurz angehört, als hätte er das schon dreihundertmal gehört, und ein Anwalt fing an zu toben und verlangte Gutachten und psychologische Beratung, dann war Pause, und als er wieder reinkam, war das mit irgendwelchen Paragraphen abgewürgt. Wenn das bei Trennungen oder Terminplänen für Kinderbesuche genauso geht, dann könnten wir genausogut würfeln oder losen. Es war niederschmetternd.

– Frau Severin sagt, daß, wenn es eine Verhandlung gibt wegen Annette, ganz bestimmt ein Psychologe ein Gutachten macht. Wahrscheinlich müssen wir alle hin. Weißt du denn, was du sagen willst, wenn sie dich fragen? Ich bin froh, daß ich für mich Klarheit habe. Aber wenn es darauf ankäme, ich meine bei Annette, auf unsere Meinung, und die Eltern sind unversöhnlich oder drehen durch, was sagen wir denn dann? Ich fürchte so sehr, daß ich Streit mit dir kriege. Aber wenn wir uns einig wären, könnten wir es vielleicht auch den Eltern erleichtern. Weißt du, ich meine, wenn wir überzeugt sind, und auch mitmachen beim Hinbringen und Abholen . . .

– Mensch, Vroni, du bist ja selbst schon eine halbe Psychopodin, du denkst an Sachen, ich muß einfach staunen. Und wir werden die vom Gericht bestellten Transporteure?

– Übertreib doch nicht so blöd. Wir können mithelfen, daß eine halbwegs friedliche Lösung zusammenkommt.

– Wir könnten schon Streit kriegen, Vroni. Wieso soll ich denn nicht, wenn ich sowieso hinfahre, Annette einfach für ein paar Stunden mitnehmen, wenn sie's grade will, oder falls ich mal dort wohne, sie halt holen, wenn sie anruft? Ist das so kompliziert?

– Leider. Du meinst es gut, aber du brockst dir zuviel ein, ohne darüber nachzudenken. Muß ich dir das ausmalen? Annette quengelt und will nicht essen oder sonst was, eine bestimmte Strumpfhose nicht anziehen, oder nicht zum Zahnarzt, oder sie hat schlechte Laune und ist eine Nervensäge, und dann brüllt sie: ich will zum Vati! Du kennst das doch, Mensch, und sie weiß dazu noch, daß sie, wenn sie verheult ankommt, gleich ein Eis kriegt, und dann kommst du angeflitzt und transportierst sie ab, und sie strahlt und triumphiert und fühlt sich gerettet vor der schlimmen Mami . . .

– Hör auf, Mensch, hör auf, du hast finstere Phantasien. Aber mir dämmert, was du meinst. Das könnte Dauerkrach mit Mami geben, oder sogar mit Papa. Verdammte Sch. . ., den Nebel hättest du mir ruhig lassen können. Da würde ja auch die Kleine anfangen, mit uns Politik zu machen, nicht nur die Alten.

Verdammt, verdammt. Wir werden noch froh sein, daß es das Gericht gibt. Dann soll er sie halt jedes Wochenende holen, zum Trost! Ich will sie ja auch öfter sehen!

– Es riecht nicht nur nach Streit, es stinkt schon! Du kannst doch kommen, wann du willst! Aber Vati nicht. Mami würgt, wenn er ins Haus kommt. Und du meinst, sie macht während der Woche die ganze Arbeit und ist immer da, und Schularbeiten und die Quengelei am Abend, und die Nervensäge, gut und auch viel schöne Stunden, und am Wochenende gibt es Ferien und Verwöhnung bei Vati und ganz andere Spielregeln.

– Hör doch auf, Vroni. Du redest, als ob Annette ein Biest sei während der Woche, und als ob man sie zähmen müßte. So ein Quatsch. Aber mit einem hast du recht: das mit der Verwöhnung. Annette hat so einen flehenden Augenaufschlag, wenn sie flötet: Vati, bitte, lieber Vati, kauf mir dies und kauf mir das. Da wird der fast immer weich und ist natürlich stolz, wenn er sie so glücklich sieht. Er ist der große Spendierer, und zu Hause, bei Mami, wirkt's dann ein bißchen ärmlich. Verdammt auch, ist das ein Zirkus. Was die sich eingebrockt haben, das kommt ja erst ganz allmählich zum Vorschein. Da haben wir's ja fast noch gut. Ich will keinen Streit mit dir, hörst du. Was schlägst du vor? Zum Teufel, es muß doch Platz bleiben für Entscheidungen aus dem Augenblick, wenn's halt Spaß macht, sich zu sehen.

– Das wäre gut. Ich hab genauso geredet wie du, aber manche Erfahrungen, die Frau Severin gemacht hat, die leuchten mir ein. Es ist besser, es mit einer festen Regelung zu probieren, und wenn es gut geht, kann man auch mehr aus dem Augenblick entscheiden, später, wenn es eine Weile gutgegangen ist, meine ich. Verstehst du? Manchmal möchte ich, daß du mitkommst zu ihr.

– Vielen Dank. Oder vielleicht später. Ich finde es gut, was du so mitbringst. Das reicht doch. Hast du Kleingeld dabei?

– Wozu?

– Ich will mal was in die Musikbox werfen, wir dampfen ja vor Ernst. Am liebsten würde ich die ganze Bude hier unter Lärm setzen. Du warst mir verlorengegangen, Mensch, kapierst du das denn nicht? Du heulst, wenn du's brauchst, und rennst zur Severin, und kuschelst dich an Mami, oder steigst wieder in den Mustopf! Und ich? Ich warte, bis ich Sprechstunde habe bei dir, und dann muß ich noch stundenlang erklären, warum ich in den ›Elefanten‹ will, und dann trödelst du noch rum.

– Sei doch nicht so böse. Du hast mich ja überzeugt. Ich treffe dich gern auf neutralem Boden, sozusagen in der Schweiz. Es riecht hier auch viel weniger nach Verschwörung, als wenn wir zu Hause in einem Zimmer hocken und Mamis neues Parfum macht mir eine rosa Stimmung. Das ist unglaublich. Es riecht dann nach Paris, weißt du, nach Ausbuddeln und Mamis Schulmädchenstimmung mit Dieter und ihrem verjährten Französisch ... aber was schaust du denn so? Christof, wo bist du denn jetzt?

– Ich weiß es nicht genau. Ich habe nur so Gesichter vor mir gesehen. Zuerst das von Gerda. Ich bin, wie du weißt, ein bißchen fasziniert von ihr, aber gerade eben habe ich sie gesehen fast wie eine leere Faschingsmaske. Komisch. Sie tanzte so vor meinen Augen, als wollte sie mich verwirren. Dabei führe ich sehr vernünftige Gespräche mit ihr. Sie nimmt mich ernst. Sie kann etwas ganz Ungewöhnliches: sie spricht mit mir über Vati, über unsere Familie, und über mich. Und nun ist sie doch die Freundin von Vati, und Mami hat ja ganz selten über ihn gesprochen, so daß man dachte, er ist mit Geheimnis umgeben, und man war ein bißchen eingeschüchtert. Und ich dachte: aha, das ist Loyalität unter Eltern, über den anderen nichts sagen, ihn durch Schweigen schützen. Und jetzt erlebe ich etwas ganz anderes: Gerda spricht über ihn, erklärt mir ihn sozusagen liebevoll, und ich habe in keinem Augenblick das Gefühl, sie sei nicht loyal. Natürlich wählt sie aus, aber nicht angestrengt, sondern ein bestimmtes Bild, das sie von ihm hat, und das sicher nicht das gleiche ist wie das von Mami. Kunststück! Und das teilt sie so frei mit, daß du das Gefühl hast, wir sprechen über einen gemeinsamen Freund und mögen uns, weil wir den gleichen Menschen mögen, auch wenn wir ihn grade erst entdecken oder zu verstehen anfangen. Manchmal, das gebe ich zu, ist sie ein wenig Partei, nämlich dann, wenn sie einfließen läßt, warum es zwischen den Eltern vielleicht nicht gehen konnte. Aber an diesem Punkt begnügt sie sich mit knappen Andeutungen, so daß du die Freiheit hast, allein weiterzudenken. Mich bringt das Ganze natürlich in Konflikte, manchmal. Denn es ist ganz klar, daß Vati ihr vielleicht schon jahrelang viel von uns, und vor allem von Mami erzählt hat. Wenn ich Mami wäre, würde ich auch rasend vor Wut. Sie wundert sich, warum er so wenig offen mit ihr spricht, und über sie wird längst anderswo verhandelt. Mich packt auch die Wut, wenn ich mir das ausmale. Und jetzt kommt der Konflikt, das ist das Verrückte: ich profitiere davon, daß er mit ihr schon so lange spricht und sie sich eingedacht hat in die Personen. Normalerweise denkst du ja, die neue Freundin ist eifersüchtig auf die alte Ehefrau. Wird sie ja auch manchmal heimlich sein. Aber zwischen denen muß schon so viel gelaufen sein, daß Gerda eine Sicherheit hat und gegenüber Mami überhaupt nicht zickig ist. Verstehst du: Mami kann Gift und Galle spucken, und ich verstehe sie, und Gerda ist ganz ruhig und hat auch viel Respekt vor Mami. Das hebt mein Bild vom Alten so: er hat sich nicht einfach beklagt, er hat Mami durchaus so geschildert, daß du nicht ein Zerrbild vor dir hast. Es ist alles so verrückt: dadurch, daß er Gerda schon so lange von seinen Problemen erzählt hat, hat er Fortschritte gemacht. Also, wenn du so willst, war ich schon so eine Art Adoptivsohn von Gerda, oder Quatsch, sagen wir ein Neffe, ein junger Verwandter, so daß ich ihr gar nicht so fremd vorkomme, und sie mir auch nicht. Wenn ich mit Mami verbündet bin, könnte ich die beiden verprügeln wegen ihrer schäbigen Heimlichkeit, und wenn ich nur an mich denke, ist es, als hätte der neue Blumentopf für mich schon lange bereitgestanden. Ich übertreibe wie verrückt. Aber du verstehst vielleicht, warum ich Mamis Nähe, ich meine, eine große Nähe, und Zärtlichkeit, und Trost oder so, schlecht aushalte. Was du von ihr erzählst, macht mich froh. Ich sehe sie auch neu, ich gönne es ihr wahnsinnig, daß sie was Eigenes auf die Beine stellt, ich brauche es sogar, damit ich in meinem neuen Blumentopf nicht gräßliche Schuldgefühle kriege.

– Lieber Christof, ich hab ganz ruhig zugehört, mit dem gleichen Gefühl wie da oben in Saas Fee, als du den Brief vorgelesen hast. Ich staune so über all das, was in dir vorgeht und dann fast fertig herausbricht. Komm, laß uns ein Stückchen gehen, ich brauche Bewegung, eine kleine Pause, ein bißchen Schweigen, ein bißchen Gehen im Gleichschritt mit dir. Ich häng mich einfach ein, nein, komm hier lang, ich möchte durch den Stadtgarten gehen. Wann denkst du denn das alles zusammen?

– In der Schule, oder auf dem Fahrrad. Oder nachts, zwischen zwei und vier, wenn ich nicht schlafen kann.

– Wie, du bist manchmal nachts von zwei bis vier wach? Da wäre ich ja tot am Morgen. Und dann gehst du trotzdem in die Schule?

– Richtig, und sitze in der Bank und glaube, ich habe einen ganz glasigen Blick und gucke durch alle durch und denke.

– Merkt das jemand, ich meine, die, die neben dir sitzen, oder die Lehrer?

– Es sitzt nur Georg neben mir, und der weiß Bescheid. Er gibt mir einen Schubs, wenn es wirklich wichtig ist, mal aufzupassen. Die meisten Lehrer merken es nicht, weißt du, ich kann sie ja anschauen, sogar ins Gesicht, oder in die Augen, ich schaue durch. Da muß einer schon wirklich hinschauen, ich meine, er muß wissen wollen, ob du ihn wirklich siehst, damit er es merkt. Nur der Deutschlehrer läßt sich nicht täuschen, aber da ist es ja auch manchmal interessant.

– Kommst du dir eigentlich überlegen dabei vor? Weißt du, ich bin völlig fasziniert, daß du, wenn du denkst, ja eigentlich in den Minuten oder Stunden kein Schüler bist, sondern ein Mensch, der über ganz wichtige Sachen nachdenkt, und die Schule ist nur so eine Art Hintergrund. Und du riskierst sogar schlechte Noten, und daß die dich für einen Dummkopf oder ein verträumtes stilles Wasser halten. Verglichen mit dir bin ich noch eine richtige Schülerin, die es den Lehrern recht machen will. Und du?

– Ach, Vroni, das wäre mir manchmal auch lieber. Es ist mir ja auch unheimlich, wenn ich so weit weg bin von den anderen. Darüber könnte ich zum Beispiel mit Mami nie sprechen. Mit Vati vielleicht, aber auf die Idee bin ich noch nie gekommen. Aber Gerda habe ich es erzählt, und sie meinte, ich soll das tun, was jetzt in diesen Monaten für mich richtig und wichtig ist. Wenn die Noten, falls ich studieren will, zum Abitur hin wieder wichtig werden und ich mich bemühe, meint sie, kann ich wieder aufholen. Weißt du, sie traut mir zu, daß ich später mal irgend etwas mache, was nicht jetzt schon vorgezeichnet ist. Sie sagt einfach, ich soll Vertrauen zu mir haben. Das würde Mami vielleicht zur Hälfte auch unterschreiben, aber sie ist sicher besorgt. Es ist komisch, daß eine fremde Frau in mich mehr

Vertrauen hat als die eigene Mutter. Vielleicht ist das normal. Du merkst ja, Vroni, daß ich dauernd beschäftigt bin mit Vergleichen und Rechtfertigen, ich will Mami nicht kränken, ich mag sie, und ich will aber auch das Neue in mich hineinlassen ...

– Jetzt fühle ich mich dir wieder näher, ich meine, bei dem Ausdruck: das Neue in mich hineinlassen. Ich tu das ja auch, mit vollen Zügen, mit Mami, mit Frau Severin oder wenn ich Tagebuch schreibe ...

– Vroni, du schreibst Tagebuch?

– Was ist denn daran komisch, Christof?

– Gar nichts, gar nichts. Es ist so merkwürdig, daß ich jetzt eine Schwester habe, die Tagebuch schreibt. Es ist ja noch nicht lange her, da fand ich dich dämlich, eigentlich eine Störung für meine Interessen. Ich fand dich raffiniert, wie du dir, in ziemlich kindlicher Unschuld und Frechheit, Vorteile verschafft hast, ein Biest und zu nichts Ernsthaftem nütze, und jetzt schreibst du Tagebuch und entzifferst wahrscheinlich die Familienrätsel, und deine eigenen.

– Richtig. Und weißt du, was neu ist? Daß ich ganz sicher bin, daß Mami nicht hineinschaut. Früher hatte ich überhaupt keine Geheimnisse vor ihr, und hab ihre Fragen und ihr Bescheidwissen über mich nie als störend empfunden. Und jetzt, ohne daß wir darüber gesprochen haben, zieht sie einen etwas größeren Kreis um meinen Schreibtisch. Ich finde es phantastisch, daß ich ganz sicher sein kann, sie tut nichts heimlich. Dabei warte ich eigentlich auf den Tag, wo ich über manche Gedanken, die ich aufgeschrieben habe, mit ihr sprechen kann. Ich träume davon, ihr manches vorzulesen ...

– Vroni, was ist jetzt?

– Du, ich habe wieder an den Anfang unseres Gesprächs gedacht, als wir losgegangen sind vom ›Elefanten‹. Du warst plötzlich auch so abwesend, wie ich gerade, und hast dann gesagt, du hättest so Bilder vor den Augen, und dann kam das mit Gerda und dem Blumentopf und so weiter, aber du hast von mehreren Bildern geredet! Es ist übrigens unheimlich, daß dir Gerdas Gesicht wie eine leere Maske vorschwebt, während du so lebendige Sachen von ihr erzählst.

– Liebe Vroni, ich habe eine dunkle Idee darüber, aber das will ich noch in Ruhe ausbrüten. Das greift so tief ein in mein

Inneres. Sie ist ja nicht maskenhaft. Also mache *ich* das. Punkt, aus! ... Das andere Bild, ja, das ist Annette, ich meine, ein bestimmtes Gesicht, das sie in letzter Zeit manchmal macht.

– Sie macht viele Gesichter. Welches meinst du?

– Sie guckt auch so maskenhaft, es sieht aus wie verträumt, auf den ersten Blick, aber wenn ich genauer hingeschaut habe, bin ich erschrocken. Sie scheint erstarrt, und nur ganz tief innen spürt man, daß sie noch lebt.

– Ja, Christof, ich habe es auch gesehen. Wenn man sie stört, kommt sie nur mühsam zum Vorschein. Man scheint ihr einen Augenblick lang fremd, sie kommt wie von weit her und kann aber nichts darüber sagen. Nachher ist es ganz weg, und sie ist wieder die lebendige Annette. Ich habe immer gedacht, sie ist diejenige von uns, die am wenigsten allein ist. Ich habe geglaubt: sie ist wütend, traurig, gierig, aber sie kann es immer zeigen und verliert nicht den Kontakt, wenigstens nicht den zu Mami. Und jetzt sehe ich: sie geht an einen Ort, wo es auch keine Mami mehr gibt. Ich glaube nicht, daß ich mit sechs Jahren an solche Orte gegangen bin, wie ich es jetzt bei Annette sehe. Weißt du, da sie nicht darüber sprechen kann, muß sie noch mehr allein sein damit. Ich stell mir das vor wie beerdigt, vergraben, ich finde gar keine Wörter. Was passiert mit ihr? Sie ist doch das normalste Kind. Kommt das alles vom Familienkrach? Wo taucht sie hinein? Warum kommt sie wieder raus? Am schnellsten geht es immer noch bei Mami. Aber Mami hat es auch schon gemerkt, sie konnte es zuerst überhaupt nicht ertragen, wenn Annette, auch nur für ein paar Sekunden, sie so ganz fremd, wie vom Mond, angeschaut hat ...

– Meinst du, so kleine Kinder können schon wirklich ganz allein sein? Sie kann doch jeden Augenblick zu Mami rennen, und sich ankuscheln?

– Genau das tut sie aber dann nicht! Sie sitzt in einer Ecke und ist weg, wie vom Abgrund verschluckt. Man möchte dann zu ihr rennen und sie zurückholen, aber du unterbrichst sie nur dabei, sie ist auch nicht froh, herausgeholt zu werden. Ich habe richtig Angst um sie. Weißt du, wie es mir vorkommt? Ich glaube, diese ganze Geschichte macht einen tiefen Riß in ihr, noch viel weiter innen, als ich es neulich mit dem Auseinanderzerren gemeint habe. Der Riß kommt, auch wenn die Eltern sich nicht um sie streiten. Einfach dadurch, zum Beispiel, daß Vati nicht mehr dazugehört. Soll ich mal was ganz Doofes sagen?

– In letzter Zeit sagst du fast nie doofe Sachen, ehrlich.

– Trotzdem. Ich meine, über Annette denke ich manchmal Sachen, die ich gar nicht denken sollte, oder noch nicht. Ich fühle mich überfallen von Gedanken, vor denen mir graust. Dann denke ich schnell daran, wie albern ich in der Schule oder mit den Freundinnen sein kann, oder auch mit Mami, nicht albern, sondern lustig ...

– Also, was sind das für Gedanken?

– Wenn du zugeschaut hast, wie Vati mit Annette getobt hat, jubelnd und verliebt, und wie sie dann nachher erschöpft geschmust haben; oder wenn Mami schon auf war und Annette ging zu ihm ins Bett, dann war es ...

– Was ist?

– Ich fürchte, du lachst mich aus.

– Quatsch, ich spüre doch selber, daß da was Unheimliches ist in ihr, und wenn er geht, ich meine, was das für sie bedeutet. Deshalb bin ich ja dafür, daß er sie fast jederzeit holen kann ...

– Ach so, Christof, dann muß ich mich bei dir entschuldigen ...

– Nein, ich gebe dir recht mit dem Chaos, das man anrichtet, wenn man das seiner oder ihrer Willkür überläßt. Aber jetzt sag deine Gedanken.

– Gut. Also, wenn du die toben oder schmusen siehst, dann denkst du, die sind noch ganz anders verbunden als zwei unabhängige Personen, die sich mögen und zusammengehören. Sie ist dann fast wie ein Teil von ihm, sie umklammert ihn, als seien sie zusammen *ein* Klumpen. Und so wie mit ihr ist er mit niemandem von uns. Er bildet weder mit uns noch mit Mami, solange ich mich erinnern kann, so einen Klumpen, und wenn ich es sehe, kommen mir die Tränen. Dieser Klumpen, das Zusammengewachsene, wird jetzt zerstört. Und ich glaube, wenn sie so weg ist, dann ist sie beim Klumpen, und bei seiner Auflösung. Und dieser Klumpen geht auch kaputt, wenn du sie dreimal in der Woche zu Vati fährst. Weil er nicht mehr dazugehört. Sie kann nicht zusammengewachsen bleiben mit jemand, der nicht mehr dazugehört. Außerdem glaube ich, selbst wenn das ginge, dann gehört es zu dieser verdammten Geschichte, daß sie spürt, Mami weniger nah zu sein, wenn sie an Vati festhält. Jetzt bin ich saumäßig müde und ein bißchen schwindelig und will auf die nächste Bank. Jetzt sind wir ja weit weg von zu Hause. Wie kommen wir heim?

– Das kann ich dir sagen, falls du nicht wieder ein Gesicht machst wie bei dem Frühstück auf dem Berg, ich meine, weil du deinen Kinderkaffee nicht getrunken hast und wir zwanzig Franken ausgegeben haben. Wir werden nämlich ein Taxi nehmen.

– Christof, denk doch an Mami, wenn die uns aussteigen sieht... Hast du denn soviel Geld?

– Fünfzig Lire, reicht das?

– Für fünf Bonbons, glaube ich.

– Richtig, dann muß ich ihm halt einen Dukaten geben.

– Quatschkopf. Aber ich will nicht, daß du Mami schockst.

– Ich schocke kein Mamilein. Wir steigen genau *vor* der Ecke aus und wandern die hundert Meter bis zum Haus. Einverstanden?

– Mensch, Christof, genial, wenn es nicht so umwerfend einfach wäre. Mir fehlt manchmal eine Gehirnhälfte. Immer dann, wenn es um solche Tricks geht, ich meine, wenn man einen andern hintergehen soll, dann werde ich einfach dumm. Dabei ist es ja kein böser Trick. Und trotzdem ist etwas Unwahrhaftiges daran. Ich kann dann Mami nicht in die Augen sehen.

– Ich schon. Ich will dir auch sagen, warum. Ohne solche Tricks, ich meine, wenn alles in Ordnung ist, mit freundlichen Tricks, die dem andern einen Schock ersparen, weil er halt bestimmte Dinge noch nicht fassen kann, ohne solche freundlichen Tricks funktioniert keine Erziehung. Ich hab nie viel gesagt, oder höchstens innen, im Kabarett, aber seit zwei Jahren hat mich das sehr interessiert, mit welchen freundlichen Tricks die uns erzogen haben. Ich war sehr erstaunt. Die haben es oft selbst nicht gemerkt. Nun gut, wenn ich jetzt Mami einen kleinen Schock erspare, dann kann ich ihr trotzdem noch gut in die Augen schauen. Da kommt übrigens eins. Komm, steig ein.

– Du, weißt du, daß ich erst dreimal Taxi gefahren bin in meinem Leben? Woher hast du denn soviel Geld? Ich dachte, du sparst für ein großes Segelflugmodell?

– Richtig, Vroni, ich spare dafür. Aber jetzt gerade hab ich halt Geld für ein Taxi gespart, für dich und mich, zum Heimfahren. Oder sollen wir wieder aussteigen?

– Nein, nein, ich finde es herrlich, daß du mich auf diese Weise heimtransportierst, ich bin ja so verdreht, ich hätte mich heute vielleicht verirrt in der Stadt und nicht nach Hause gefunden. Trotzdem, woher hast du das Geld?

– Ich glaube, normalerweise sollte man das einen Mann nicht fragen, der einer jungen Frau eine bequeme Heimfahrt spendiert. Falls dich das beruhigt: es stammt nicht von der Mafia, und das mit dem Heroinhandel habe ich mir auch noch mal überlegt. Nach dem Dampferkrach in Zürich haben wir zu dritt beraten, das heißt, Gerda hat Vati beraten und ich habe mit offenen Augen und Ohren dabeigesessen. Sie hat gemeint, es sei sowieso besser, wenn wir rechtzeitig lernen, mit Geld umzugehen, und so kriege ich jetzt im Monat fünfzig Mark, auf einen Batzen, und brauche keine Rechenschaft abzulegen. Glotz nicht so!

– Ich glotze, wie ich will. Habt ihr über mein Taschengeld auch geredet? Oder hast du hauptsächlich für dich gesorgt?

– Vroni, ich gebe zu, das ist ein heikler Punkt. Wir haben nicht über dich geredet, und ich wollte dich nicht hintergehen. Ich meine, du solltest das solange mit Mami ausmachen, bis du mit Vati wieder normal, oder zum ersten Mal normal reden kannst, vielleicht auf eurer Reise.

– Trotzdem bin ich sauer, sogar stinkesauer. Ich fühle mich mal wieder so richtig als kleine Schwester, und du Angeber lädst mich großmütig zum Taxifahren ein. Ich will aussteigen und heimlaufen.

– Mach doch keinen Quatsch, laß uns lieber ruhig darüber reden, wie du auch zu einem vernünftigen Taschengeld kommst. Außerdem ist nicht mein ganzes Geld Taschengeld. Ich mache manchmal mit Georg zusammen, mit den Rädern, Botenfahrten, mit Akten und eiligen Briefen und so, für seinen Vater, und da springt auch was raus. Sei nicht so ungeduldig mit dir. Aber das

Gefühl, eigenes Geld zu haben, ist ganz schön, besonders beim selbstverdienen.

– Christof, laß uns hier aussteigen, nicht so nahe an zu Hause. Nicht wegen Mami, aber ich will doch noch ein bißchen gehen, ich bin wieder fit. Außer im Kopf. Da dreht sich jetzt erst mal die Taschengeldfrage. Du hast mich gierig gemacht, du Mafiasympathisant.

– Du kannst mich nennen, wie du willst. Das mit dem Gehen war eine gute Idee. Laß uns langsam gehen, Vroni, mir ist so komisch zumute. Ich fühle mich ganz matt, als sei ich doppelt so schwer wie sonst. Es ist sehr merkwürdig.

– Was hast du?

– Beim Aussteigen aus dem Taxi, hier in der Nähe unseres Hauses, war plötzlich alles so anders. Es geht gar nicht nur um Mami. Wenn ich mit dir im Taxi nach Hause fahre, ist irgend etwas anders. Das ist ja gar nicht mehr lange mein Zuhause. Ich habe eine gräßliche Abschiedsstimmung. Ich wandere mit dir auf ein Haus zu, von dem ich mich trennen muß. Ich lebe irgendwie dazwischen. Ich bin schwer und fühle mich ins Leere fallen. Alles ist verändert. Ich bin so lange nicht mehr auf diesem Weg nach Hause gegangen. Ich gehe hier, wir gehen hier, und dort um die Ecke ist unser Haus. Guck dir diesen Sonnenuntergang an. Diese intensive Abendstimmung . . .

– Schön, und traurig, und herrlich. Du hast noch nie über Stimmungen von Wetter und Natur und Tageszeit gesprochen! Riechst du die blühenden Rosen, den Flieder? Wein doch nicht!

– Doch, Vroni, ich weine, und du blöde Ziege willst es mir noch ausreden und schwärmst mir die Ohren voll, wie gut es dir tut. Ich begreif dich nicht.

– Entschuldige, Christof, es tut mir so leid, ich rede wie Mami zu einem Kind. Es ist so neu, ich bin aufgeregt, wenn du weinst. Laß mich dich in den Arm nehmen, oder verderbe ich damit alles? Ich will dich nicht trösten . . .

– Laß mich in Ruhe!

– Nein, laß mich doch *einen* Satz sagen. Es muß etwas Schlimmes sein, dachte ich, wenn du weinst, und da habe ich Angst bekommen und gesagt: ›Wein doch nicht‹, es war dumm, wein doch nur, ich bin still.

– Hast du ein Taschentuch? Laß uns noch eine kleine Runde machen. Das war viel heute. Ich muß erst mal durchatmen. Klau doch für Mami einen Zweig dort, und laß mich einen Moment allein . . .

– . . . kann ich wiederkommen, Christof?

– Also komm. Du hättest es mir fast versaut. Es tut gut, du hast recht. Ich laß es einfach laufen . . . es war viel heute, und ich hätte gern Pause . . . ich hatte dich fast verloren, ich war ohnmächtig. Falls ich dich wieder ein paar Wochen nicht finde, schreibe ich, und wenn es von Tür zu Tür ist. Es war viel heute. Und ich fürchte, es kommt noch mehr. Schau doch Annette, was macht die allein vor dem Haus?

– Sie guckt und guckt, als würde sie auf jemand warten. Sie schaut in die Richtung, aus der wir gewöhnlich kommen. Es sieht so aus, als wäre Mami nicht da. Um diese Zeit? Sie wartet doch, oder sie hat Streit mit Mami. Aber dann sitzt sie trotzdem nicht vor dem Haus.

– Du riechst schon wieder eine ganze Menge. Mir würde das nicht so auffallen, daß das ungewöhnlich ist, wenn sie vor der Türe sitzt und die Straße hinunterschaut.

– So schaut sie eben nie, ich meine, so sitzt sie nie da, allein, und wartend, und wie verlassen. Annette! Hallo!

23

Nach diesem langen Gespräch finden Christof und Vroni Annette wartend vor der Haustür, weil die Mutter ganz plötzlich zu einem Rechtsanwalt gefahren ist. Annette fragt verzweifelt, ob ein Rechtsanwalt oder ein Richter alles wieder in Ordnung bringen kann; Christof und Vroni machen sich Gedanken darüber, daß sie vielleicht zu einem Psychologen zur Begutachtung müssen, und versuchen sich die Sitzung beim Gericht vorzustellen. Annette kann es nicht fassen, daß sie für den Vater zum Abendessen keinen Teller mehr hinzustellen braucht

– Vroni und Christof, kommt doch ganz schnell. Lauft nicht so langsam, Mami ist nicht da, sie kommt aber bald wieder, sie ist ganz schnell weggegangen. Sie hat einen Brief bekommen, weil Vati zum Gericht gegangen ist, und er muß ganz viel Geld bezahlen für einen Rechtsanwalt, und die Mami hat geweint und ist aufgeregt, und jetzt kauft sie auch einen Rechtsanwalt, sie ist ganz schnell gefahren, weil es sonst keinen mehr gibt. Er ist sonst weg und verreist, wenn sie nicht schnell kommt. Sie muß ihm auch viel Geld geben, daß er einen Brief schreibt für sie.

– Na, Vroni, da war sie wirklich ziemlich aufgeregt, wenn sie das alles Annette noch erzählt hat, bevor sie weggefahren ist. Ich bin so müde, und jetzt geht's also mit dem Rechtsanwalt los.

– Was für einen Brief schreibt der Rechtsanwalt, Vroni? Ist es jetzt wegen dem Taschengeld, von wem ich das kriege, und ob ich einen Hasen auf Vatis Balkon stellen darf, und wer ihn füttern muß? Ich sage dem Rechtsanwalt alles, was er schreiben soll, daß Vati ganz lieb sein muß und uns Geld geben muß, und daß er ganz oft kommt.

– Ach, Annette, wir wissen es doch noch nicht. Ich glaube, Vati möchte, daß es beim Gericht endlich aufgeschrieben wird, wie oft er uns und dich sehen kann oder will, und wieviel er bezahlt für uns, es muß aufgeschrieben werden, daß die sich trennen und nicht mehr zusammen sind.

– Warum muß der das aufschreiben? Das sieht man doch, daß Vati nicht mehr da ist. Er soll lieber aufschreiben, daß er zurückkommt. Kann er das, Christof?

– Nein, ich glaube, das kann er nicht. Sonst wäre er ein Zauberer. Vati wird nicht zurückkommen. Wir können ihn jetzt nur noch besuchen oder mit ihm verreisen . . .

– Aber er ist doch gar nicht mit mir verreist. Ich bin allein verreist. Kann der Rechtsanwalt das auch aufschreiben, daß Vati mit mir verreisen soll?

– Ja, so etwas kann er aufschreiben. Was meinst du, Vroni, das könnte ein Trost sein, wenn es mit dem Besuch nach Bedarf und jederzeit und wenn einer grade Lust hat nicht geht. Weißt du, Annette, weil Mami und Vati wieder anfangen zu streiten wegen den Besuchen, deshalb bezahlt man zwei Leute, die das für Vati und Mami machen, kann man das so sagen, Vroni?

– Klar, und ich glaube, daß sogar noch jemand dabei hilft, nämlich eine Psychologin.

– Was ist denn das?

– Also, das ist eine Frau, die ganz viel davon versteht, was Kinder wollen und brauchen, zum Beispiel wenn sich die Eltern trennen. Wenn wir zu ihr gehen, kannst du ihr alles sagen. Sie wird nicht alles gut finden, was jeder von uns will. Es muß ja für jeden gerecht sein, und vor allem darf es nicht soviel Streit geben.

– Wie heißt sie, Vroni? Ich meine, kennt sie mich?

– Nein, sie kennt uns auch nicht, genausowenig wie der Richter. Vielleicht ist das sogar gut, sonst zieht sie einen von uns vor, den sie lieber mag.

– Ich will aber, daß sie mich ein bißchen lieber mag, und Vati . . . und Mami. Du sollst nicht lachen, Christof-Lümmel. Sonst schreibt sie nicht auf, daß Vati mit mir verreisen muß. Und warum war Mami so aufgeregt und hat mich nicht mitgenommen? Sie hat die Handtasche fast nicht gefunden, und den Autoschlüssel. Und zweimal hat sie ein anderes Kleid angezogen. War sie noch nie bei einem Rechtsanwalt, Vroni?

– Nein, das glaube ich nicht. Wenn sie so aufgeregt ist, dann deswegen wahrscheinlich, weil es jetzt ganz ernst wird mit der Trennung. Ich wäre auch aufgeregt. Sie muß dem ja alles erzählen, warum sie soviel streiten, und warum Vati weg ist, und ob sie das auch will, mit uns alleine leben. Christof, hilf mir doch ein bißchen: warum war Mami so aufgeregt?

– Ja, Vroni, du hast ja recht, jetzt wird es ernst. Und sie muß jetzt einer Art Amtsperson sagen, daß es hier nicht mehr weitergeht. Ich glaube, sie muß vor diesem Mann eine ganz große Pleite eingestehen und schämt sich. Und wenn der für sie ihre Interessen wahrnimmt, dann heißt es auch, daß es einen Kampf gibt, mit dem anderen Rechtsanwalt. Jetzt gehen bezahlte Kämpfer aufeinander los, wie früher die Söldner, bloß nicht mit Schwertern. Bei Georg habe ich manchmal, wenn ich dort bleiben durfte, im Fernsehen solche Sachen gesehen. ›Ehen vor Gericht‹, heißt das, ich glaube, das gibt es jetzt auch noch, manchmal. Wenn die Anwälte aufeinander losgehen, sitzen die Eheleute manchmal nur noch da und glotzen. In einem Film waren die gar nicht zu bremsen. Und manchmal flüstern sie mit ihren Schützlingen, ich meine, mit dem Mann oder der Frau, und beraten, was sie jetzt am besten sagen. Da wird auch mit Tricks gespielt, und man merkt, daß die Fallen stellen. Und dann kommt die Psychologin mit dem schönen Gesicht und erklärt, was für die Kinder das Beste ist. Was meinst du, Vroni, ob alle Psychologinnen schöne Gesichter machen? Und warum?

– Mach jetzt kein Kabarett, und vor allem, mach Annette keine Angst mit Kampf und Schwertern ...

– Ich hab aber keine Angst. Schreit Vati die Mami auch an vor Gericht? Darf er das, Vroni?

– Es ist nicht verboten, aber ich glaube nicht, daß er es tut, sonst gibt es einen schlechten Eindruck ...

– Liebe Vroni, er wird nicht nur nicht schreien, er wird der vollkommene Ehrenmann sein, der cool und überlegen seinen Fall darstellt, durchdacht, sachlich, überlegen ... Da kriege ich wieder die Wut, selbst wenn ich ihn bewundere. Und wenn Mami nicht aufpaßt, dann heult sie und jammert ...

– Quatsch doch nicht, sie ist doch kein dummes Kind, sie wird es ja auch besprechen vorher ... Hoffentlich, hoffentlich, sie kennt sich ja nicht aus in solchen Situationen, und Vati sitzt seit Jahren in schwierigen Verhandlungen, wo auch Juristen dabei sind. Was ist, Annette, du hast eine Idee?

– Wenn Mami heult, beim Richter, kriegt der dann Mitleid? Dann soll sie doch heulen. Ich heule auch manchmal, wenn ich nicht ganz fest heulen muß. Mami lacht dann manchmal, dann heule ich noch mehr. Lacht der Richter Mami aus, wenn sie weint?

– Da siehst du's doch, Vroni, Annette fürchtet auch, daß sie heult, oder vielmehr, sie schlägt es ihr vor, wenn es nicht zu lächerlich wirkt.

– Ja, Mami soll ruhig heulen, wenn der Richter Mitleid hat und sie ein bißchen lieber mag.

– Lieber als wen? Als Vati?

– Nein, du Christof-Lümmel, doch nicht lieber als Vati! Lieber als die anderen Leute!

– Es sind doch gar keine anderen Leute da, es geht nur um Vati und Mami . . .

– Christof, halt die Klappe, und treib sie nicht in eine verzweifelte Situation. Du spürst doch, daß sie es mit beiden gut meint, und den Konflikt nicht voll erfassen kann oder will. Du Gangster, dir macht es Spaß, an die schlimmsten Stellen zu rühren. Du mußt ihr doch nicht alles sagen, was *du* denken kannst. Das reißt dich ja richtig mit. Ich glaube, du kannst das manchmal von außen sehen wie ein Fußballspiel.

– Richtig, Vroni, es tut mir leid. Ich fühle mich nicht so betroffen, die kämpfen ja hauptsächlich um Annette . . .

– Gibt es da auch Schläge, beim Kämpfen. Muß Vati mit Mami kämpfen, wer stärker ist?

– Jetzt hast du den Salat, Christof. Nein, Annette, kämpfen ist hier nicht schlagen, sondern die Anwälte und das Gericht suchen einen guten Ausweg. Und weil der nicht leicht zu finden ist, streiten sie mit Wörtern, damit Mami und Vati nicht wieder Streit kriegen. Und du, Christof, du gehst jetzt nach oben und guckst dir die Sportschau an oder einen Boxkampf oder von mir aus einen Krimi, und Annette und ich machen jetzt Abendbrot. Ja, Annette?

– Au ja! Ich hab noch nie mit dir gekocht. Was kannst du kochen? Kannst du schon mit vier Töpfen auf einmal kochen, wie Mami?

– Nein, höchstens mit einem. Da muß ich noch ganz viel lernen. Mami ist da ganz groß. Selbst bei einem Topf brennt es mir manchmal an, das weißt du doch. Du schreist ja schon, wenn es noch fast gar nicht angebrannt ist: mag ich nicht, mag ich nicht, schmeckt nicht, ich will Kekse, ich will Pudding, mag ich nicht ...

– Gar nicht, gar nicht, nur manchmal.

– Na gut, Annette, und weil du so schreist, wenn es nicht gut schmeckt, drum machen wir heute was Kaltes. Hol du doch mal Wurst und Brot und Käse und Teller und alles, ich probier einen Früchtequark.

– Au ja. Wie viele Teller?

– Das kannst du doch selber abzählen.

– Mami, Vati, ich, Christof, und du.

– Mensch, Annette, mach mich doch nicht wahnsinnig. Vati kommt doch nicht mehr!

– Dann deck ich auch nicht den Tisch. Ich mag keinen Früchtequark. Nur wenn Mami ihn macht. Vati mag auch keinen Früchtequark. Ich will Wurst und Schinken und Senf.

– Annette, dreh doch nicht durch.

– Ich dreh nicht durch. Aber du bist blöd und kannst nicht kochen und willst nicht, daß ich Senf esse. Ich will aber Senf. Ich will nur Senf. Gib mir einen Teller mit Senf, sonst heul ich. Und Nutella. Ich will Senf mit Nutella. Vroni, guck, ich kann den Stuhl umschmeißen.

– Hör auf, oder ich knall dir eine!

– Mach's doch, dann sag ich's Mami. Peng. Ganz schön laut, der Stuhl. Ich heb ihn nicht auf ...

– Annette, du Giftnudel. Ich geh jetzt nach oben. Und ich sag's auch Mami, was du für eine Nervensäge bist ...

– Nein, Vroni, geh nicht weg. Ich heb ihn auf. Wann kommt Mami? Ich habe Angst. Wenn sie dort auch die Handtasche verliert, muß sie zurück und suchen, und dann wird es vielleicht schon dunkel, und sie kommt *gar* nicht!

– Annette, heul doch nicht. Es tut mir leid mit der Nervensäge. Es war doch schlimm, das Warten auf der Treppe, wo Mami so aufgeregt weggegangen ist. Probier doch mal den Quark.

– Ich mag doch keinen! Hm, er schmeckt ziemlich gut. Ich will aber auch Senf, einen kleinen Löffel voll.

– Also gut. Von dem da?

– Nein, von dem scharfen, den Vati zur Wurst nimmt.

– Also gut, prost, guten Appetit. Schmeckt wahrscheinlich wie Grappa ...

– Aua, warum hast du das nicht gesagt? Spül mir den Mund aus, ganz schnell.

– So, liebe Annette, weißt du was? Wir hören jetzt auf mit Essenmachen und setzen uns ganz ruhig zu mir ins Zimmer, und ich lese dir was vor, bis Mami kommt. Ist das gut?

– Ja, das ist gut. Aber ich erzähl es Mami, daß du mir Senf zum Essen gegeben hast!

– Okay, Annette, erzähl es Mami. Und weißt du was? Am Sonntag kannst du den Senf vielleicht zu Vati bringen. Ich glaube, er hat ihn vergessen. Dann freut er sich. Und vielleicht fahr ich sogar mit. Einverstanden?

– Au ja. Wir machen einen Senfausflug. Vati braucht viel Senf. Mami nicht. Wieso eigentlich?

– Ja, Annette, das weiß ich auch nicht so genau. Komm, wir gehen jetzt vorlesen.

24

Wie Vroni mit Schrecken bemerkt, daß der Familienkrieg sich durch die Rechtsanwälte verschärfen kann, und warum sie doch notwendig sind; und wie sie langsam versteht, welche Absichten im Gesetz über die Scheidung stecken; sie hat Angst, daß Annette zum Zankapfel zwischen den Eltern wird

– Liebe Freunde, an dem Abend, als Annette den Senf essen wollte, war sie so aufgeregt und verdreht, daß sogar das Vorlesen nichts geholfen hat. Sie war wie angesteckt von Mamis Aufregung. Sie hat gespürt, daß da etwas ganz Wichtiges im Gange war. Vorhin wollte ich mich wieder hinsetzen und Tagebuch schreiben, aber dann erfahrt ihr nicht, was passiert ist. Mami war noch immer ganz aufgeregt, als sie kam, und erschöpft, und am nächsten Tag sind wir zusammen für einen Tag zu ihrer Freundin gefahren. Sie hatte nämlich einen Brief von Vatis Rechtsanwalt bekommen, in dem in ziemlich grobem Ton genau das verlangt wurde: daß Vati Annette jedes Wochenende holen kann, oder sogar, daß sie gebracht wird, und einmal zwischendurch noch während der Woche, und zwar halt so, wie er es wegen seinem Beruf gerade kann. Und weil so eine dicke gedruckte Überschrift auf dem Brief war, vornehm, und gleich mit mehreren Anwälten drauf, und in einem so komischen Ton, als wäre sie eine dumme, widerspenstige Ziege, da hat sie fast durchgedreht und gemeint, jetzt wäre alles schon zu spät, und ist zu ihrem Anwalt geflitzt, der gerade in Urlaub fahren wollte. Er hat sie ein bißchen beruhigt und versucht, in ihr auch den Kampfgeist zu wecken. Aber das gefällt ihr gar nicht, daß sie jetzt auch so einen Ton anschlagen soll, oder daß der Anwalt Briefe entwirft, wo sie genau weiß, daß sie Vati verletzen. Sie hat gesagt, der Anwalt habe sich so sehr auf ihre Seite gestellt, daß ihr Angst geworden sei, auch wegen dem vielen Geld, das sie von Vati verlangen kann. Ich habe nicht alles verstanden. Er hat zwar das Geld verdient, aber weil sie ihm den Haushalt geführt hat und bei uns war, und viel mit ihm gesprochen hat, früher, und oft seine Kollegen eingeladen waren und sie etwas Tolles zu essen gemacht hat, und sie indirekt auch an seinem Aufstieg beteiligt war, deshalb gehört von dem, was Vati gespart hat, auch ein guter Teil ihr. Sie konnte das zuerst nicht recht fassen, wieviel Ansprüche sie hat, die in groben und klaren Briefen angemeldet werden müssen. Ich glaube, sie denkt, neben aller Wut, so sehr, sie hat versagt, daß sie erstaunt ist, wenn sie nicht bestraft wird. Sie meint, sie müsse für jede Mark dankbar sein, die Vati ihr weiterbezahlt, aber so ist das gar nicht. Ich glaube, sie war erstaunt und dankbar, daß das Gesetz oder das Recht ihre Arbeit in der Familie, also für uns, höher einschätzt, als Vati das getan hat. Sie fühlt sich richtig anerkannt, nur der böse Ton, den der Anwalt gebrauchen wollte, hat ihr nicht gefallen, sie wünscht sich so sehr, daß Vati freiwillig seine Pflicht tut. Sie fürchtet, der Rest von Liebe geht verloren, wenn sie ihn zwingt.

Sie hat noch nie so offen mit mir gesprochen. Ich finde es ganz toll, daß das Gericht, oder die Gesetze, an solche Fälle gedacht haben. Aber wißt ihr was: wenn einer sich da auskennt, also zum Beispiel wenn Mami sehr raffiniert wäre und nur noch sich rächen wollte, oder rausholen, was geht, dann könnte sie Vati ganz schön in Bedrängnis bringen. Es hat mich ganz schön gegruselt, als ich hörte, daß ich auch Rechte habe, ihm gegenüber. Er kann nicht einfach gehen. Er muß für mich bezahlen, bis ich fertig studiert habe, mindestens bis ich siebenundzwanzig bin, oder so. Ich könnte es sogar einklagen. Das ist der schlimmste Gedanke, daß ich Vati verklagen müßte, ich will gar nichts davon hören. Ich hoffe, daß ich das nie tun werde. Er hat aber auch Rechte, zum Beispiel wegen der Erziehung, oder wo ich wohne, oder wann ich den Führerschein mache, oder falls ich, bevor ich achtzehn bin, eine Lehrstelle suchen will. Oder er muß unterschreiben, wenn ich mir etwas Größeres kaufen möchte, wo das vorgeschrieben ist. Wir bleiben also voneinander abhängig, und jeder könnte den anderen quälen, oder ihm Freude machen. Nur ist jetzt immer das Gesetz mit drin. Dabei geht es jetzt erst einmal um eine sogenannte Trennungsvereinbarung, bis zur Scheidung. Die müssen ja mindestens ein Jahr getrennt leben, bevor man überhaupt daran denken kann. Und Mami hat so Angst davor, eine geschiedene Frau zu sein. Sie möchte erst einmal verheiratet bleiben, selbst wenn sie ihn gar nicht mehr sieht. Sie fürchtet, wenn sie geschieden ist, hat sie gar keine Rechte mehr, und es ist alles wie Nichts und Null, was sie in ihrem Leben gemacht hat. Sie kann sich einfach nicht vorstellen, keinen Mann mehr zu haben. Sie will ja die Trennung auch, aber manchmal bricht es aus ihr heraus, und sie weint wie ein Kind, das man ganz allein in der Welt gelassen hat. Wenn sie nur mit ihren Eltern sprechen könnte. Aber die wissen überhaupt noch nichts.

Mami ist aber einverstanden, daß Mami und Vati weiter beide für uns sorgen, weil wir schon mitreden können. Aber bei Annette, da will sie kämpfen. Sie will nicht nur auf gar keinen Fall, daß Annette jedes Wochenende abgeholt werden kann, sondern sie will auch ganz allein bestimmen können, was aus Annette wird. Das heißt Sorgerecht. Sie will nicht, daß Vati ihr da dreinreden kann. Also eigentlich wird ihm das Kind richtig abgenommen, und ich bin sicher, daß er eine riesige Wut bekommt und auch kämpfen wird. Mami ist wie eine Löwin, und an diesem Punkt ist er nur noch der Feind. Ich fürchte sogar, daß sie ihn an diesem Punkt demütigen will. Aber ich bin nicht sicher. An manchen Tagen kann ich sie verstehen, an manchen nicht. Sie hat so sehr das Gefühl, daß er den Lauf ihres Lebens bestimmt hat, daß sie an diesem einen Punkt ihn ganz draußen haben will. Es ist bedrückend. Aber wenn sie immer wieder Streit kriegen, kann es tatsächlich besser sein, wenn nur sie Annette kriegt. Zu mir ist sie unglaublich fair. Weil die Anwälte sich nicht einigen konnten, müssen wir jetzt tatsächlich zu der Psychologin. Es gibt schon einen Termin. Mami weiß ja auch, daß von unserer, das heißt von meiner und Christofs Meinung viel abhängt, und sie versucht trotzdem nicht, mich zu beeinflussen. Vati hat es versucht, in einem Brief, der mich ganz durcheinander gemacht hat. Auf der einen Seite wirbt er um mich oder zeigt sich von einer Seite, die mich ganz voller Hoffnung macht, aber er meint dann gleichzeitig, daß er sich ja auch auf seine vernünftige Tochter verlassen könne, die nicht dazu beiträgt, daß ihm Annette ganz weggenommen wird, ich meine, bis auf ein Besuchsrecht in bestimmten Abständen. Irgendwie spürt er nicht, daß er da falsche Sachen vermengt. Ich war froh und traurig. Immer fürchte ich, ich könnte die Achtung verlieren vor ihm, wenn ich das spüre, daß er ein Taktiker ist, der nie ganz offen spricht, oder nie ohne Ziel. Ich habe ihm, mit Christofs Hilfe, zurückgeschrieben und versucht, ihm diese schmerzhafte Vermischung von Freundlichkeit und Taktik zu erklären. Selbst wenn ich in diesem Punkt mehr zu Mamis Seite neige, ich meine, mit Annette, so hab ich doch nichts gegen ihn. Aber ich weiß nicht, ob er das sieht, oder ob er seiner Enttäuschung dann freien Lauf läßt und Mami beschuldigt, sie habe mich auf ihre Seite gezogen. Wenn ihr mich nicht zu altklug findet, sage ich mit meinen Worten einen Satz von Frau Severin weiter: ›Ein Taktiker sieht auch die anderen als Taktiker‹, und deshalb finde ich ja Mami so fair, weil sie gar nicht daran denkt, mich auf ihre Seite zu ziehen. Sie würde sich, glaube ich, schämen, da Druck auszuüben. Sie kennt mich vielleicht auch ganz gut, obwohl wir nie darüber gesprochen haben. Christof kann das sogar bewundern, die Taktik. Aber dafür ist er auch so mißtrauisch, und ich bin krank, wenn ich Mißtrauen habe. Wenn Vati das nicht versteht, hat es gar nicht viel Sinn, mit ihm zu verreisen. Das weiß er inzwischen. Ich glaube, das Wichtigste ist, daß Annette nicht zum Zankapfel wird. Wir andern können uns wehren. Bei Christof bin ich immer noch unsicher, was er wirklich denkt. Es wechselt, wie bei mir. Er spürt viel besser als ich, was Annette für ihn bedeutet, auch weil er öfter bei denen ist. Es tut weh zu sagen: bei denen, als ob es ›die anderen‹ wären. Und ich habe einen großen Verdacht: er ist vielleicht nicht einmal wegen Vati so für die häufigen Besuche, sondern er merkt vielleicht, daß auch Gerda anfängt, sich nach Annette zu sehnen wie nach einem eigenen Kind. Und ein bißchen hat Gerda ihm ja den Kopf verdreht. Ich gönne es ihm. Er kommt anders daher, wenn er mit ihr lange gesprochen hat. Ich habe ein eigenes Wort dafür gefunden: Er wird entlümmelt und genießt es, und ich genieße es auch, sogar Mami, obwohl es ihr weh tut, daß *sie* das nicht genausogut geschafft hat. Aber sie freut sich. Mein Verdacht ist, daß er, weil er so dankbar ist, Gerda ein Stück Annette verkaufen will. Ich weiß, das ist biestig, so zu denken, ich schäme mich. Jeder ist jetzt an irgendeinem Punkt ein bißchen verrückt und nicht ganz berechenbar. Gerda hat an Annette einen Narren gefressen, sie ist verknallt. Das ist der einzige Punkt, wo ich Christof mißtraue, und es tut weh. Ich weiß nicht einmal, ob ich das der Psychologin sagen werde. Dann verrate ich ihn. Aber wenn ich es nicht sage, verrate ich Mami, und vielleicht Annette. Ihr gefällt es, zwei Mamis zu haben. Ob es für ihren Charakter gut ist, weiß ich nicht. Aber darf ich mir Gedanken machen über ihren Charakter, wenn sie doch so sehr eine zweite Mami haben will? Ich kann mir die Gedanken nicht aussuchen. Ihr findet mich vielleicht verdreht. Ich weiß ja nicht einmal mehr, ob und mit wem ich es gut meine. Manchmal sehe ich, daß ich neidisch bin auf Annette, und dann möchte ich gar nichts mehr sagen und denken und nur noch, wie Annette, in der Ecke sitzen und schweigen. Es ist ganz gut, daß es die Psychologin gibt, falls sie gerecht ist, und den Richter. Nur ist es schwer zu wissen, was diese Leute, die man nicht kennt, denken. Wenn man offen spricht, weiß man nie, ob sie nicht auf ganz andere Sachen kommen, ich meine, ob man nicht einfach Material liefert für eine Entscheidung, die dann ganz anders ist. In einer Woche ist der Termin bei der Psychologin. Hoffentlich werde ich nicht krank vor Aufregung. Vielleicht kann ich mit Christof vorher noch mal sprechen. Übrigens wollte ich ja noch von dem Besuch bei Mamis Freundin erzählen. Es ist nicht sehr viel passiert. Aber es ist ganz toll, so eine Freundin zu haben, ich meine, die man so lange kennt, und die sich einfühlt. Mamis Panik war hinterher weg. Sie hat verstanden, daß sie einfach durchgedreht hat. Ja, und dann haben die beiden etwas gemacht, bei dem ich nicht dabei sein durfte. Mamis Freundin hat ihr nämlich vorgeschlagen, mit ihr zusammen ein paar Situationen, die auf sie zukommen, und die ihr so Angst machen, einfach, wie auf dem Theater, einmal durchzuspielen. Zuerst fand ich es verrückt, und Mami hat sich ganz lange geziert. Aber dann bin ich mit Annette und den Buben zum Rummelplatz gegangen. Sie haben mir zwanzig Mark gegeben, die soll ich für alle einteilen, mit Karussell und Geisterbahn und Autoscooter und Eisessen und so weiter. Und dann sind sie mit Kichern nach oben ins große Zimmer gegangen und haben gesagt, sie probieren es. Hinterher, in der Bahn, hat Mami ein bißchen erzählt. Sie hat sich selber gespielt, beim Anwalt, und beim Richter, und dann hat sie den Richter und die Psychologin gespielt, und sogar Annette, sie waren beide ganz begeistert, und Mami will extra noch einmal hin und weiterspielen. Sie hatte ein freches Blitzen in den Augen, das ich nur ganz selten gesehen habe. Zum Beispiel in Paris. Ich werde Frau Severin fragen, ob ich das bei ihr auch probieren kann. Aber auch wenn sie nur mit mir spricht und mir sagt, worauf ich aufpassen muß, und wenn sie mir die Reaktionen der anderen und meine eigenen erklärt, finde ich es schon ganz toll. Hauptsächlich würde ich gerne ein Gespräch mit Vati üben, ich meine nicht einstudieren. Sondern gucken, warum er so verlegen wird, und ob ich nicht einfach losheule, und ob ich ihm überhaupt das sagen kann, was ich sagen will. Bis jetzt kann ich es nur schreiben. Aber wenn er da ist, oder ich bei ihm, ist doch alles ganz anders. Wenn Mami keine Angst hat, fühle ich mich auch besser. Das ist komisch. Ich bin anders als Christof. Wenn der merkt, daß ein anderer auch Angst hat, wird er ganz kühl und überlegen. Er riecht es, wenn ein anderer Angst hat, und dann ist sie bei ihm weg. Von Mami lasse ich mich noch immer anstecken, und dabei würde ich sie so gerne rausholen können.

25

Christof und Vroni treffen sich wieder im ›Elefanten‹ und berichten über ihre Begegnung mit der Psychologin Frau Rosenthal, die das Gutachten über das elterliche Sorge- und Besuchsrecht schreiben soll; sie staunen, wie verschieden sie die Begegnung erlebt haben; Christof lernt einsehen, daß Annette mit ihren sechs Jahren nicht immer zwischen den Eltern hin- und herpendeln kann, sondern daß sie bei der Mutter wohnen und den Vater nur zu festgelegten Zeiten besuchen wird

– Hallo, Christof, grüß dich. Es wird höchste Zeit, daß du kommst. Die jungen Männer da drüben können nicht fassen, daß ich nicht hergekommen bin, um mich mit ihnen zu unterhalten. Heißt das denn hier, wenn man allein kommt, als Mädchen, daß man Anschluß sucht? Als ich gesagt habe, ich warte auf meinen Bruder, haben die gegrölt wie eine Affenherde. Ich glaube, die haben mich nur in Ruhe gelassen, weil sie gesehen haben, wie verwirrt ich war, und wie rot ich wurde ...

– Es tut mir leid, daß ich mich verspätet habe. Aber es hat dir eine halbsaftige Lebenserfahrung eingebracht, das ist doch auch was. Hauptsache, du bist mit ihnen fertig geworden.

– Nein, den Eindruck habe ich eben nicht. Die haben mich einfach dann sitzenlassen und gemeint, wenn ich so lieb gucke, kriege ich auch eine Honigmilch. Sehe ich denn sehr nach Mustopf aus? Ich wollte eigentlich ganz keß reinkommen.

– Das ist es wohl, was sie mißverstanden haben. Hast du ein bißchen mit dem Po gewackelt, probeweise?

– Halt die Klappe, ich wackle nicht mit dem Po, ich habe nur getan, als sei das ganz selbstverständlich, daß ich hier reingehe, aber es hat vielleicht nicht ganz echt ausgesehen.

– Na gut, Vroni, zur Sache, ich bin so gespannt, wie's war bei unserer Psychologin.

– Erzähl du erst, du warst zuerst da.

– Nein, Vroni, heute nicht.

– Ich will aber nicht, daß du mich aushorchst, das tust du sowieso manchmal, du Taktiererlehrling.

– Nein, ich will nicht taktieren. Aber die hat mir ein paar Dinge gesagt, die mich sehr erstaunt haben, und wenn ich die sage, dann meinst du wieder, die hast du schon drei Monate lang im Kopf. Ein bißchen steif fand ich sie, fast unsicher. Ich glaube, sie hatte etwas mehr Einschüchterung erwartet. Ich habe ihr ein bißchen die Schau gestohlen, oder so, nicht ganz, sie war einfach erstaunt, wieviel ich, wieviel wir schon nachgedacht hatten. Weißt du, es kam mir so vor, als hätte die oft mit Kindern zu sprechen, die sich entweder noch kaum Gedanken gemacht haben, oder die sie sich nicht auszusprechen trauen. Sie war so warmherzig ermutigend, und ich brauchte das gar nicht, ich fühlte mich sozusagen mütterlich begossen, als wäre ich halb eingetrocknet oder verschüchtert. Es hat sie verwirrt, daß ich ihr einfach so zugeschaut habe, wie sie sich anstellt . . .

– Du bist aber auch rotzfrech. Du hast *sie* beobachtet, und sie sollte doch von dir einen Eindruck kriegen.

– Ja, wir haben ein bißchen gekämpft, wer schneller einen Eindruck hat. Sie tat mir fast ein wenig leid. Weißt du, sie saß da, voller Bereitschaft mir zugewandt, als ob sie es einstudiert hätte. Ich weiß doch nicht, ob die das immer so macht, drum frag ich dich doch, und du läßt mich quasseln. Wie alt mag sie sein?

– Vielleicht vierzig?

– Niemals, die ist höchstens zweiunddreißig. Na gut, ich habe beschlossen, ihr zu helfen, weil ich sie so nett fand.

– Du Angeber. Hältst du's denn gar nicht aus, wenn du nicht der Überlegene bist? Bei mir war's ganz anders, und ich fand ihre Aufmerksamkeit gar nicht künstlich. Hast du Kabarett gemacht mit ihr? Dann hast du einfach Angst gehabt, daß sie dir auf die Schliche kommt!

– Auf welche Schliche denn? Ich habe ein unschuldiges Gemüt. Aber sie ist noch unschuldiger, das war das komische. Irgend etwas hat sie befangen gemacht, und ich hab halt zugeschaut zuerst, wie sie Psychologin spielt. Ein paar Mal hab ich an dich gedacht, wie du wohl wärst in der Rolle, na, und so weiter, schließlich wurde es doch noch ganz entspannt, und ich habe so ziemlich alles erzählt, was mir zu einer Lösung einfiel. Aber jetzt erzähl du mal. Die Fragen, die sie gestellt hat, waren schon sehr gut, sie macht das nicht zum ersten Mal.

– Hör auf jetzt mit deinem gönnerhaften Ton, du machst mir

die Stimmung kaputt. Ich kann deinen überlegenen Standpunkt nicht brauchen, ich hab ihr vertraut und war froh, daß sie freundlich war und mich für voll genommen hat. Es ist auch schwer, sich in dich einzufühlen, das kannst du ja gar nicht ertragen. Mir fällt da kein Zacken aus der Krone, wenn ich auf freundliche Fragen antworte und mich aufgehoben fühle.

– Na schön, ich sage doch, ich bin auch wieder gelandet, und wir haben uns gut unterhalten, und als sie gemerkt hat, daß sie mich nicht begießen muß und die Hälfte ihrer Ermunterungskiste wieder einpacken kann, hat sie mal kräftig geschluckt und eine Art inneres Programm beiseite geschoben, und dann haben wir zusammen die Familie besichtigt. Eine komische Spannung gab's nur wegen Annette. Ich wollte das doch mal von einem Fachmann hören, warum Annette nicht zu Besuch kommen kann, wenn sie oder Vati das wollen.

– Dann haben unsere Gespräche überhaupt nichts genutzt.

– Aber Vroni, sei doch nicht gleich beleidigt, wenn ich mich nicht sofort vollaufen lasse mit deiner Weisheit. Ich wollte hören, was sie denkt, und wie sie mir das klarmachen kann, was sie denkt, oder die Wissenschaft, oder die Lehrbücher, oder die Erfahrung.

– Und was kam raus?

– Sie hat mich überzeugt, aber ich hab ihr's so schwer gemacht wie möglich. Es war eine Art Ringkampf, wo jeder allmählich Respekt kriegt vor dem anderen. Ich weiß jetzt gar nicht, ob ich dir alles sagen soll. Die hat noch mal umgeschaltet in dem Gespräch, es hat einen richtigen Ruck gegeben. Sie war so ein bißchen spitz, als ich sagte, wie gut ich die Gespräche mit Gerda finde. Ich glaube, sie dachte: ›Der ist mir ein bißchen zu fix mit der Alternative‹, oder so was, und der Ruck, den sie gemacht hat, den stell ich mir so vor: sie hat es einfach akzeptiert und gemeint, sie könne gut verstehen, wie schön das für mich sei, und dann hat sie einen sehr schlauen Bogen gezogen, nämlich von meinem Werben um Gerda, ja, so hat sie das genannt, das war ganz schön tief gestochert, und mir blieb kurz die Luft weg, also gut, der elegante Bogen war der, daß sie das schön für mich fand, aber sie meinte, man solle vielleicht die Geschichte mit Annette nicht damit verknüpfen. Wenn Gerda für mich eine Entdeckung sei, dann heiße das noch nicht, daß

Annette das ähnlich erlebe. Und in meiner Begeisterung, so meinte sie, ganz vorsichtig, das war wieder sehr schön, ihre Vorsicht, weißt du, wie wenn du eine halb süße, halb bittere Medizin kriegst, und du hörst den Doktor noch Reklame machen und dich loben, also, Vroni, die wußte ja nicht, ob ich den Schnabel aufsperre und schlucke oder ob ich ihr in den Finger beiße. Na gut, es war schön, ihre Vorsicht, und der bittere Teil der Pille war der, daß ich nicht, um Gerda eine Freude zu machen, mich wegen Annette so für Vatis und ihre Wünsche stark zu machen brauche . . .

– Mensch, Christof, ist die schlau. Wenn du so erzählst, ist das fast eine andere Frau als die, mit der ich gesprochen habe . . .

– Was soll das denn heißen: ist die aber schlau. Das kannst du doch nur beurteilen, wenn du genauso schlau bist oder schlauer. Oder willst du damit andeuten, du hättest den Gedanken auch schon gehabt?

– Längst nicht so klar, und ich hätte ihn nie so ausdrücken können, daß du ihn geschluckt hättest.

– Was soll denn das wieder heißen? Muß man mir gegenüber seine Gedanken besonders einpacken? Und du sagst, du magst Taktieren nicht. Vielen Dank. Ich kann ja noch lernen von dir! Aber jetzt erzähl doch mal endlich, statt mich auszuhorchen, welche Dame Rosenthal du angetroffen hast.

– Sei doch nicht gleich so gereizt. Man kann doch mit jemand ganz offen sprechen und trotzdem daran denken, wie manche Sätze auf ihn wirken, und wieviel er verträgt, und wann er noch zustimmen kann, und wann er sich wehrt. Also, ich hatte das Gefühl, ich brauche sie gar nicht beobachten oder belauern, ich hatte von Anfang an ein großes Zutrauen. Und das Wichtigste ist, daß sie verstanden hat, wie zerrissen man in einer solchen Situation ist.

– Kunststück, davon reden wir doch schon seit Monaten!

– Es ist aber trotzdem anders, wenn jemand, der viel Erfahrung hat, das noch einmal sagt. Du hast dann das Gefühl, daß jemand dich wirklich sieht, ich meine, womit du dich herumschlägst; und daß das jetzt eben die Lebensform ist, aus der wir lernen, und mit der wir wachsen. Habt ihr denn auch über die Besuche von Annette gesprochen, ich meine, konkret, wie oft, wie lange, und so weiter?

– Nein, dazu sind wir vor lauter spannendem Ringkampf und allmählichem Begreifen gar nicht gekommen.

– Also, jedenfalls *wir* Frauen haben darüber gesprochen. Mensch, es gibt doch bald diesen Gerichtstermin wegen einer Trennungsregelung, und damit gibt es auch eine vorläufige Entscheidung über das Sorgerecht und die Besuchsregelung. Ganz konkret. Als sie es mir erklärt hat, daß Annette eine Unregelmäßigkeit nicht so gut verträgt, hat es mir plötzlich eingeleuchtet, ich meine, was ich selbst geahnt habe. Ich hätte jetzt auch keine Schuldgefühle mehr, wenn sie mal brüllt oder quengelt. Sie sagt, so ein Kind kann sich noch nicht gut selber schützen, wenn man ihm eine Situation anbietet, wo es, weil die Erwachsenen streiten, von einer Seite verwöhnt wird, oder wo es sogar den einen gegen den anderen ausspielen kann. Sie kapiert das ja gerade, daß sie da eine Macht hat über die ganze Familie. Sie versucht dann herauszuholen, was geht, und den zu strafen, der nicht so lieb zu ihr ist, wie sie es gerade wünscht. Das hat nichts mit schlechtem Charakter zu tun, weil sie das ja entdeckt wie eine unverhoffte Macht, wo sie doch noch so klein und abhängig ist, und mit ihrem Kleinsein so allein in unserer Familie. Frau Rosenthal sagte auch, daß die Spannungen mit der Loyalität, also wem sie vertraut, wem sie aufrichtig alles sagen kann, zu wem sie welches Gesicht macht, noch über ihre Kräfte gehen, solange an diesem Punkt soviel Streit zwischen Vati und Mami ist. Verstehst du? Es ist ganz natürlich, daß Annette das ausnützt. Sie kann, sie muß nicht eine Taktiererin werden, wenn sie nicht genau weiß, wo sie hingehört, und wenn die Spielregeln dauernd wechseln, und wenn sie sogar bestimmen kann, wann die Spielregeln wechseln. Es kann sein, daß Vati das Gefühl haben wird, man bestraft ihn, oder Mami möchte ihn bestrafen. Deshalb schreibt sie das alles in einem Gutachten auf, damit er es auch in Ruhe lesen kann, und wenn er will, spricht sie mit ihm darüber. Es soll aber auch nicht wie ein Triumph für Mami aussehen.

– Das ist doch keine Psychologie mehr, das ist Politik, Politik mit Menschen und mit Bindungen und Strafe und Triumph.

– Richtig, ich war auch erschrocken, aber das Ganze hat doch einen Sinn, nämlich daß nach der Entscheidung nicht mehr dauernd und jeden Tag Politik gemacht wird. Verstehst du, es gibt keine ideale Lösung, aber vielleicht eine, aus der nicht neuer Streit und neue Unruhe entstehen. Und du sollst mitarbeiten dabei.

– Wie denn das?

– Stell dich doch nicht doof, Christof. Erstens, indem du das einsiehst, daß Annette eine klar festgelegte Situation hat, die Eltern auch, an der man nicht dauernd rüttelt, und indem du eine korrekte Lösung, zum Beispiel: Besuch alle vierzehn Tage, indem du das mitträgst und nicht weiter schmollst oder grollst oder probierst, das zu unterlaufen, wenn zum Beispiel Gerda bettelt, sie will mit Annette Eis essen oder sie, weil schönes Wetter ist, mit ins Schwimmbad nehmen. Und drittens, indem du dich traust, zum Beispiel vor Gericht und vor Vati, das auch zu vertreten, ohne Angst zu haben, du beleidigst ihn. Jetzt kannst du ein bißchen Mut zeigen und prüfen, was eure Freundschaft taugt.

– Geht deine Predigt noch weiter?

– Es ist doch keine Predigt. Du entdeckst doch auch gerade, wie Annette, eine neue Freiheit und Macht, und wenn du vor dem Richter klug und gerissen sagen würdest: wieso nicht alle acht Tage, weil es nämlich auch in deinem Interesse ist, weil du auf diese Weise was für Vati oder Gerda zu tun glaubst, dann könntest du vielleicht alles ganz schön durcheinanderbringen. Du sollst also auch auf ein Stück Macht verzichten, damit es allen besser geht.

– Hat denn Frau Rosenthal so viel Einfluß, daß der Richter sich danach richtet?

– Das weiß sie selbst nicht. Sie sagt sogar, der Richter urteilt nicht immer gleich, also, er hat keine berechenbare Linie, sondern der spricht ja auch noch mit uns, wahrscheinlich, wenn ihm das, was sie schreibt, und natürlich die Anwälte, wenn ihm daraus nicht eine Lösung schon klar ist. Er kann mit dem Gutachten machen, was er will. Er könnte die Besuche sogar nur alle vier Wochen zulassen, das ist sogar das normale, wenn die Spannung groß ist. Er kann auch eine vorläufige Entscheidung treffen, bis zur Scheidung, oder so lange, bis man sieht, ob wir, ich meine du und ich, ob wir damit umgehen können, wenn es keine genauen Vorschriften gibt und wir es mit Vati und Mami selbst aushandeln, wann wir sie besuchen, oder wann du uns besuchst. Bist du denn einverstanden, daß beide das Sorgerecht behalten?

– Das wäre mir das liebste. Ich suche aber im Kopf, nachts, oft nach Situationen, wo das schiefgehen könnte. Was ist zum Beispiel, wenn ich demnächst sage: Schluß mit der Schule, ich werde Lokomotivführer. Kann dann einer von beiden nein sagen, oder kriegen sie dann sofort wieder Krach? Weißt du, bei Mami, da ahne ich, was sie gerne hätte: Abitur, studieren, Architekt oder Arzt, das wäre in ihrem Sinn. Und ich weiß nicht, wie groß da ihr innerer Spielraum ist. Der von Vati ist sicher manchmal noch enger. Aber Gerda würde ihn auch dazu kriegen, zuzustimmen, wenn ich sage, ich gehe auf die Schauspielschule, oder werde erst einmal Kameramann, etwas Ausgefalleneres, als es in Mamis Kopf paßt.

– Du brauchst Mami nicht ewig für die höhere Tochter zu halten. Aber du kannst nichts dafür, du hast sie nicht in Paris erlebt. Für dich ist jetzt halt Gerda die große Schutzheilige deiner Entwicklung ...

– Stimmt, und so stark, daß es mir, wenn es kracht, lieber wäre, Vati hätte das Sorgerecht. Mit ihm werde ich eines Tages kämpfen können. Bei Mami würde ich immer Rücksicht nehmen, die kann mir einfach ein schlechtes Gewissen machen, einfach dadurch, daß sie sich grämt und Sorgen macht. Am liebsten würde ich allen Beteiligten allmählich erklären, was ich will, und nicht einen dabei ausschalten. Das hängt dann aber sicher sehr von mir ab. Deshalb bin ich für das gemeinsame Sorgerecht. Aber wenn es kracht, will ich zu Vati, verstehst du?

– Du brauchst mich nicht so wild anzugucken. Es tut mir weh, aber ich verstehe es trotzdem. Und dann mußt du verstehen, daß ich es genau umgekehrt will. Vati, das ist für mich die Vielleicht-Freundschaft. Aber solange es die nicht gibt, will ich nicht, daß er über mich entscheiden kann. Der weiß kaum, was sich in mir abspielt, und ob ich es ihm erklären kann, weiß ich auch nicht. Ich will schon, daß beide beteiligt bleiben, aber wenn es kracht, will ich nur von Mami abhängen ... Meinst du denn, daß wir eine gemeinsame Haltung einnehmen können vor dem Richter?

– Ungefähr, Vroni, ungefähr. Wir müssen ja nicht haarklein

das gleiche denken und beantragen. Aber im Prinzip sind wir einig. Am liebsten würde ich das alles noch mit Vati vorher besprechen, aber ich schätze, da hilft nur schreiben. Oder mit Gerda sprechen. Aber das mit Annette, das wird die ja am allerwenigsten schlucken.

– Du Christof, kann ich dich mal unterbrechen? Kennst du dich mit der Musikbox hier aus?

– Ja, wieso?

– Könntest du mal gucken, ob da was von Adriano Celentano drin ist? Und könntest du noch was für mich tun? Ich würde gern ein Achtel Wein probieren, aber nicht so einen bitteren wie den Dôle.

– Der Dôle ist nicht bitter, sondern herb. Aber ich weiß, was du meinst. Ich bin zwar nicht dein Erziehungsberechtigter, aber ich will auch nicht, daß du verwahrlost und zu früh zur Flasche greifst ... Du schaust, als würdest du dich hier ganz wohl fühlen.

– Alleine sicher nicht, mit dir zusammen ist das ein guter Ort. Es ist unsere Konferenzkneipe.

– Und was gefällt dir an Adriano?

– Wenn ich das sage, lachst du mich aus.

– Ich denke gar nicht dran. Also, paß auf, hier kommt ein Schlückchen Ruländer, aber paß auf, daß du nicht Alkoholikerin wirst. Wenn man aus zerrütteten Familienverhältnissen kommt, ist man anfällig dafür.

– Der Adriano, weißt du, das ist ein Mann, der seine Gefühle zeigen kann. Ich kenne die Texte nur auf deutsch, aber manche fast auswendig. Und wenn er singt, dann glaube ich, daß ich auch das Italienische verstehe. Ich bin gern hier mit dir. Also prost, auf unsere Konferenzen. Die brauchen wir sicher noch oft.

– Da hast du recht. Meinst du denn, daß wir Annette irgendwie beteiligen können? Nein, anders, das ist Quatsch! Du kannst ja mit ihr reden. Aber ich, wie finde ich einen Zugang zu ihr? Ich muß manchmal einfach lachen. Ich würde gern wissen, was *sie* erlebt hat bei der Rosenthal. Komm, wir gehen mal nach Hause und plaudern ein bißchen mit ihr. Laß uns auf jeden Fall jetzt nach Hause gehen, komm.

– Gut, gehen wir. Aber jetzt Annette interviewen, nein,

Christof, das finde ich jetzt zu gezielt. Da möchte ich eigentlich lieber mit Mami sprechen vorher. Sie hat sie ja hingebracht.

– Weißt du, was ich an dir bewundere, Vroni? Du mußt dich anscheinend gar nicht anstrengen, um dich in andere Menschen einzufühlen. Das kommt bei dir fast automatisch, daß du spürst, wo andere verletzlich sind. Ich meine – das fällt mir schwer zu sagen – weißt du, bei mir gibt es einen so großen Abstand zwischen der Beziehung, die ich zu mir selber habe, und der zu anderen. Verstehst du, was ich meine? Ich denke, es gibt mich und die anderen, und nur im Kopf kann ich sagen: aha, wenn ich so bin, sind die anderen vielleicht ähnlich. Aber es ist ein Gedanke, eine Schlußfolgerung, weil man ja annehmen kann: was mir weh tut, könnte anderen auch weh tun, und was mich freut, könnte die auch freuen. Wenn ich nicht extra, und manchmal angestrengt, daran denke, vergesse ich es. Und bei dir ist es immer da, du bist viel mehr verbunden mit anderen. Oft sehe ich vor lauter Sorgen um mich die anderen nicht mehr. Ich schäme mich ziemlich, aber selbst in der Familie komme ich mir vor wie eine andere Tierart, und ich müßte eigentlich dauernd im Lehrbuch nachschauen, was die anderen Tiere fühlen und wollen. Ohne dich hätte ich es vielleicht gar nicht gemerkt. Aber dann sehe ich bei dir dieses fast selbstverständliche Mitfühlen. Mir fehlt da was, es ist ganz komisch, ich beneide dich, aber ich hätte auch Angst, meine Freiheit zu verlieren. Ich kann es noch nicht einmal richtig in Worte fassen. Ich halte Abstand, sonst verliere ich mich selbst. Ich habe etwas von einem kleinen, anhänglichen Hund in mir. Wenn ich nicht aufpasse, können alle mit mir spielen. Wenn ich wirklich darauf achte, *wieviel* Sympathie ich brauche, dann verwischt sich eine Grenze. Manchmal frage ich mich, ob jemand meine Anhänglichkeit einmal ausgenutzt hat. Ich komme mir vor wie ein Bär, der mißtrauisch und bissig geworden ist und ein Einzelgänger, damit er kein Tanzbär an der Leine wird. Eigentlich sind die anderen Feinde. Und da du meine Schwester bist, schaue ich dir zu und sehe, die anderen sind für dich keine Feinde, und du tappst nicht in Fallen, wenn du sie fast genauso wichtig nimmst wie dich, und du wirst auch nicht, oder du fühlst dich nicht ausgenutzt, wenn du durchlässig bleibst für sie. Wenn bloß diese verdammte Sorge nicht wäre, daß ich meine Unabhängigkeit verliere. Weißt du, sogar mit

Annette könnte ich stundenlang auf dem Boden liegen, ihre Puppenstube reparieren, mit ihr spielen, nur damit sie mich nett findet. Und weil ich das fürchte, bin ich der Lümmel. Ich kann doch nicht heulen vor lauter Zuneigung zu ihr. Wenn sie wüßte, was es für mich bedeutet, wenn sie wie zufällig auf einem Spaziergang einmal meine Hand nimmt. Sie streckt sie ja dann herüber wie in ein Loch von Einsamkeit. Sie weiß nicht, wie tief das in mich hineingeht. Ich würde die Hand am liebsten nicht mehr loslassen. Ich fühle mich gierig, und sie hält mich meistens für unbekömmlich. Was kann ich denn machen? *Du* kannst mit ihr schmusen, und ihr plappert zusammen wie ganz verwandte Kinder. Du mußt dich einfach nicht anstrengen. Ich fürchte, sie würde erschrecken, wenn sie merkt, was für ein fremdes Tier ich bin, dem sie manchmal und wie aus Versehen zutraulich ins Fell faßt. Ich will kein fremdes Tier für sie sein. Ich bin böse, weil ich vor meinem eigenen Zutrauen Angst habe.

– Lieber Christof, mir wird ganz bang. Du wanderst ja durch eine Wüste, und keiner weiß es. Ich komme mir vor wie ein Häschen, das einfach loshoppelt, immer auf die anderen zu, und meistens passiert nichts Schlimmes. Annette weiß gar nicht, was sie an dir hat! Soll ich einmal mit ihr reden? Oder wie machen wir das denn am besten? Paß auf, wir gehen doch zu ihr, aber ohne den Plan, sie auszuhorchen, hörst du! Ich glaube, au weh, mir kommt ein Ausdruck wie aus einem Roman, ich glaube, Annette hat *auch* eine hoffnungslose Liebe zu dir. Wir sind bald zu Hause. Laß uns ihr was mitbringen, oder bring du ihr etwas mit. Hast du denn gemerkt, wie hilflos vor Freude Mami war, als du ihr den Fliederzweig neulich mitgebracht hast? Sie ist ganz eingeschüchtert von deiner Steifheit. Und sie fürchtet natürlich, daß du zu Gerda ganz anders bist, sie fürchtet es nicht nur, sie weiß es, und sie fragt sich, was sie falsch macht, oder ob sie nichts taugt für dich, oder ob sie deinen hohen Ansprüchen nicht gewachsen ist. Du siehst oft nur, wo *du* zu kurz kommst. Daß du den anderen schon viel geben könntest, siehst du nicht.

– Vroni, es ist eher so, daß ich nicht daran glaube, wegen meiner eigenen Gier. Ich hätte jetzt sogar Mühe, mir für Annette etwas auszudenken.

– Bring ihr doch Malpapier mit. Davon verbraucht sie ja

Unmengen, oder farbiges Papier, zum Ausschneiden und Kleben. Und schneid was mit ihr zusammen aus.

– Die kann ja noch nicht einmal wissen, ob ich sie wahrnehme, als Person. Weißt du was? Ich gehe nie zu ihr ins Zimmer, wenn sie allein ist. Ich strecke den Kopf zur Tür herein, aber es gibt nie eine Situation, wo sie und ich zusammen sind. Wir warten dann, ob jemand kommt, oder ob der andere weggeht. Es ist entweder einer zuwenig im Raum oder einer zuviel. Eigentlich fürchte ich wirklich, sie könnte mich komisch finden . . .

– Und sie denkt wohl, sie ist ein kleines Haustier für dich, im besten Fall die Nervensäge. Sie ist doch nicht umsonst so laut und aufdringlich manchmal, als würde man sie vergessen, wenn sie nicht Lärm macht oder Theater. Dabei könntest du ein Trost für sie sein, wenn sie Vati weniger sehen kann. Ich meine nicht ein Ersatz, etwas anderes, der große Bruder. Komm, laß uns reingehen. Vielleicht übersetzt Mami, dann freut sich Annette, wenn wir kommen. Guck doch, sie sitzt bei ihren Puppen, und Mami ist wohl oben. Ich gehe zu Mami hoch, und du bleibst bei ihr.

26

Wie Annette es nicht glauben will, daß Christof ihr etwas aus der Stadt mitgebracht hat; wie sie in Christof ihren großen Bruder entdeckt, der nicht nur ein Lümmel ist; und wie Christof und Annette ein Gespräch über die Besuchsregelung führen und zum erstenmal miteinander spielen

– Nein, Vroni, du sollst bei mir bleiben, und Christof kann zu Mami!

– Aber Christof hat dir was mitgebracht!

– Der?

– Ja, der! Und du willst es gar nicht sehen?

– Der hat mir noch nie was mitgebracht. Was hast du?

– Papier zum Malen und Ausschneiden.

– Das kauf ich morgen mit Mami in der Stadt.

– Hau nicht ab, Christof, und sei nicht beleidigt.

– Hat Mami gesagt, du sollst mir Papier mitbringen? Die Frau Rosenthal hat Mami und mich gefragt, ob du manchmal mit mir spielst, aber du spielst nie mit mir. Hat Mami dir Geld gegeben?

– Nein, ich hab dir von meinem Geld was mitgebracht.

– Von deinem Geld? Woher hast du es?

– Verdient, bei Georgs Vater.

– Au, fein, zeig her. So viel? Alles für mich? Wir brauchen den ganzen Teppich. Kannst du ein Meerschweinchen ausschneiden? Und ein Pferd? Und eine Kuh? Ich will einen Zoo aufkleben. Frau Rosenthal hat einen Zoo in der Kiste, und viele Leute, alles zum Spielen. Wir haben wieder weggemußt, und ich war noch gar nicht fertig . . .

– Womit warst du nicht fertig?

– Na, mit dem Aufstellen, alle Tiere, und Personen, und die Zäune und Bäume, und den Liegestuhl und die alte Oma und das Klo.

– Das alles gab's dort zum Aufstellen? Was hast du denn für Personen gefunden?

– Na, alle, Mami, Gerlinde, Vroni, Vati, dich, Bello. Und Tante Gerda, die mit dem schönsten Kleid. Und zwei Häuser, aus Klötzen. Und drei Autos. Tante Gerda hat nämlich auch noch eines. Dann haben wir drei. Alle fahren hin und her zwischen den Häusern. Oder alle drei fahren in Urlaub, wie eine Prozession. Nein, das geht nicht.

– Komm, ich probier's mal mit dem Schneiden. Du hast doch ein Bilderbuch mit Tieren, da können wir nachschauen, wie die genau aussehen. Was kannst du denn schon ausschneiden? Soll ich dir's aufzeichnen?

– Ja, einen Baum, eine Sonne und zwei Häuser. Du machst die Tiere. Und die Personen. Für die Mami nimmst du blaues Papier, grün für Vati, und rot für Tante Gerda. Nein, rot für Mami. Rot mag ich am liebsten. Warum spielst du heute mit mir? Der Baum soll rund sein, nicht so ein spitzer; doch kein Tannenbaum! Hat Vroni zu dir gesagt, du sollst mit mir spielen? Ich glaube, du spielst nicht gern mit mir . . .

– Ich weiß es noch nicht, ich muß es erst lernen. Vor lauter Schule hab ich vergessen, wie man spielt mit sechs Jahren. Wenn ich nicht weiter weiß, mußt du es mir sagen.

– Das macht nichts. Weißt du, wo der Kleber ist? Kannst du schon ein Marmeladebrot so schmieren, daß es nicht heruntertropft?

– Ich probier's, und der Kleber ist hier.

– Das Spielen mit dem Zoo in der Kiste und den Puppen war schön. Frau Rosenthal und Mami haben zugeschaut. Und dann hab ich nicht gewußt, wo ich Tante Gerda hinsetzen soll, ob bei Vati, oder in der Lärchenstraße, bei uns geht's auch nicht. Mami hat's auch nicht gewußt, sie hat gesagt, *ich* muß es wissen. Und da hat Frau Rosenthal gesagt, ob Mami nicht spazierengehen will, bis wir fertig sind. Vatis neue Wohnung ist so groß, daß Tante Gerda auch Platz hat, wenn sie will. Vroni sagt, vielleicht kann ich nicht jeden Tag hin, nicht einmal jeden Sonntag, und Frau Rosenthal hat auch gesagt, es ist vielleicht zu schwierig. Außerdem war nur ein Kinderbett in der Kiste. Man kann es nicht jeden Tag ins Auto laden. Zeig her! Dein Meerschweinchen hat aber viel gefressen. Mensch, ist das dick! Machst du jetzt ein Pferd? Und Personen?

– Ja, jetzt mach ich zuerst einen grünen Vati. Wie groß soll ich ihn machen?

– Er ist größer als die andern, mach ihn so groß. Warum hast du nie mit mir gespielt, ich meine, allein?

– Ich hab gedacht, du findest, daß ich nur ein Lümmel bin. Oft hab ich auch keine Geduld. Ich hab vergessen, wie es war, als ich sechs war. Oder acht. Weil, als ich acht war, war Vroni sechs, und ich *mußte* mit ihr spielen, und ich hab fast immer gewonnen, dann hat sie geheult und alles umgeschmissen. Weil ich schon acht war!

– Erzähl doch mehr, wie es bei euch war. Noch nie hast du was von dir erzählt. Bist du auch mit sechs in die Schule gekommen?

– Ja, genau wie du. Mami wollte immer, als Vroni in die Schule kam, daß ich sie begleite und auf sie aufpasse. Weißt du, das Spielen und mit ihr Gehen, das war nicht freiwillig. Immer mußte ich sie mitnehmen, und ich wäre lieber allein mit Georg weggegangen. Deshalb hab ich gedacht, Mädchen sind doof. Mit dir lerne ich vielleicht, freiwillig zu spielen, aber du mußt Geduld haben. Ich weiß nicht mehr, wie's geht.

– Das sieht aber doch aus wie ein Pferd, was du da machst.

Ich weiß nicht, ob Mami ein Pferd kann. Mit Knet kann sie keines. Es knickt immer um. Du kannst gut ausschneiden. Ist Mami traurig, wenn ich Tante Gerda mag?

– Au weh, du machst ganz schöne Sprünge. Jetzt schneide ich erst noch eine Kuh aus und denke nach, dann sag ich's. Aua, jetzt hab ich ihr ein Bein abgeschnitten, aber das kann man wieder kleben. So! Der dünne Schwanz ist am schwersten. Aber den braucht sie gegen die Fliegen. Fertig. Ja, ein bißchen ist Mami wohl traurig, wenn du zu oft hinwillst, und vor allem, wenn du hin willst, wenn ihr gerade Streit habt, oder wenn du eine Nervensäge bist.

– Warum? Dann bin ich doch weg!

– Ja, aber das ist zu einfach, weglaufen, wenn man Streit hat. Du rennst zu Tante Gerda, oder zu Vati, und die sagen dann vielleicht: ›Ach, war Mami wieder mal zu streng‹, und dabei war sie gar nicht zu streng, vielleicht, sondern du warst quengelig, oder sie hat es dir nicht richtig erklärt. Ja, und du rennst weg, und sie bleibt allein, und du fährst Eisessen, und sie räumt deine Klamotten auf. Das geht doch nicht. Du solltest nicht dorthin fahren, wenn ihr Streit habt, sondern, wenn es ausgemacht ist. Weil, wenn du wütend bist auf Mami, und die trösten dich, dann sagst du vielleicht etwas über Mami, was dir hinterher wieder leid tut.

– Ich sage aber fast nichts über Mami. Ich erzähl Mami auch nichts über Tante Gerda!

– Was willst du als nächstes ausgeschnitten haben?

– Einen Hund und einen Liegestuhl.

– Weißt du, wenn du zum Beispiel jeden zweiten Tag hingehst, dann kannst du ja bald gar nichts mehr erzählen. Mami will vielleicht auch nicht so oft etwas von Gerda hören. Also, wenn du am Sonntag hingehst, kannst du am Abend nicht alles erzählen, bei Mami, und dann gehst du am Dienstag wieder hin, und kannst wieder nicht viel erzählen, ich meine, von allem, was du am Montag mit Mami gemacht hast. Und so geht es weiter. Das ist doch anstrengend. Aber wenn du nicht so oft hingehst, kannst du auch Mami mehr erzählen. Es ist dann mehr wie ein Fest, wenn du hinfährst, und Vati hat mehr Zeit, und alle wissen, daß du kommst.

– Ihr sagt alle das gleiche: ich soll nicht so oft hin. Wenn du aber nie mit mir spielst! Vati kann toben mit mir, und Tante Gerda liest vor. Und mit wem soll ich spielen? Ich meine, von den Großen? Ich kann es dir schon zeigen, wie man spielt. Warst du nie im Kindergarten?

– Nein, gar nicht oft.

– Schade, dort spielt man fast den ganzen Tag. Gehst du auch von uns weg, weil du Tante Gerda lieber magst wie Vati?

– Ich mag sie nicht lieber, aber ich kann besser mit ihr sprechen als mit Mami. Ich gehe aber nicht wegen Gerda, sondern wegen Vati. So wie ich nie mit dir gespielt habe, so hat Vati nie mit mir gesprochen, oder ich nicht mit ihm. Und in Italien haben wir angefangen, es zu lernen. Kannst du das verstehen?

– Ja. Und warum bleibst du nicht hier und besuchst ihn?

– Weil ich ihn jeden Tag sehen will ...

– Das will ich doch auch ...

– Richtig, ach so, das willst du auch? Ja, aber, jetzt fällt mir's ein. Wenn Vati da war, hat er immer mit dir getobt und dir vorgelesen, selbst wenn er ganz wenig Zeit gehabt hat. Also, du hast fast jeden Tag was mit ihm gemacht, außer wenn er verreist war. Er hat dich immer ins Bett gebracht, wenn er da war. Und mit mir hat er nichts gemacht. Und jetzt will ich mal dran sein. Verstehst du das?

– Nur ein bißchen. Und bei dir wird Mami nicht böse, wenn du weggehst?

– Sie ist auch traurig. Aber sie wird nicht mehr so gut fertig mit mir.

– Das kommt, weil du so ein Lümmel bist. Aber weißt du, was Vroni sagt: wenn du zu Vati gehst, wirst du vielleicht kein Lümmel mehr. Also gut, dann geh. Vielleicht spielst du öfter mit mir, wenn du zu Besuch kommst. Oder wir spielen bei dir. Wann gehst du weg?

– Ich weiß es noch nicht. Vielleicht im Herbst.

– Gut. Das ist noch nicht bald. Du darfst nicht bald gehen. Erst müssen wir spielen lernen, und du mußt mir davon erzählen, wie du klein warst. Warst du gerne klein?

– Nein, nicht so gerne. Jetzt finde ich es besser. Das heißt aber doch nicht, daß du neidisch sein mußt. Du kannst besser spielen, und besser klein sein, als ich es konnte.

– Aber klein sein kann doch jeder, das muß man doch nicht auch noch lernen.

– Stimmt. Klein sein kann jeder, aber nicht jedem macht es so Spaß wie dir oft. Nämlich, ich weiß nicht, ob du das verstehst: als ich klein war, da war ich ja der erste von den Kindern, und da konnten es Vati und Mami noch nicht so gut, ich meine, sie mußten es erst lernen, und sie waren strenger, und sie haben auch schon gestritten wegen der Erziehung. So, wo kleben wir denn jetzt alles hin auf dem großen Karton? Willst du es so machen wie bei Frau Rosenthal?

– Nein, jetzt mache ich es so, wie es im Herbst ist: du bist weg, und du kommst zu Besuch. Wie zeigt man das, wenn du bei uns bist, aber nur zu Besuch?

– Da müssen wir noch Betten ausschneiden. Weil man da wohnt, wo das Bett ist. Bei uns gibt es dann sicher auch noch Gästebetten. Zum Beispiel wenn wir so schön spielen, daß es ganz spät wird, und ich bin zu müde zum Heimfahren, dann schlafe ich in einem Gästebett. Aber mein Bett, das ich jetzt ausschneide, das soll ich schon in Vatis neue Wohnung kleben?

– Ja.

– Und Gerda?

– Die hat ihr Bett in der Lärchenstraße.

– Und wenn sie spät am Abend bei Vati bleiben will?

– Ich weiß es nicht. Mach du's! . . . sie braucht vielleicht zwei Betten. Aber das gilt doch nicht. Doch! Schneid ihr zwei Betten aus.

– Schon gemacht. Aber wohin damit?

– Eines in die Lärchenstraße, und eines zu Vati!

– Aber in welches Zimmer?

– Ich hab jetzt keine Lust mehr zum Kleben. Kannst du mich auch durch die Luft schwingen, so wie Vati?

– Ich weiß es nicht, wir probieren's. Aber komm, laß uns erst aufräumen. Und ich habe Mami noch gar nicht guten Tag gesagt.

– Ich geh mit dir hoch und sag ihr, daß du mit mir gespielt hast. Nimm den Karton mit, sonst glaubt sie es nicht. Und Vroni auch nicht. Findest du immer noch, daß Mädchen doof sind?

– Nein, seit ich mit Vroni Skifahren war, denke ich das nicht mehr. Und du bist auch nicht doof. Ich hab gern mit dir gespielt. Fast freiwillig.

– Warum fast freiwillig?

– Vroni hat mir einen ganz kleinen Schubs gegeben, weil ich dachte, ich kann es nicht. Aber von jetzt ab kann ich es, vielleicht. Du kannst mir ja Noten geben.

– Au ja. Heute kriegst du *Gut*. Nicht Sehr gut! Weil du der Kuh das Bein abgeschnitten hast. Und weil du soviel gefragt hast: wo das Bett von Tante Gerda hin soll. Ich weiß es doch nicht. Keiner weiß es. Du sollst mich nicht Sachen fragen, die keiner weiß. Sonst bist du ein Lümmel.

27

Christof schreibt Vroni einen langen und ernsten Brief darüber, warum er nicht mit dem Vater und Gerda nach Finnland fährt, sondern lieber mit seinem Freund Georg in die Berge; und warum Georg erst jetzt für ihn ein richtiger Freund wird

Ende Juni

Liebe Vroni,
ich weiß nicht genau, warum ich Dir schreibe, ich hätte Dich ja auch in den ›Elefanten‹ einladen können. Es kommt vielleicht daher, daß ich ein komisches, fast pathetisches Gefühl habe, das ich auch gut finde, und das im Gespräch vielleicht verlorengeht. Wenn ich mit Dir *spreche*, habe ich ein starkes Gefühl von Solidarität. Ich bin nicht mehr so allein. In diesem Fall habe ich aber sowohl das Bedürfnis, allein zu sein, wie Dir etwas mitzuteilen. Findest Du's merkwürdig? Ich brauche es aber.

Vati hat mich eingeladen, mit ihm und Gerda drei Wochen nach Finnland zu verreisen. Es war eine große, große Verlokkung, ja, ich bin zuerst fast übergeschnappt vor Begeisterung, so sehr, daß ich zuletzt unruhig wurde und das wie ein Warnzeichen genommen habe. Ich glaube, ich habe noch einmal vollkommenes Familienglück, und sogar als einziges Kind, erhofft. Ich wußte nicht, daß das noch so stark ist. Ein Vater, der sich unter dem Einfluß einer neuen Frau so verändert, daß ich wieder Zugang zu ihm finde, oder er zu mir! Und mit ihr Gespräche über mich, die Schule, über Bücher, Beruf, wie ich sie nie mehr für möglich gehalten hätte mit einer erwachsenen Person. Aber da ist eben eine Art Rausch in mir losgebrochen, so als könnte ich in den drei Wochen alles nachholen, was es nicht gab. Und das geht nicht. Es setzt mich unter einen solchen Druck, weißt Du, in mir brodelt es, alles ist so neu! Und was passiert, wenn wir uns in Finnland plötzlich nicht mehr so gut verstehen; wenn meine alte Wut hochkommt; wenn die beiden Streit kriegen wegen mir? Die waren doch selbst noch nie drei Wochen allein zusammen! Es ist wahnsinnig schön gedacht von Vati, und auch Gerda ist dafür. Sie ist immerhin so helle, daß sie über Spielräume nachgedacht hat: also, zum Beispiel was ich machen könnte, wenn es mir mal langweilig wird mit ihnen. Sie formuliert das ja ganz vorsichtig. Ich könnte dann ein Rad mieten und in der Gegend herumfahren, oder ein Boot, aber es gibt nicht so sehr viele Möglichkeiten. Mal will sie allein sein mit ihm, mal will ich mit ihm am liebsten zwei Tage weggehen, mal möchte ich ihn vorübergehend zum Teufel schicken und den ganzen Tag mit ihr reden. Alles das läßt sich ja gut aushandeln, wenn man sich eine Weile kennt. Aber so könnte ich zu einem Störfaktor werden, ich hätte Angst, ob ich denen alles recht mache. Ich bin viel zu dankbar für die Entwicklung und habe trotzdem Mami gegenüber noch Schuldgefühle. Das liebste wäre mir, sie führen nicht so weit weg, und wir beide könnten in der Nähe eine Woche mit ihnen zusammen sein. Aber dafür ist es auch zu früh. Und das geht nur, wenn Mami in der Zeit wirklich und garantiert nicht unglücklich ist.

Vielleicht sagst Du, ich sei ängstlich. Gut, ich stehe dazu. Ich spüre eine Gefahr in dieser Reise zu dritt in ein fernes Land.

Ich habe mit Georg darüber gesprochen, weil ich dachte, nur so als Wunschphantasie, er könnte mitkommen. Aber das verändert ja auch für Vati und Gerda alles. Wir wissen, wir mögen uns, ich meine, Vati, Gerda und ich, aber wir sind ungeübt, und diese Reise ist, als wollten wir das Neue gleich von einem goldenen Teller essen. Lach mich nicht aus, ich kann nichts für meine Angst, es könnte etwas schiefgehen.

Georg hat fest bei seinen Eltern zugesagt, die nach Österreich fahren. Es ist bei ihm vielleicht sowieso das letzte Mal. Und da könnte ich mitfahren. Darüber wird noch geredet, ob wir das Ferienhaus nur so als Stützpunkt für uns beide betrachten, oder ob wir uns in der Nähe einmieten usw., für Georg sind das auch entscheidende Verhandlungen mit seinem Vater. Und wenn ich mitfahre, meint er, bekommt er durch mich mehr Spielraum, ohne sich gleich ganz absetzen oder im Familienanschluß ersaufen zu müssen.

Ich hoffe sehr, daß das klappt. Georg reagiert nicht mehr so gutbürgerlich auf unsere Familiengeschichte. Das hätte ja fast die Freundschaft zum Platzen gebracht. Er fand sich später selber spießig, wie der an der heiligen Familie hing und mich nicht mehr recht akzeptieren konnte. Er hat gefürchtet, ich würde zu anders, also, unsere Entwicklung würde so verschieden, daß wir nicht mehr Freunde sein könnten. Er hat gesehen, daß er auch unter dem Druck des Urteils der Eltern steht. Trotz seiner Bewunderung findet er doch manches auch bourgeois, wie er sagt, edelbourgeois. Bei dem ist, ohne viel Reden, manches passiert: die Hausbesetzungen, die Krawalle, die Polizeiprügeleien, die Brokdorfdemonstrationen. Er hat zwar nie mitgemacht und auch gedacht, er könnte sich dem souveränen Urteil seines Vaters anschließen, aber der ist ihm schließlich einfach zu ordnungsverknallt geworden. Jetzt redet Georg sogar davon, daß er nicht einmal mehr bis zum Abitur zu Hause bleiben will. Nicht die Eltern trennen sich also, sondern er sucht (und fürchtet) die Trennung oder Abnabelung von ihnen. Ich glaube, Georg stehen die richtigen Stürme erst noch bevor. Sein Wunsch, auch Anwalt zu werden, ist ganz schön ins Schwanken geraten. Er ist fasziniert vom Erfolg des Vaters, aber er sieht auch, wie glatt der in seiner Rolle aufgeht: ein imponierender Mann, aber man weiß nicht mehr genau, wo Rolle und wirkliche Person noch getrennt sind. Es hat mich aber sehr erleichtert zu sehen, daß Georg an vielen Konflikten, selbst wenn er sie in ganz anderer Form kriegt, auch nicht vorbeikommt. Ihm gegenüber habe ich meine Vereinsamung am meisten gespürt. Bei Dir war sie mir ja selbstverständlich, ich meine, *Du* kamst in meinem Innenleben nicht vor, vor unseren Gesprächen, aber Georg, das wäre ein wirklicher Verlust gewesen, ein entscheidender. Du warst ein einziger großer Gewinn, und ganz ohne Vorerwartung. Entschuldige die abstrakte Sprache. Ich habe keine Lust, mir wieder die Augen auszuwischen, wenigstens jetzt gerade nicht, wo ich so eine Art Lebensplanung für die nächsten Monate betreibe.

Liebe Vroni, was wirst Du machen? Stehst Du gar vor ähnlichen Problemen? Fährst Du mit Mami nach Paris, zur Endabnahme der Übersetzung? Aber sie wird ja Annette nicht schon wieder abliefern wollen. Ihr werdet schon eine Lösung finden. Wir könnten ja auch ins Auge fassen, für acht Tage eine Kinderreise zu machen, zu dritt. Wir haben uns wirklich ein bißchen angefreundet, Annette und ich. Darüber können wir aber vielleicht im ›Elefanten‹ reden. Konferieren! Tschüß, Vroni, Du bist die erste, die jetzt meinen Entschluß erfährt. Beim Schreiben bin ich ganz sicher geworden. Schreiben, selbst von Tür zu Tür, wie jetzt an Dich, gibt mir einen Innenraum in mir selbst.

Christof

28

Was Vroni auf Christofs Brief antwortet, und was sie auf ihrer Reise mit der Mutter und Annette nach Paris erlebt und bei der Freundin der Mutter in München, die mit ihr Theater spielt

Ende Juni

Lieber Innenarchitekt von Dir selbst,
ich lache überhaupt nicht, ich schaue Dir immer wieder staunend zu und bin verblüfft, wie verschieden und wie ähnlich wir sind. Ich brauche nämlich auch Familienbeistand. Eine Woche fahre ich mit Mami nach Paris, und dann vierzehn Tage zu Mamis Freundin. Mami nimmt Annette wohl die ganzen drei Wochen mit. Die Sache mit den Kinderferien begeistert mich. Wie wir das Mami beibringen, weiß ich noch nicht. Könnten wir die Kinderferien nicht zu Hause machen, ich meine, da kennen wir uns am besten aus. Wir können doch nicht für uns Grünschnäbel eine Ferienwohnung mieten oder ins Hotel gehen! Und zu dritt können wir uns auch bei noch so guten Freunden nicht

einquartieren. Also, ich versuche Mami Kinderferien zu Hause schmackhaft zu machen. Dann müssen wir, wenn Du kochst, nur die eigene Küche renovieren und wissen auch, wo der nächste Arzt wohnt. Je mehr ich darüber nachdenke, desto schöner finde ich es, einmal das ganze Haus eine Woche nur für uns Kinder zu haben. Wann machen wir die nächste Konferenz im ›Elefanten‹? Ich habe mit Mamis Freundin telefoniert. Sie ist bereit, mit mir auch Rollenspiel zu probieren. Manchmal schnappe ich fast über vor Spaß am Leben. Wer hätte gedacht, daß wir aus unserer Katastrophe so viel herausholen? Gute Entlümmelung, mein Lieber, wünsche ich Dir, völlig unhochnäsig, weil ich mir gleichzeitig guten Ausstieg aus dem Mustopf erhoffe,

Deine Vroni

– Liebe Freunde, wahrscheinlich seid ihr jetzt auch in Ferien, verreist oder zu Hause. Ich hoffe, ihr habt es schön. Mit Christof hatte ich noch zwei Elefantensitzungen, bevor wir uns in alle Richtungen zerstreut haben. Wir waren richtig verbündet in unseren Plänen, uns ein wenig unabhängig zu machen. Christof und Georg sind in der Nähe von Georgs Eltern auf einem Bauernhof einquartiert und haben ihre Räder mitgenommen. Vati ist mit Gerda in Finnland. Die Woche in Paris war einfach herrlich. Es gibt jetzt zwar nicht mehr viele Franzosen in Paris, aber dafür um so mehr Touristen. Ich kenne jetzt schon ziemlich viele Museen und kann am Tag schon allein Metro und Bus fahren und komme auch an. Zum Beispiel quer durch die Stadt zum Montmartre. Dort habe ich von einem Straßenmaler ein Bild von mir zeichnen lassen. In einer halben Stunde ein fertiges Porträt, und so schön, wie ich noch gar nicht aussehe. Vielleicht in zwei Jahren! Er hat mich jedenfalls erwachsener gemalt, als ich bin. Ich glaube, ich werde es Vati schenken. Er soll wissen, daß ich auf die Freundschaft mit ihm warte. Das ›Danach‹, nach Auszug, Trennung und vielleicht Scheidung ist in dem Bild angedeutet.

Während der Woche haben wir noch nicht viel gearbeitet, aber jetzt sitzt sie mit Dieter ein paar Stunden am Tag an der Übersetzung und ist stolz. Sie hat sogar schon den nächsten Auftrag. Und Annette plappert mit den Nachbarskindern schon die ersten Brocken Französisch. Und jetzt, hier bei Leonore und den Buben? Es ist große Klasse. Die kennen so was nicht wie eine große Schwester und wollen, daß ich den ganzen Tag mit denen spiele, vorlese oder wegfahre. Und die Sache mit dem Theaterspielen finde ich so phantastisch, daß ich die Idee am liebsten, wenn es meine eigene wäre, verkaufen würde. Könnt ihr euch das vorstellen, daß ihr nicht nur euch selber spielt – das ist ja schon aufregend genug in neuen, unbekannten Situationen, die man sich ausdenkt, oder die sowieso in der Zukunft auf einen warten, wie zum Beispiel die Sitzung vor Gericht – aber könnt ihr euch vorstellen, daß ihr auch andere spielt, und dann wechselt man den Platz und antwortet; oder jemand anderes, wie zum Beispiel Tante Leonore, antwortet, so wie sie meint, der andere könnte antworten? Ich war tagelang aufgeregt, und manchmal wollte ich nicht mehr aufhören, und dann wieder einfach weglaufen, weil auch so schlimme Dinge hochkamen. Am leichtesten war es noch, mit Christof zu sprechen, oder Christof zu spielen. Zuerst war es wie Kabarett, und dann habe ich ihn, glaube ich, immer tiefer verstanden. Als ich Mami spielte, da wollte ich auf einmal einfach nicht mehr, weil ich so einen Knoten im Hals hatte, und dann habe ich aber Vati auf der anderen Seite des Tisches, ich meine, an dem vorgestellten Tisch in unserer Küche, dermaßen angeschrieen, daß ich selbst über mich erschrocken war. Mami muß eine fürchterliche Wut im Bauch haben, aber Vati ja auch. Aber auf Mami einschimpfen, das konnte ich einfach nicht. Ich konnte Vati trotzdem viel erklären, ich hab geheult und ihn angemeckert und mir ganz viel von ihm gewünscht. Ich glaube, ich kann jetzt auch in Wirklichkeit mit ihm sprechen, und die Anhörungen beim Richter machen mir nicht mehr solche Angst. Und dann habe ich noch eine Auseinandersetzung mit dem Klassenlehrer gehabt, die hatte sich auch gewaschen; wenn er das wirklich gehört hätte, hätte er vielleicht einen Herzinfarkt bekommen. Ich wußte gar nicht, wie lange ich mich schon über ihn geärgert hatte. Ja, und dann, aber jetzt verrate ich sehr viel von mir, dann hat sich bei mir zum ersten Mal eine Vorstellung von einem Studium und einem Beruf gebildet. Beim Theaterspielen und bei den langen Gesprächen danach mit Leonore. Es könnte sein, daß ich, falls ich es schaffe, Psychologie studiere. Dann könnte ich selbst einmal mit Menschen, die in großen Spannungen und Problemen leben, so ähnlich arbeiten, wie es Leonore mit mir gemacht hat. Ich weiß nicht, ob ich es schaffe, aber sie hat gemeint, sie kann es sich vorstellen. Ja, und jetzt geht es noch eine Woche, dann beginnen tatsächlich die Kinderferien zu Hause.

29

Wie die drei Geschwister zum erstenmal ohne die Eltern zu Hause Ferien machen; wie sie das erste Frühstück zubereiten; wie erschrocken sie sind, als der Briefträger einen Brief vom Gericht an die Mutter bringt; wie sie überlegen, ob sie die Mutter durch einen Anruf in Unruhe stürzen sollen; was Annette sich vom Richter wünscht; wie der Brief vom Gericht als Drohung auf dem Tisch liegt; und wie sie ihn schließlich öffnen und lesen

– Hallo, ihr Kinder! Seid ihr auch schon aus den Ferien zurück? Drei Wochen war ich in Frankreich. Und für Paris sagt man dort nur Pari, ohne s. Wer noch nicht dort war, sagt es falsch. Wo wart ihr? Überall? Christof und Vroni denken sicher, ich schlafe schon. Denkste! Ich hab die Augen zugemacht nach dem Vorlesen und gehört, wie Christof zu Vroni sagte: hoffentlich schläft sie bald und macht keinen Zirkus. Müde bin ich schon. Wir waren im Schwimmbad. Mein Kopf ist ganz heiß. Mami hat auch schon telefoniert, jetzt ist sie seit Sonntag bei ihrer Freundin. Sie hat mich fast nur abgeliefert zu Hause und ist wieder weggefahren. Für Christof und Vroni hat sie drei große Zettel geschrieben, an was die alles denken müssen. Der Lümmel hat gelacht, als er die Zettel vorgelesen hat. Es waren aber lauter richtige Sachen drauf: einkaufen, Zähne putzen, Tiere füttern, Lichter ausmachen, Haustüre abschließen, Herd abstellen, Annette um acht spätestens ins Bett bringen, Kompottdose aufmachen zum Brei, Blumen gießen, Frau Müller, die bei uns putzt, Bescheid sagen, Mülleimer rausstellen, Spülmaschine ausräumen, und so weiter. Wir haben es beim Frühstück gestern zusammen auswendig gelernt und immerfort gelacht, weil, wer nicht weiterkam, mußte aussetzen, und der nächste mußte wieder von vorn anfangen. Auch heute beim Abendessen haben wir fast die ganze Zeit gelacht. Da haben wir die Speisekarte auswendig gelernt, die Mami uns aufgeschrieben hat, mit Sachen, die leicht gehen zum Kochen. Christof und Vroni haben aber das große Kochbuch gefunden, und morgen wollen sie was Kompliziertes machen, etwas von Italien. Aber nicht Spaghetti. Das ist zu leicht. Ich kann sowieso nicht schlafen, weil alles so aufregend ist. Ich höre sie doch auch drüben im Wohnzimmer schwatzen und Musik hören. Christof hat Vati nachgemacht. Ich hab gelacht und geweint, da hat Vroni es ihm verboten. Manchmal ist Vroni so streng, daß Christof gehorchen muß, obwohl er größer ist als sie. Vati hat mir eine Karte geschrieben aus Finnland, und Tante Gerda hat auch unterschrieben. Finnland ist schön. Am nächsten Sonntag holt mich Vati. Er bringt mir sicher etwas mit. Und Gerda auch. Und Mami auch. Heute war ich keine Nervensäge, und Christof war kein Lümmel zu mir, nur zu Mami, beim Vorlesen der Zettel. Schlaft gut. Morgen früh darf *ich* die Brötchen holen, und Vroni hat heute abend schon das Müsli gemacht für morgen.

– Morgen Annette, hast du gut geschlafen?

– Nein, ich hab überhaupt nicht geschlafen. Ich bin schon ganz früh aufgewacht. Hast du nichts gehört? Ich hab ganz laut umgeblättert heute morgen im Bett, und ganz laut gesungen, weil es so still war. Der kleine Zeiger ist schon beim Achter vorbei.

– Und du hast uns trotzdem schlafen lassen! Das ist lieb. Willst du schon die Brötchen holen? Ich hab noch Sand in den Augen. Und wenn wir den Frühstückstisch fertig haben, weckst du dann Christof? Falls du ihn wach kriegst. Wie könntest du das machen?

– Ich kann zwei Arten von Wachmachen: ich kann ihn wachschütteln, nein, drei Arten: wachschütteln, wachbrüllen und wachschmusen. Weil er gestern kein Lümmel war, tu ich ihn heute wachschmusen.

– Das wird ihm sicher gefallen. Aber weißt du was? Ich hör

schon was auf der Treppe. Also wird's heute nichts. Dann hol doch die Brötchen.

– Ja, tschüß, und eßt nicht das ganze Müsli auf, bis ich komme . . .

– Hallo, Vroni, heut ist doch gar keine Schule und so, warum tobt ihr hier denn schon rum? Es ist ja noch gar nicht hell.

– Ach du, wenn *ich* die Augen nicht aufkriege, denke ich auch, es ist noch nicht hell. Von Toben keine Spur. Aber du hast schon etwas Schönes verpaßt: Annette wollte dich nämlich ausnahmsweise wachschmusen, statt zu brüllen.

– Schade, und warum ist nichts draus geworden?

– Weil du eben schon die Treppe runterkamst. Jetzt holt sie Brötchen. Und die ganze Nacht hat sie nicht geschlafen!

– So so, also um zehn, gestern abend, da hab ich noch mal geschaut, da sah es sehr nach Schlafen aus; ich hab sie besser zugedeckt, aber sie hat keinen Mucks gemacht. Und wie hast du geschlafen, Vroni?

– Sehr gut, und ich freue mich so über diese Kinderwoche. Kannst du schon Kaffee kochen?

– Nein! Aber weiche Eier. Zwanzig Minuten? Ist das richtig? Quatsch! Vier bis fünf Minuten, je nachdem wie rund sie sind?

– Quatschkopf. Bist du denn schon wach?

– Sehr wach. Viel wacher als ich möchte. Ich hab schon mit Vati telefoniert. Die sind auch zurück. Vati arbeitet morgen wieder. Ich werd heute abend mal hinfahren. Es sei sehr schön gewesen.

– Ich will es gar nicht wissen. Laß mich in Ruhe. Jetzt sind Kinderferien, und es gibt ein Kinderferienfrühstück, und da platzt du gleich so rein. Ich weiß auch nicht, warum es mich so wütend macht.

– Was kann ich dafür, wenn er anruft? Er wollte was ausmachen fürs Wochenende, ist doch sein gutes Recht. Und er hat die Absage von mir nicht krumm genommen. Er hat aus Österreich einen langen Brief von mir gefunden, aber gut, lassen wir das jetzt. Wo sind die Eier? Halt, jetzt habe ich aus Versehen den Backofen angemacht. Warum bist du so gereizt?

– Weil das vielleicht etwas absolut und für immer Einmaliges ist, daß wir drei jetzt eine Woche zusammen sind, und da fürchte ich jede Störung, und jede Abhängigkeit von dem großen Krieg. Ich dachte, oder hoffte, es wird eine Friedenswoche, und unsere Freundschaft wächst ... da fürchte ich jeden Anruf, egal, ob Vati was verabreden oder Mami nachfragen will, ob wir noch leben.

– Komm, Vroni, laß dich nicht aus der Ruhe bringen. Schau das Wetter an, und Annette, mit welchem Triumph die die Brötchen anschleppt ...

– Ich hab für jeden noch ein Extrastück Kuchen gekriegt, ohne Geld!

– Wie kommt denn das?

– Christof, die Bäckerin kennt uns doch seit Jahren, genau wie die Frau aus dem Laden, wo Mami die kleineren Sachen kauft, wenn sie nicht den Wagen nehmen will. Die hat doch den Auszug von Vati mitgekriegt, und wer weiß, was Annette nicht alles plappert. Die kennt sie doch durch die Kinder vom Kindergarten. Und dann gibt sie ihr halt Kuchen. Ich finde das sehr nett.

– Mir ist es eher unheimlich. Wir frühstücken jetzt geschenkten Kuchen, nur weil die Bäckersfrau, die ich kaum kenne, weiß, was bei uns los ist. Will die uns trösten?

– Nein, oder vielleicht. Was weiß ich, ihre Anteilnahme zeigen, deutlich machen, daß sie uns noch mag oder an uns denkt. Kannst du das nicht auch genießen?

– Mir ist es wirklich eher unheimlich. Ich hätte am liebsten mit den Leuten nichts zu tun. In einem Hochhaus würde keiner was merken und Kuchen schenken. Wir brauchen doch kein Mitleid!

– Ich glaube, es ist auch kein Mitleid. Was soll denn so jemand machen, der die Katastrophe mitkriegt, Mami oder uns oder auch Vati, der ja auch manchmal dort eingekauft hat, sympathisch findet? Sie kann doch nicht einfach fragen, wie geht's euch nach der Trennung, so nah sind wir auch wieder nicht, ich meine, so vertraut, und sie will aber zeigen, daß sie nachdenkt und uns mag. Da ist es doch einfach phantastisch, daß sie so ein Zeichen findet. Mir tut das gut, es hilft mir dabei, all die Bekannten nicht zu meiden, weil ich nicht weiß, wie ich gucken soll. Ich fühle mich nicht so aussätzig, so gezeichnet, wenn ich so was mitkriege ...

– Christof, die Eier kochen über! Warum gibt es denn so viel Schaum. Hast du keine kleinen Löcher reingemacht?

– Richtig, Annette, du kannst schon besser Eier kochen als ich. Willst du wirklich den Kuchen zuerst essen, oder heben wir ihn auf für das Schwimmbad?

– Au ja, wir haben ja noch Müsli. Kann man den Kuchen aufheben, bis Mami kommt, oder bis am Sonntag, wenn mir Va . . .

– Annette, was ist, was ist denn plötzlich zum Heulen?

– Ich hab keinen Hunger. Ich will nicht ins Schwimmbad. Mami kommt am Sonntag heim, und Vati will mich holen, was soll ich da machen? Um wieviel Uhr kommt Mami? Holen wir sie an der Bahn ab?

– Du, Vroni, da stimmt was nicht mit der Zeitplanung. Kommt Mami wirklich erst am Sonntag? Das ist nicht gut. Wär's nicht besser, Annette, sie käme schon am Samstag, dann hast du sie den ganzen Samstag, und am Sonntag dann zu Vati?

– Au ja, du hast gute Ideen, Christof. Morgen schmuse ich dich wirklich wach. Und wenn du schon wach bist, machst du einfach die Augen zu und schnarchst. Ja?

– Sehr gut. Wir machen ein Fest daraus, ein Aufweckfest. So, jetzt aber los mit Frühstücken. Vroni, zünd doch eine Kerze an . . .

– Gern, Christof, falls du das nicht, wie sonst, kitschig findest. Was ist los mit dir?

– Gar nichts! Man wird sich doch noch ändern dürfen! Änderst du dich etwa nicht?

– Ihr sollt nicht streiten, Christof und Vroni, sonst habe ich schon wieder keinen Hunger, und ich will doch Hunger haben! Ob Mami jetzt auch frühstückt?

– Klar, auf der Terrasse. Oder, wenn's keiner von uns sieht, schläft sie vielleicht sogar noch. Oder sie sind schon spazieren, wer weiß?

– Jetzt ist es richtig friedlich. Vielleicht frühstücken wir den ganzen Tag, was meinst du, Vroni?

– Au ja, ich mach dir noch acht Speckeier, willst du?

– Red keinen Unsinn, die brauch ich nur, wenn ich zuviel getrunken habe. Alles ist so friedlich, und ich bin trotzdem aufgeregt. Es gibt doch gar keinen Grund. Wir haben ein paar ruhige Tage, Mami tankt Jugendfreundschaft, Vati taucht wieder in seine Arbeit, die Schule ist noch weit weg. Ich weiß gar nicht wohin vor lauter Ruhe. Und eben hat's geklingelt, ich geh mal nachsehen . . . Post!

– Wieso klingelt denn der Briefträger. Er wirft es doch sonst immer in den Kasten ohne Klingeln?

– Wenn er klingelt, bekommt er meistens noch Geld, oder eine Unterschrift. Mein Gott, es wird doch nichts Wichtiges sein, ich meine, etwas zum Unterschreiben, es ist ja niemand da.

– Wieso ist niemand da? Wir sind doch da!

– Sicher sind wir da. Aber wenn es etwas zum Unterschreiben ist, das dürfen wir noch gar nicht, weil wir noch nicht erwachsen sind. Dann müßte er es ja wieder mitnehmen. Oder es zu Vati bringen. Hoffentlich ist es nichts Dringendes, was Mami aufregen würde, wenn sie da wäre. Schau doch mal nach, warum es so lange dauert, ich schöpfe euch von dem Müsli raus . . .

– Christof, was ist los, es hat so lange gedauert?

– Es ist ein Einschreibebrief oder so was, an Mami, und er wollte ihn mir zuerst gar nicht geben, weil ich bloß der Sohn bin und noch nicht volljährig. Schließlich hat er mich doch unterschreiben lassen, weil Mami verreist ist. Schau mal, woher das kommt? Es ist gar keine so friedliche Woche!

– Vom Amtsgericht! Was bedeutet denn das? Das ist eine neue Stufe. Jetzt ist es nicht mehr nur bei den Anwälten und bei Frau Rosenthal, jetzt ist es beim Gericht. Meinst du, Mami muß gleich heimkommen? Ruf sie doch an!

– Langsam, langsam. Wenn ich sie anrufe, ist sie wieder in Panik, wie neulich.

– Aber vielleicht ist es eilig.

– Trotzdem bin ich dagegen, sie gleich anzurufen. Laß uns doch einfach weiterfrühstücken. Es wird uns schon etwas einfallen. Es ist doch besser, wir verderben ihr nicht die Ferienwoche, wenn es nicht unbedingt nötig ist.

– Wir könnten Vati anrufen und fragen, was wir machen sollen.

– Hab ich auch schon gedacht. Aber es ist ein Kriegsbrief, an Mami, und da finde ich es nicht gut, wenn wir bei ihm Rat holen.

– Dann ruf doch Georgs Vater an. Er weiß vielleicht, was für ein Brief es sein kann.

– Das ist bis jetzt die beste Idee. Wir sammeln erst mal Ideen, und dann wählen wir aus.

– Oder wir öffnen ihn, um zu sehen, wie schlimm oder dringend es ist. Meinst du, das dürfen wir, Christof?

– Eigentlich nicht. Das ist ja eine Art Dokument. Ich weiß nicht, ob man bestraft wird, wenn man das macht. Aber wenn sie jetzt krank wäre oder nicht lesen könnte, müßten wir's ja auch aufmachen. Ich möchte wissen, ob das irgend jemand interessiert, ich meine, beim Aufmachen, daß wir Mami Aufregung ersparen wollen; ob die das nicht für eine blöde Ausrede halten und denken, wir waren einfach neugierig oder frech. Wir denken uns doch was dabei.

– Ich finde es sogar ganz toll, was wir uns denken. Aber Mami könnte ja auch böse sein, wenn wir es ohne ihr Wissen machen. Dann gehen wir ja wieder um mit ihr wie mit einem Kind, für das andere denken. Dann muß ich ihr entweder einen Brief schreiben, oder es ihr hinterher erklären. Vielleicht ist alles auch ganz harmlos. Vielleicht schreibt der Richter nur, daß das Gutachten bei ihm eingetroffen ist. Er kann doch nichts entscheiden, bevor er mit allen gesprochen hat. Oder meinst du, in dem Brief ist schon ein Urteil? Peng! Ich habe entschieden, mit euch sieht es so und so aus, und ab jetzt dürft ihr das nicht mehr tun, oder müßt euch so verhalten. Manchmal fürchte ich immer noch, wir werden bestraft. Verrückt! Ich kann nichts dafür. Ruf Georgs Vater an und sag ihm, wie wir schwanken und nicht recht weiter wissen.

– Der Brief kommt mir vor wie eine mögliche Bombe, und ich würde sie gern für Mami entschärfen. Ich geh jetzt aber hoch und ruf Georgs Vater an. Bis gleich.

– Vroni, was ist mit dem Brief, und was macht der Christof?

– Komm, Annette, jetzt essen wir ein bißchen weiter, und dann erklär ich dir's. Was ist eigentlich mit Gerlinde?

– Die ist doch noch verreist, bis Sonntag. Gehen wir heute ins Schwimmbad? Oder fahren wir mit dem Rad weg?

– Heut kannst du wählen, wir können ja vielleicht beides machen, und noch spielen. Was spielst du denn am liebsten mit Christof?

– Tiere und Leute und Bäume ausschneiden. Das bunte Papier ist schon fast aus. Meinst du, er kauft mir noch mal welches? Ich hab ja auch schon Geld in der Sparbüchse. Und dann will ich, daß er Mühle mit mir spielt und Fang-den-Hut. Und toben. Glaubst du, daß Christof schon so stark ist wie Vati?

– Das weiß ich nicht. Vielleicht ist er noch nicht so stark, aber flinker und geschickter. Habt ihr's noch nicht ausprobiert?

– Bei Vati bin ich ganz sicher, daß er mich nicht fallenläßt, und Christof probiert Sachen, wo er fast selber umfällt. Ich weiß nicht, ob er so gut aufpaßt wie Vati. Warum telefoniert er mit Georgs Vater?

– Ach so. Ja, paß auf, du hast doch gesehen, wie aufgeregt Mami war, als der Brief kam und sie so schnell zum Rechtsanwalt gegangen ist, und sie hat die Handtasche vergessen. Und jetzt ist dieser Brief vom Richter gekommen, weißt du, das ist der, der aufschreiben soll, wie oft wir zu Vati können, und wie das mit dem Taschengeld ist, und wieviel Geld er Mami gibt und so, daß es nicht soviel Streit gibt.

– Aber du hast doch gesagt, daß Mami jetzt selbst Geld bekommt für das Übersetzen. Braucht sie dann trotzdem noch was von Vati?

– Ich glaube ja, für uns. Mami hat ja gerade erst wieder angefangen mit Arbeiten, und nur ein paar Stunden am Tag. Und da bekommt sie nicht gleich soviel Geld wie Vati. Vielleicht steht in dem Brief drin, daß wir jetzt bald einmal zu ihm gehen müssen und ihm sagen, was wir wollen und wieviel wir brauchen, und wann Christof dort wohnen kann, und was wir mit Vatis Büro machen und so weiter.

– Ist Mami dann wieder so aufgeregt?

– Ja, deswegen telefoniert Christof doch mit Georgs Vater, der ist auch Rechtsanwalt und muß oft zum Gericht gehen, und er kann uns sagen, ob wir den Brief sofort an Mami schicken, oder ob wir anrufen, daß sie kommt, oder ob wir ihn selber aufmachen und gucken, ob wir sie noch bei ihrer Freundin in Ruhe lassen, daß sie nicht dort aufgeregt wird.

– Kann man den Brief nicht wegschmeißen, oder anzünden, wenn er Mami so aufregt?

– Nein, das geht nicht. Wenn etwas Wichtiges drin steht,

dann weiß sie es ja nicht, und dann denkt der Richter, wir sind doofe Leute, die Briefe verlieren oder wegschmeißen. Dann ist er nicht mehr so freundlich. Und außerdem, Christof hat ja unterschrieben für den Briefträger, daß wir den Brief gekriegt haben. Das würden sonst immer wieder Leute machen, einen Brief vom Gericht wegschmeißen, weil sie Angst haben vor dem, was drinsteht.

– Steht da immer was Schlimmes drin, wenn Post kommt vom Gericht?

– Du fragst mich aber schwierige Sachen! Ich weiß es nicht. Aber sicher steht oft etwas Unangenehmes drin. Zum Beispiel wenn einer was gestohlen hat, oder in einer Bank Geld klaut, mit der Pistole, dann steht in dem Brief drin, er muß ins Gefängnis. Oder wenn einer was kaputt macht, daß er es dann bezahlen muß. Wenn vom Gericht Post kommt, dann ist wenigstens immer etwas Unangenehmes los, sonst schreiben sie doch gar nicht. Christof führt aber ein langes Telefongespräch.

– Soll ich ihn mal holen?

– Nein, laß ihn nur. Es ist gut, wenn Georgs Vater ihm alles erklärt.

– Kann der Christof schon genausogut denken wie Vati, und alles verstehen?

– Du, ich glaube, du fängst an, Christof zu mögen. Möchtest du, daß er stark ist und gut denken kann?

– Ja, wenn er kein Lümmel ist und mir hilft beim Denken, ich meine, wenn er Zeit hat und mit mir spielt und mir Sachen erklärt. So wie du. Kannst du so gut denken wie Christof, ich meine, ohne Zickzack und Sachen, wo man lachen muß?

– Ich kann nicht so gut denken wie Christof, er ist schlauer, aber ich kann andere Sachen gut denken, und anders, weil ich eine Frau bin, und Frauen denken manchmal anders.

– Machst du mir mal das Ei auf, Vroni? Müssen wir oft hin, ich meine, zu dem Richter, oder weiß er gleich, was er aufschreiben soll?

– Das weiß ich nicht. Er wird es aber sicher bald wissen, die Frau Rosenthal hilft ihm dabei. Sie hat auch aufgeschrieben, was wir ihr gesagt haben, sie weiß, daß wir alle Vati und Mami mögen, aber daß es nicht mehr soviel Streit geben soll, und klare Regeln.

– Meinst du, man darf überhaupt nicht schummeln bei den Regeln?

– Richtig, wenn man schummelt, gibt es wieder Streit. Oder wenn einer schummelt, fangen die anderen auch an.

– Wie kann man denn schummeln bei diesem komischen Spiel?

– Oh, da gibt es viele Möglichkeiten. Zum Beispiel: wenn wir Vati besuchen, und wir sagen, wir sind zum Abendbrot zurück, und Mami kocht etwas, sagen wir, um sieben Uhr am Abend, und es ist aber gerade schön bei Vati, und wir sagen, koch du doch was, oder komm, wir gehen noch Pommes Frites essen, und Vati macht mit, dann haben wir alle geschummelt. Weil sie dann umsonst gekocht hat. Und beim Ins-Bett-Gehen gibt es Theater. Oder wenn die Spielregel ist, daß Vati dich holen will, und du gehst mit Mami zu Gerlinde rüber, und ihr seid nicht da, wenn er kommt, dann ist es auch geschummelt.

– Ich will aber nicht schummeln. Ist es auch schon geschummelt, wenn ich nur eine halbe Stunde länger bei Vati bleiben will, und das Essen ist ein bißchen kalt, oder ich hab schon gegessen?

– Ja, ich glaube, das ist auch schon geschummelt, weil Mami denken könnte, ihr macht es extra, oder weil Vati nie gern wartet. . . . Jetzt kommt Christof die Treppe runter, Christof, was ist los?

– Also, Georgs Vater ist ein toller Bursche, er hat alle Möglichkeiten mit mir überlegt. Allerdings hat er nicht gleich verstanden, warum wir Mami erst mal am liebsten in Ruhe lassen würden. Er sagt, entweder ist es nur eine Benachrichtigung, wegen dem Gutachten, oder ein Durchschlag, oder eine Anfrage nach Dokumenten, oder aber es ist schon eine Terminangabe. Jedenfalls meint er, wir müssen den Brief nicht sofort an Mami schicken. Aber *wir* müssen entscheiden, ob wir ihn aufmachen, weil das etwas zwischen uns und Mami ist. Oder ob wir Mamis Anwalt anrufen, der ist aber in Urlaub und nur sein Vertreter ist da. Das finde ich Quatsch. Ich glaube immer mehr, wir werden ihn aufmachen und nachsehen, ob es etwas ganz ganz Dringendes ist.

– Hauptsache, Mami versteht, daß wir sie nicht hintergehen wollten. Entweder ich schreibe ihr einen Brief, oder ich rufe

Leonore an, und sie kann es ihr dann sagen. Das finde ich am allerbesten. Wenn die immer noch Lust haben, ein bißchen Theater zu spielen, ich meine zum Üben, dann kann Mami gleich mal mit dem vorgestellten Richter sprechen. Sie kennt ihn ja auch noch nicht. Mami denkt immer noch, Vati kann sie als Versagerin hinstellen, und dagegen macht sie dann ihre Vorwürfe, daß er ein Schuft ist. Wenn die nicht aufpassen, dann gehen die noch vor Gericht hoch. Weißt du was, wir lassen den Brief noch bis heute abend liegen und denken darüber nach.

– Nein, Vroni, da bin ich dagegen, das versaut einem doch den ganzen Tag. Meinst du, ich bin vergnügt, wenn ich weiß, dieser Umschlag liegt hier herum und tickt?

– Der tickt doch nicht, du spinnst, Christof, du kannst ihn ganz nah ans Ohr halten, er tickt überhaupt nicht.

– So hat er es doch nicht gemeint. Es tickt im Kopf, wenn etwas drin steht, was man doch nicht weiß, und was doch wichtig ist. So wie bei dir manchmal das Eisessen tickt, oder die Schule, und du kannst es nicht abstellen.

– Da kann man ja ein richtiges Rätsel draus machen: es liegt auf dem Tisch, macht tick-tick, und wenn man es anzündet, ist der Richter böse. Was ist das?

– Ein fauler Christof-Witz, über einen gar nicht witzigen Brief. Wenn ihr fertig seid mit Frühstücken, dann sucht doch mal die Schwimmbadsachen zusammen.

– Au ja, heut gehn wir aber ins Waldbad, und nehmen Picknick mit, und was zum Vorlesen.

– Vroni, ich hoffe, du brauchst nicht einen faulen Trick und läßt uns abschwirren und der Brief bleibt hier ungeöffnet liegen!

– Dann öffne ihn doch, du Held, und laß mich in Ruhe die Sachen abräumen und die Taschen packen!

– Nein, ich laß dich gar nicht in Ruhe. Wenn, dann machen wir ihn gemeinsam auf! Annette, such oben deine Sachen zusammen und pack deine halbe Tüte Gummibärchen ein, sonst muß ich wieder so weit laufen, wenn du quengelst. Im Waldbad gibt's, glaube ich, keine zu kaufen . . . so, bis die alle von ihrem Teppich aufgesammelt hat, lesen wir endlich den Brief. Gib mal ein Küchenmesser her, wir wollen wenigstens das Aufmachen fachmännisch hinkriegen.

– Nein, warte, ich hol von Vatis Büro den spitzen Brieföffner.

– Quatsch, Vroni, wir müssen auch keine Feierlichkeit daraus machen. Vielleicht kriegen wir ihn auch so auf, daß man ihn ohne Spuren wieder zukleben kann. Über heißem Dampf oder so, wie bei der Briefzensur.

– Nein, laß die Krimigeschichten draußen, ich will nichts heimlich machen. Also los jetzt. Ich bin ganz zufrieden, daß du ein bißchen zitterst und nicht so abgebrüht bist.

– Gut Vroni, ritsche ratsche mit viel Tücke, in den Umschlag eine Lücke.

– Zeig her, wie sieht er aus?

30

Was in dem Brief steht, und was Vroni an die Mutter schreibt, damit sie nicht erschrickt, und wie sie erleichtert ins Schwimmbad fahren

Amtsgericht, Abtlg. II

Geschäftsnummer (bitte stets angeben)	46 K – 124/81
In der Familiensache *Wessler gegen Wessler*	Bitte bringen Sie diese Ladung zum Termin mit

Ladung zum Termin am
Montag, 25.9., 10h30, Raum 104, 1. Stock im Gerichtsgebäude

Sehr geehrte Frau, sehr geehrter Herr!

Sie werden hiermit zur Anhörung im Sorgerechtsverfahren geladen. Das persönliche Erscheinen beider Parteien wird angeordnet. Der Antragstellerin wird aufgegeben, zum Termin die beiden Kinder Veronika und Annette mitzubringen. Sie sollen angehört werden.

Sie werden hiermit gebeten, sich rechtzeitig einzufinden. Sollte es Ihnen nicht möglich sein, den Termin wahrzunehmen, wird um rechtzeitige Mitteilung der Hinderungsgründe gebeten.

Hochachtungsvoll
Auf Anordnung

Meyer
Justizangestellte

– Vroni, jetzt tickt es hier wirklich in der Küche. Aber es ist die Küchenuhr, weil man sonst keine Geräusche hört. Das klingt ziemlich furchtbar, ich meine diese Art von Deutsch, irgendwie drohend und unerbittlich. Und du siehst auch, daß die das vor Gericht wie einen Krieg ansehen, mit Gegnern: ›In der Sache Wessler gegen Wessler‹, das sind Vati und Mami, das mußt du dir einmal vorstellen. Wessler gegen Wessler! Na gut, es war ja klar, aber da brauchst du schon Nerven, ich meine als direkt Betroffener, daß es dich zuerst nicht umhaut, wenn du noch nie damit zu tun gehabt hast.

– Was würde dir denn einfallen, wenn du ahnungslos bist und kriegst eine ›Vorladung‹ und mußt dich ›einfinden‹. Mir gruselt's, weil ich denke, es wird jemand verurteilt, und du mußt ein Geständnis ablegen, kriegst eine Strafe aufgebrummt und wirst furchtbar blamiert.

– Ein bißchen Bauchweh hab ich auch wieder. Trotzdem probier ich jetzt, die Sache einfach spannend zu finden. Ich habe aber kein schlechtes Gefühl mehr, daß wir ihn aufgemacht haben. Zwar ist Mami bei ihrer Freundin, und der Mann ist auch nicht doof, aber trotzdem könnte die Woche Urlaub kaputt sein. Oder?

– Richtig. Und trotzdem will ich nicht ins Schwimmbad, bevor ich nicht an Mami geschrieben habe, sonst muß ich die ganze Zeit daran denken, daß es über ihr schwebt. Spiel du ein paarmal Mühle mit Annette, ich geh hoch und schreibe den Brief.

– Au ja, das ist ja langweilig, wenn ihr dauernd redet, von

schlimmen Sachen. Kannst du auch schreiben, daß Mami früher zurückkommt?

– Ja, das mache ich auch gleich. Tschüß!

– Und du, Christof, du zeigst mir, wie eine Zwickmühle geht, du machst eine für mich, und du darfst keine haben, dann kann ich vielleicht auch gewinnen. Hier ist das Brett. Ich fange an, in der Mitte. Nein, du sollst dich nicht gleich daneben setzen, geh doch bei dir in die äußerste Ecke!

– Dann mache ich eine eigene Mühle auf, oder ich kann dich stören!

– Du sollst mich aber nicht dauernd stören! Mach ruhig eine andere Mühle, aber klau mir nicht dauernd Steine. Ich mogle auch nicht. Warum bleibst du nicht bei uns, im Herbst? Du bist doch jetzt sehr nett, und wenn Vati nicht da ist?

– Ach, Annette, das hast du mich schon öfter gefragt. Wir können doch ganz oft Mühle spielen, so lange, bis du mich ohne zu mogeln schlagen kannst. Ich brauche Vati, damit ich nicht so schnell wieder ein Lümmel werde. Das willst du auch nicht!

– Du, Christof, war Vati auch mal ein Lümmel, ganz früher?

– Ja, wenn ich das wüßte. Ich glaube nicht. Er wäre sicher gern einer gewesen. Er hatte keine Familie, in der man mal ein Lümmel sein darf. Er hatte ganz ganz strenge Eltern, die gar nicht viel mit ihm gesprochen haben. Er mußte ganz früh helfen im Geschäft, und er durfte nicht auf die Oberschule gehen, sondern sollte Schlosser werden. Und da ist er eben abgehauen und war ganz allein, bis er Mami gefunden hat.

– Und so lange hat er allein das Frühstück gemacht? Und niemand hat ihm Kaffee gekocht?

– Ja. Oho, du plauderst mit mir über ernste Sachen, und nebenbei machst du eine Mühle zu! Sehr frech! Sehr geschickt! Was willst du mir denn jetzt klauen? Ach den, den brauche ich aber dringend. Bitte einen anderen!

– Nein, diesen. Das ist der frechste. Der will auch eine Mühle machen. Denkst du, ich merke es nicht? Ich bin doch nicht doof. Hab ich jetzt schon gewonnen? Weil ich den ersten geklaut habe?

– Nein, so schnell geht das nicht. Jetzt kommt erst mal die Rache!!

– Was ist Rache?

– Rache ist, wenn ich jetzt die Zähne fletsche und knurre und bei mir auch eine Mühle zumache und dir einen klaue.

– Du bist gemein. Das giltet nicht. Mami sagt, man soll nicht gleich zurückhauen und kratzen. Vroni, ich bin schon am Gewinnen!

– Gratuliere! Schläft der Christof noch, oder hat er die Spielregeln vergessen? Ich habe auch gewonnen, ich glaube, wir können bald ins Schwimmbad fahren.

– Lies vor, Vroni.

– ›Liebe Mami.‹

– Halt, Vroni, du sollst schreiben: ›Sehr liebe Mami.‹

– Also gut, gib mir den roten Stift, ich setze ein großes ›sehr‹ davor, dann weiß Mami auch, daß es von dir kommt!

›Sehr liebe Mami,

hättest Du gedacht, daß Du schon Post bekommst? Hier geht alles gut, wir fahren heute wieder ins Schwimmbad. Du brauchst Dir wegen nichts Sorgen machen und kannst Dich erholen. Wir schreiben Dir wegen zwei Punkten: 1. Könntest Du nicht schon am Samstag zurückkommen, damit Annette sich wieder an Dich gewöhnt, bevor sie am Sonntag abgeholt wird? 2. Wir haben lange beraten, wie wir mit einem Brief umgehen, der vom Gericht kam. Wir wollten ihn nicht an Dich schicken, weil es Dir vielleicht ein paar Urlaubstage kaputtmacht. Christof hat mit Georgs Vater telefoniert, was es sein könnte, und er meinte: sicher nichts absolut Eiliges. Weil er uns ungeöffnet aber bedrückt hätte, falls doch was Dringendes drin gestanden hätte, haben wir uns entschlossen, ihn zu öffnen, damit nichts passiert, ich meine kein Termin verpaßt wird oder so. Also, es ist zwar sicher etwas Ernstes: nämlich ein Termin für eine Anhörung, aber erst im September; also genug Zeit zum Nachdenken und Sich-drauf-Einstellen. Liebe Mami, bitte sei nicht böse, wir haben wirklich lange überlegt, wie wir es am besten für Dich machen, damit Du nicht dauernd unruhig bist. Wir denken oft an Dich, und ich bin froh, daß Du jetzt ein paar ruhige Tage mit Leonore hast. Du mußt uns versprechen, daß der Brief Dir nicht den Urlaub stört. Alles Liebe von Vroni, Christof und Annette.‹ Was meint ihr dazu?

– Das ist ganz prima, wenn sie am Samstag kommt.

– Okay, Vroni, dir fließt das ja aus dem Handgelenk. Auf ins Schwimmbad. Weißt du was, wir werfen den Brief in den Kasten beim Schwimmbad, der wird erst morgen früh wieder geleert, und so kriegt sie unsern Brief erst übermorgen, und wir sind ihn los. Das Beunruhigende ist also jetzt für zwei Tage bei der Post. Genial. Packt ein, ich will nicht mehr daran denken. Am Samstag machen wir den großen Empfang und übergeben eine blitzblanke Wohnung, und dann warten wir in einer sauberen Wohnung auf den Termin im September. Pack die Badehose ein, nimm dein kleines Schwesterlein, wie geht's weiter? Also los, sonst kriegen wir keinen Platz mehr auf der Liegewiese, und die Bratwürste sind auch schon alle. Sollen wir ein Spiel mitnehmen?

– Nein, das geht nicht gut auf dem Gras. Aber die Tierbücher will ich mitnehmen und etwas zum Vorlesen. Und wo sind meine Schwimmflügel? Kannst du mich wirklich halten, Christof, wenn ich untergehe?

– Ich glaube schon. Du mußt nur nicht zu weit wegpaddeln von mir. Also los.

31

Wie Vroni vor dem Gerichtstermin krank wird vor Aufregung; wie sie im Fieber Angstphantasien bekommt, und wie Christof sie tröstet in ihrer Angst, sie könnte schuldig werden, wenn sie dem Richter sagt, zu wem Annette gehören soll

– Christof, ich schäme mich so, daß ich krank geworden bin.

– Das ist nicht zum Schämen, Vroni, dadurch wird es nur noch schlimmer. Entweder du bist wieder gesund bis zum Freitag, dann gehen alle drei zum Richter, oder du bist noch krank, dann wird der Termin verschoben. Georgs Vater sagt, das kommt öfter vor. Der Richter wird nicht durchdrehen oder was Blödes denken, wenn er hört, eines von uns ist krank geworden. Sogar den Termin für die Entscheidung kann man notfalls verschieben. Denkst du denn, Mami wäre heute abend weggegangen, wenn der Arzt dich für ernsthaft krank gehalten hätte? Eine Erkältung, gut. Und er hat sogar kapiert, daß da die

Aufregung vor der Anhörung mitspielt. Du nimmst das zu tragisch . . .

– Es ist doch auch verrückt. Ich hab so Angst vor meiner eigenen Aussage, und was die bewirkt. Ich muß etwas tun, was Vati furchtbar kränken wird! Er hat zwar meinen Brief, aber er hat nicht darauf reagiert. Ich kann es nicht aushalten, wenn er an meinen Gefühlen zweifelt. Ich fürchte, er hält mich für verbündet mit Mami, und an diesem einen Punkt, wegen Annette, bin ich es ja auch. Aber es kann sich ausweiten, daß er mir nicht mehr traut. Wenn ich an diesem Punkt gegen ihn Stellung nehme, fürchtet er es vielleicht auch an anderen Punkten . . .

– Du solltest jetzt vielleicht gar nicht soviel reden. Soll ich dir noch Saft bringen, oder etwas vorlesen?

– Nein, Christof, bleib einfach im Zimmer. Lies etwas! Ich döse so vor mich hin. Es ist ein unerträgliches Gefühl, daß ich mitarbeiten muß an einer Katastrophe. Was kann ich denn tun, daß Vati mir glaubt? Die Fremdheit ist jetzt vielleicht zementiert. Er denkt, ich verurteile ihn auch. Es verletzt ihn, daß ich nicht mit Gerda reden will, daß ich keine Ausflüge mit ihnen mache, daß ich die neue Wohnung nicht sehen will. Ich kann es verstehen, und kann jetzt doch nicht anders.

– Vroni, er findet sich doch schon ab mit der vierzehntägigen Lösung, er redet jedenfalls davon.

– Es könnte aber eine Vierwochenlösung herauskommen, und ich könnte schuld sein, oder er könnte mich für die Schuldige halten . . . ich weiß nicht, ob er das durchhält ohne Schummeln. Wir leben doch in der gleichen Stadt! Er weiß, wo Annette in die Schule geht. Er weiß, wenn Mami nicht zu Hause ist, er kann anrufen und sie locken oder ihr wer weiß was versprechen. Er kann sie unter Druck setzen. Ich traue ihm ja auch nicht mehr, das ist das Schlimmste. Und ich traue Gerda nicht in diesem Punkt. Ich traue mir selbst nicht mehr, ob ich es wirklich für Annette will, daß sie Ruhe hat, und wir alle weniger Streit. Es dreht sich mir im Kopf. Gib mir noch eine Tablette, mir dreht sich alles!

– Was kann ich denn tun für dich? Ich setz mich jetzt ans Bett.

– Nein, setz dich nicht ans Bett, setz dich dort drüben hin. Ich mag dich und habe Angst vor dir. Deine Züge verändern sich manchmal. Ich habe Angst, daß du uns alle reinlegst. Ich hasse dich, daß du zu Vati ziehst. Und ich beneide dich. Hast du denn kein Gewissen? Du Strolch! Du Verräter! Du rennst zu den Stärkeren. Im Traum sehe ich, wie du dich entfernst und kleiner wirst, und ich höre euer Gelächter. Verschwinde aus dem Zimmer. Ich kann dich nicht mehr riechen. Hau doch ab und spiele nicht den Versöhnlichen. Ich will nicht in dein Kabarett! Du kommst mir vor wie der Teufel . . .

– Aber, Vroni, was ist denn los mit dir?

– Verstell doch deine Stimme nicht, so sanft und einschmeichelnd. Du bist mit denen verbündet, ihr spielt ein böses Spiel. Ich will es nicht mehr ertragen. Mami, Mami, laß mich nicht so allein . . .

– Vroni, Vroni, du redest ja ganz wirr. Stoß mich nicht weg! Soll ich den Arzt anrufen, oder Mami?

– Mami ist weit weg, und der Arzt ist auch ein Mann. Was weiß der, woran ich krank bin? Ruf Vati! Der Schurke soll mich heilen. Er soll erklären, daß alles ein Irrtum ist. Frau Severin soll kommen. Und Leonore. Wo ist Annette! Habt ihr sie schon geklaut? Habt ihr sie versteckt . . .

– Aber, Vroni, sie ist mit Mami in die Stadt . . .

– Lüg nicht! Hat Vati sie geholt? Ich will nicht für euch alle denken. Mami, Mami, bist du auch verschwunden? Bleib weg aus meiner Nähe! Ich glaube dir nicht mehr. Verschwinde!! Hilfe, Hilfe! Nein, nein, niemals! Ihr dürft sie nicht klauen! Mami wird verrückt. Ich will keine verrückte Mami. Schneid eine Kuh aus, aber schneid ihr alle Beine ab. Sie kann nicht mehr laufen. Das Kinderbett darf nicht ins Auto. Es gibt nicht zwei Häuser, es gibt nur ein Haus. Ich will mit Mami in Paris wohnen. Dort findet ihr uns nicht. Ruf Vati, wenn er nicht mehr böse ist. Er soll sagen, daß er nicht böse ist mit mir. Christof, gib mir Saft. Danke! Ich will schlafen. War ich weit weg? Ich will wissen, ob du lügst! Wo war ich?

– Ja, Vroni, schlaf, und trink erst. Du warst weit weg, ich weiß nicht wo, ich hab dich nicht mehr erreicht. Ich hatte Angst. Soll ich gehen oder bleiben?

Und dann ist sie tief eingeschlafen. Ich habe Frau Severin angerufen, die gleich kam. Sie ist wirklich eine tolle Frau. Ich kannte sie ja noch nicht, und bevor ich mit ihr hochgegangen bin zu Vroni, habe ich mit ihr noch in der Küche eine Weile geredet, und auch nachher, als Vroni wieder schlief. Sie meint, Vroni braucht wirklich nicht mit zum Richter, wenn es sie so beunruhigt, und daß man das dem Richter auch erklären kann. Frau Rosenthal kann das aushandeln. Es war schrecklich an Vronis Bett. Ich war ihr fremd wie ein Bösewicht. Sie war wie in einem Wahn. Habt ihr gewußt, wie nahe ein Mensch am Verrücktwerden sein kann? Es war immer eine tief versteckte Angst von mir, ich könnte eines Tages verrückt werden. Aber ich dachte, das geht nur mir so, und ich habe es nie jemandem erzählt. Und jetzt kommt Vroni, die Normale, die Ausgeglichene, so nah an diese Grenze! Sie hat zuviel Verantwortung auf sich genommen. Ich habe sie selbst behandelt wie ein Erwachsener, oder mit ihr geredet, als sei sie kein Kind mehr. Und ich habe geglaubt, man spricht so lange, bis man eine Lösung hat, die für alle annehmbar ist. Aber das wird Jahre dauern, bis alle wieder festen Boden unter den Füßen haben. Es war gut, daß ich nicht mit nach Finnland bin. Warum genau, weiß ich nicht. Es gibt nicht so rasch eine neue Ordnung, in der man ruhig leben kann. Aber daß ausgerechnet Vroni zusammenklappt, das hat mich geschockt. Am liebsten hätte ich Pause, totale Pause in diesem Schwanken zwischen Waffenstillstand und Krieg. Und Vroni erst recht. Sie bräuchte Windstille, oder jemand, an den sie sich einfach anlehnen kann. Überall schien schon wieder Land in Sicht, aber vielleicht sind es nur schwimmende Inseln, auf die wir uns gerettet haben. Georg sitzt auch auf einer schwimmenden Insel, die sich vom Kontinent des Elternhauses löst. Zur Zeit hält er alles nur noch für Fassade bei sich zu Hause. Das ist sicher Quatsch. Aber er fühlt sich mir jetzt näher als denen. Das tut gut, aber der Preis ist hoch. Sein Leben schien vorgezeichnet, und jetzt will er auf einmal weg von der Schule und eigenes Geld verdienen. Sein Vater tobt und möchte, daß wir uns weniger sehen. Er läuft Sturm im Elternbeirat gegen den Gemeinschaftskundelehrer. Er meint, der brächte uns durcheinander! Oder seine geordnete Welt. Er tobt gegen die Hausbesetzer und das Demonstrieren. Georg schreit ihn an und meint, er sei ein Anwalt der Reichen. Nur wer viel Geld hat, kann ihn überhaupt bezahlen. Am liebsten würde Georg nichts mehr von ihm annehmen. Die Klasse ist auch gespalten. In der Schule verbieten sie Gesprächsgruppen über Schülerprobleme. Sogar die Politiker reden über die Jugendunruhen. Es scheint, die Erwachsenen sind am Durchdrehen. Und Vroni war nahe daran, verrückt zu werden. Georg phantasiert, etwas zu machen, wonach er verhaftet wird: Schaufenster einwerfen oder Parolen ans Rathaus sprühen. Er wird es nicht tun. Er taumelt in etwas Radikales hinein, aus lauter Scham, daß er so lange stolz war auf seinen Vater. Ich versuche ihn zu bremsen, weil er es übertreibt. Sein Vater täuscht sich über mich. Er mag mich, aber findet mich undurchschaubar. Das genügt schon. Ich weiß nicht, ob er Format hat. Bis jetzt trägt meine schwimmende Insel. Aber eine heile Familie gibt es nicht mehr. Auch nicht mit Gerda. Was wir bis jetzt erarbeitet haben, ist nur ein Anfang! Und mir graust es auch davor, wie es weitergeht.

Und jetzt höre ich Vroni rufen.

– Du sollst bleiben, Christof, aber nicht zu nahe. Ruf Mami nicht her jetzt! Das macht alles nur schlimmer.

– Beruhige dich doch. Du hast dir zuviel zugemutet, die ganzen Monate. Ich hab mich ganz klein gefühlt neben dir. Wie du an alle gedacht hast, wie eine Erwachsene, du warst ja unerschöpflich, gar kein Kind mehr. Du mußt gar nicht zum Richter, wenn es dir so Angst macht. Vielleicht finden wir eine Lösung ohne dich, ich meine, ohne dich auszuschließen. Aber du sollst doch nicht so tief in Schuldgefühle geraten. Ich glaube sogar, du kannst dich weigern, etwas zu sagen . . .

– Ich hab aber doch schon alles der Psychologin gesagt . . .

– Vroni, wir können doch morgen darüber weiterreden. Du kannst morgen auch mit Frau Rosenthal telefonieren, daß sie es nicht verwendet. Du sollst doch nicht auseinandergerissen werden. Niemand kann das verlangen!

– Wo war ich, wo war ich? Ich war winzig klein und habe doch mit einer großen Schere gespielt. Das darf ich nicht. Die Brücke kann zusammenstürzen, wenn Hochwasser ist. Die Häuser können zusammenfallen, wenn ein Erdbeben ist. Muß ich denn sagen, Vati ist böse? Ich will nichts sagen. Ich will nicht sagen, daß er nicht mehr kommen soll! Ich will nicht *heimlich* zu ihm gehen. Ich will auch nicht sein wie Gerda, die eine Familie kaputtmacht. Aber sie war ja schon kaputt. Trotzdem, sie hat es ausgenutzt, und für Christof und Vati ist es gut. Sie schämen sich nicht. Ist es für Mami auch gut? Was ist sie ohne Vati? Sie muß neu anfangen. Sie gefällt mir besser als vorher. Aber ich werde nichts sagen! Ich will keine Brücke zerstören . . .

– Vroni, du redest mit dir selber! Du brauchst doch niemanden verraten. Soll ich für dich mit Vati sprechen?

– Nein, nicht jetzt. Ich muß *dich* erst wiederfinden. Ich hasse dich, weil ich dich als Dolmetscher brauche. Warum hat Vati nicht auf meinen Brief geantwortet?

– Vielleicht klärt sich alles auf. Schlaf jetzt. Ich glaube, ich höre Mami kommen. Ich sage ihr, du seist gerade eingeschlafen.

32

Christof erzählt Vroni von der Anhörung beim Richter, der ihm sehr imponiert hat; wie sie sich die Zukunft nach Christofs Umzug in die neue Wohnung des Vaters vorstellen, und wie Vroni sich ihre spätere Beziehung zum Vater wünscht

– Natürlich bin ich wütend, Vroni, daß ich jetzt der einzige bin von den Kindern, der überhaupt ausgesagt hat beim Richter. Und wenn ich wütend bin, werfe ich dir vor, daß du dich gedrückt hast. Wenn ich nicht wütend bin, verstehe ich dich. Frau Rosenthal hat mir noch einmal in Ruhe alles erklärt. Der Richter hat eingesehen, daß es für dich zur Zeit einfach zu schwierig ist. Auf die Anhörung von Annette hat er verzichtet, weil er in ihr auch nicht alles wieder aufrühren will. Er ist überhaupt sehr vernünftig, ich hatte vorher andere Vorstellungen. Er meinte, er wisse von Frau Rosenthal und den Eltern genug, um sich ein Bild von der Situation Annettes zu machen.

– Und was hat er dich gefragt? Und was hast du gesagt?

– Du, ich glaube, der macht das seit Jahren. Ich war in saumäßiger Laune, als ich hinging, wütend, traurig, verloren in diesem Einschüchterungspalast. Ich dachte, als ich die Treppe und den richtigen Gang endlich gefunden hatte: jetzt fehlt nur noch so einer in schwarzer Robe hinter einem dunklen Schreibtisch, der so von oben herab, wie die Säulen, auf mich einredet, dann dreh ich durch. Du fühlst dich so ohnmächtig in dem Bau. Auf den Gängen lungern Leute herum und warten. Dazwischen Anwälte in wehenden Roben und mit wichtigtuerischen Gesichtern, Polizeibeamte, und immer wieder verängstigt wirkende Leute. Na gut, die Sache sah anders aus im Zimmer mit Herrn Boldtmann, der Gott sei Dank erst mal ohne Robe war und nicht hinter einem Schreibtisch, sondern an einem kleinen Tisch. Irgendwie hat er meinen ganzen Groll gleich abgefangen, weil er das angesprochen hat, wie mir zumute war beim Suchen in diesem sogenannten Palast. Und dann hat er gefragt, ob ich mir vorstellen könne, wie *ihm* jetzt zumute sei, wenn er in seinem Zimmer sitzt und wartet und weiß, daß jetzt ein Jugendlicher allein, oder ein Kind, das gebracht wird, durch die Gänge irrt und Angst hat oder wütend ist. Da hab ich plötzlich nicht mehr auf mich geachtet, sondern über ihn nachgedacht, daß der dauernd mit verängstigten oder verhetzten oder wütenden Leuten umgeht und jedesmal gespannt ist, ob er einen Kontakt zustande bringt.

– Hast du's denn wieder so gedreht, daß *du* ihm zugeschaut hast?

– Nein, Vroni, es war kein Kampf, er hat es mir angeboten, und ich war sogar geschmeichelt. Wir waren fast verbündet, weil wir beide eine neue Situation zu bewältigen hatten. Ich glaube, es war nicht Routine bei ihm. Der findet oft, instinktiv, den richtigen Ton. Er muß gespürt haben, daß ich wütend und traurig, aber nicht mißtrauisch war. Er muß an meinen Augen gesehen haben, wie er mich ansprechen kann.

– Hat dir endlich mal jemand imponiert?

– Du brauchst das gar nicht so schnippisch zu sagen, als könnte ich niemanden gelten lassen. Aber er hat *mich* gelten lassen, das hat mir imponiert. Er brauchte keinen Schutz, verstehst du, in einer Pose, oder einer herablassenden oder künstlich einfühlenden Haltung. Der ahnte, in welcher Verfassung ich bei ihm ankam. Und er ahnte auch, daß es mir nach unsern endlosen Gesprächen unglaublich gestunken hat, alleine zu kommen und dann noch eine Haltung zu vertreten, die *du* in mir wachgerufen und gepflegt hast. Ich bin ja überzeugt, daß Annette, daß wir alle

Ruhe brauchen. Trotzdem war es nicht meine ursprüngliche Idee, und obwohl ich es einsehe, finde ich, es ist eine Niederlage, nicht eine persönliche, sondern eine der Familie, oder, weil es ja nicht nur bei uns so wäre, eine allgemeinmenschliche. Ich bin wütend enttäuscht, daß das unter Menschen nicht geht, was ich mir ausgedacht hatte.

– Hast du ihm davon etwas gesagt? Ich meine, was deine ursprüngliche Idee war? Dann wär's dir ja wohler.

– Zuerst wollte ich das nicht aus Angst, er könnte in seiner Entscheidung doch noch darauf eingehen. Aber dann merkte ich, daß der das kennt: Menschen, die nicht einsehen wollen, daß Trennungen nötig sind, wenn eine Familie auseinandergeht, nicht nur bei den Eltern, sondern auch zwischen einem Elternteil und den Kindern, in allen Kombinationen. Trennung heißt meistens nicht: totaler Abschied, nur: alle Beziehungen verändern sich, selbst bei denen, die zusammenbleiben. Ich lebe doch von Mami fast jetzt schon getrennt. Du sagst, sie verändert sich. Also bin ich neidisch auf dich, daß du das mitkriegst und so vertraut mit ihr bleibst.

– Meinst du denn, mir ging's nicht genauso mit dir und Vati? Aber was hat das mit dem Herrn Richter Boldtmann zu tun? Müssen wir zu ihm, um bessere Beziehungen zu finden? Scheidung, damit wir miteinander reden und uns mögen?

– Er sagt: es ist halt so, und wir hätten vielleicht noch Glück gehabt. Weil ich über manches ziemlich frei gesprochen habe, hat er sofort gefragt, mit wem wir eigentlich reden könnten. Und er fand es ganz toll, daß jeder jemanden hat. Wir wüßten vielleicht nicht einmal, was für ein Glück wir hätten, durch diesen Kreis von Freunden und Bekannten. Er sieht viel mehr Familien, wo das Reden auch nicht mehr geht, nur Schreien, Schläge, Ausreißen, Trinken, Betrug, Rache oder Zuneigung, die vollkommen hilflos ist und zerstört wird. Er sagte, wir hätten schon viel gearbeitet, auch die Eltern hätten viel nachgedacht und könnten über manches ohne Groll sprechen, nur an manchen Punkten käme es hoch, und das werde auch noch lange dauern.

– Siehst du, es war nicht umsonst, unsere Gespräche. Es war nicht nur schön, er sagt auch, wir hätten gearbeitet.

– Ja, Vroni, es war nur komisch. Gerade als er das gut fand, hatte ich so die Nase voll vom Reden, daß ich dachte, ich kriege kein Wort mehr raus. Ich wäre am liebsten versteinert. Ich war ausgelaugt, und mir liefen die Tränen runter. Gott sei Dank hat er was gemerkt und gar nicht mehr so sehr viel geforscht nach unseren Lösungen. Er will es mit uns riskieren, daß wir es ohne Vorschriften vom Gericht mit Mami und Vati und der Trennung ausprobieren. Ich hab aufgeatmet, und je mehr ich mich wohlgefühlt habe in dem Zimmer, je mehr die Angst wegging, es passiert dort etwas Unerwartetes, Schlimmes, Drohendes, desto mehr kriegte ich eine solche Wut, daß ich diesem sympathischen Mann am liebsten die Bude kleingehauen hätte, verstehst du, sinnlos Kleinholz gemacht, und ihn verprügelt, alles während der Tränen, die ja auch aus Dankbarkeit und Erleichterung kamen. Ich hatte unheimlich Angst: da ist ein sympathischer Mann, der dich lobt, und du kriegst einen solchen Wahnsinnszorn und möchtest ihm die Fresse polieren und gleichzeitig heulst du vor Freude, daß er dich akzeptiert und deine Gedanken und Wünsche ernst nimmt.

– Christof, es tut mir doch leid, daß ich dich alleine hab gehen lassen.

– Ich mag nicht mehr, ich will auch nur noch Ruhe. Keiner ist schuldig, und doch haben alle unheimlich Mist gebaut. Alle haben etwas erzwingen wollen im Leben, mit Durchhalten und Zähnezusammenbeißen, und wer als erster nicht mehr die Zähne zusammenbeißt, der scheint gewonnen zu haben. Weißt du was: der hat sich gewundert, wieso ich kein Hasch rauche oder trinke. Viele in unserem Alter, die er sieht, sagt er, betäuben sich einfach. Vielleicht haben wir uns auch nur betäubt, mit Worten. Ich bin so kaputt, und so elend wütend, ich würde am liebsten vier Wochen kein Wort mehr sagen. Aber wir sind ja gefangen in Worten.

– Christof, sag das nicht. Nur wenn wir es übertreiben, wird es blöd. Aber auch da geht's uns ähnlich. Ich würde am liebsten auch schweigen, und ich schaffe es auch schon, manchmal, wenn ich male, stundenlang, oder wenn ich Klavier spiele, oder spazierengehe. Am liebsten würde ich mit Vati zuerst auch ein paar Tage nicht reden, sondern Tischtennis spielen oder basteln, was weiß ich, etwas, wo man zusammen ist ohne Sätze und Erklärungen . . .

– Das könntest du mit ihm ausmachen. Das wird er kapieren. Daß er so lange nicht geantwortet hat auf deinen Brief, das war doch auch eine Angst vor Worten.

– Schluß jetzt, Christof, keine Sätze mehr, laß uns spazierengehen, oder Tischtennisspielen. Aber laß nicht deine ganze Wut an mir aus. Und nachher kochen wir und feiern den schlimmen Termin heute ... Bist du mir denn noch böse?

– Es scheint ja alles gut gegangen, Vroni. Äußerlich. Die Schwerarbeit bleibt. Für dich kommt die Annäherung an Vati.

– Du, ich kann es nicht planen. Ich will nicht unterm Druck einer Reise mich annähern müssen. Ich bewundere euch. Euch Männer verbindet vielleicht mehr. Weißt du, was ich fürchte? Manchmal siehst du ja Väter mit ihren Töchtern, die so alt sind wie ich. Jetzt reden wir schon wieder. Aber was sollen wir machen? Wir sind noch nie schweigend spazierengegangen. Aber das wird kommen. Und die Töchter gehen untergehakt, und du siehst sie schäkern, fast flirten, sie strahlen Stolz aus, und sie reden. Ich sehe so was mit überwachen Augen. Manche Väter benehmen sich wie die Freunde ihrer Töchter. All das macht mir Angst. Ich weiß noch nicht mal, in welcher Rolle ich ihn möchte. Nur: ruhig, beschützend, und ich bin neugierig, auf seine Geschichte, auf seine Gedanken. Dabei fürchte ich, ich könnte schnippisch sein oder heulen oder ganz große Kinderaugen machen ...

– Laß es doch auf dich zukommen, Vroni!

– Ich kann nicht mehr auf seinen Schoß, ich will mich nicht einhängen bei ihm, bevor ich ihn kenne.

– Ihr solltet doch etwas zusammen unternehmen. Tischtennis ist sicher gut. Aber geht doch mal ins Theater, oder ins Kino.

– Ich will nicht, daß er sich verhält wie der typische Vater zu seiner halbflüggen Tochter. Er soll mir viel erklären, aber ich weiß nicht was. Es ist so eine blöde Sehnsucht nach Ruhe. Lach mich nicht aus, aber die Idee, die mir am meisten gefiel, war die: er könnte, als er fünfzehn oder sechzehn war, auch Tagebuch geschrieben haben, um sich über Wasser zu halten, um sich nicht zu verlieren. Und falls das so ist, könnte er mir daraus vorlesen. Ich muß etwas von ihm verstehen, kriegen, aufnehmen, um ihm zu verzeihen.

– Frag ihn doch einfach, und sag ihm, daß du auch Tagebuch schreibst. Kannst du dir denn vorstellen, daß du ihm etwas vorliest?

– Manche Stellen schon, zum Beispiel die, die sich mit ihm beschäftigen, nicht alle, aber manche.

– Dann seid ihr ja wieder im Salat der Wörter und Sätze!

– Ich will sie auch nicht ausschließen.

– Frag ihn, ob er dir nächstes Frühjahr das Autofahren beibringt!

– Er, mir, mit fünfzehn?

– Ich will dir keinen Floh ins Ohr setzen. Aber ich denke, er würde gerne etwas für dich tun, was dir wirklich Spaß macht.

– Er hält mich für viel zu ungeschickt. Du kennst doch seine Kommentare über Mamis Fahrstil. Das ist ja gruselig, die Idee.

– Mami hat ohne ihn fahren gelernt. Wenn du seine Schülerin bist, ist es anders.

– Jetzt bist du gleich wieder zynisch. Ich will mich nicht unbedingt fügen, ich meine, seinen Stil einfach annehmen. Aber ich will ihm durchaus etwas verdanken. Er müßte wahnsinnig viel Zutrauen zu mir haben. Vielleicht ein Jahr später. Hast du noch mehr so gute Ideen?

– Ja. In München, bei Tante Leonore, da könntet ihr euch ja sozusagen zufällig treffen, ich meine so, daß ihr nicht, wie wir, einfach zusammen verreist, sondern daß jeder unabhängig seinen Standort dort hat, und ihr müßt nicht die ganze Zeit zusammenhocken. Er holt dich einfach ein paarmal ab. Dabei könnte er ja ruhig Gerda dabeihaben, und ab und zu hat er einfach für dich Zeit. Die wird sich in München nicht langweilen, das schwör ich dir. Und alles ist nicht so künstlich, so geplant.

– Schuft. Du bist noch viel gerissener, als ich weiß. Du Fädenspinner. Ich bin dir ja dankbar. Mir fehlt's manchmal an Phantasie.

– In München kannst du jeden Abend in ein Klavierkonzert. Das wird sowieso höchste Zeit, daß du da Anregung kriegst. Oder schlepp ihn in die Keller- und Studententheater. Der kann ruhig was nachholen, der hat doch fast nur gebüffelt in seiner Studentenzeit. Ja, Vroni, macht was, wo er auch etwas nachholt.

Mensch, dann verdankt er dir auch was. Geht in Kabaretts! Geht in den Zoo! Überall kannst du ihn anzapfen, beiläufig, und nach seiner Geschichte fragen. Jetzt bin ich schon begeistert und plane eure Annäherung. Ich brauche ihn nicht alleine. Du kannst ruhig was abkriegen von ihm.

– Vor dieser Lösung: München mit separaten Standquartieren, hätte er vielleicht keine Angst. So wie ich. Wenn es nicht so gut geht, ist es keine totale Pleite, du!

– Ich fühl mich wieder besser, Vroni.

– Ich auch. Ich war so unglücklich über meine Unfähigkeit, dich zu begleiten.

– Ist schon gut. Psychologie scheint eine spannende Sache.

– Wenn man nicht in ihr ertrinkt, wie wir manchmal in den Sätzen!

– Fände ich spannend, wenn du das studieren würdest. Dann fällt auch was von deiner Weisheit auf mich. Mir würde das nicht bekommen. Ich kann aus meiner Macke keinen Beruf machen.

– Weißt du denn inzwischen eine Richtung?

– Keine Spur. Georg rudert auch herum wie ein Boot ohne Steuer. Und leidet. Mir macht's zur Zeit gar nichts aus, nicht zu wissen, wo's langgeht. Es wird sich finden. In sechs Wochen ziehe ich um. Das ist Aufregung genug. Hilfst du mir?

– Ich weiß noch nicht, ob ich es kann. Vorher ist mit Vati irgendwas fällig, und mit Gerda. Vorarbeit. Sonst habe ich hinterher einen Katzenjammer wie du bei seinem Auszug. Tschüß. Ich muß üben, morgen ist Klavierstunde. Ich will ihr einfach eine Freude machen, und mir natürlich auch. Wenn wirklich gar keiner zuhört, spiele ich ganz anders, gar nicht wie ein braves Mädchen. Wenn ich mich mal traue, dir vorzuspielen, bin ich drei Schritte weiter.

33

Wie Annette ihren siebten Geburtstag zweimal feiert: zu Hause und beim Vater, zusammen mit Gerda; wie Christof jetzt beim Vater und bei Gerda wohnt; wie er Vroni von seiner Freundin Ulrike erzählt; wie Vroni eine Wochenendreise mit dem Vater nach München plant; wie Vroni überlegt, unter welchen Bedingungen sie sich der Freundin des Vaters nähern könnte; und wie Christof und Vroni über die Beziehung des Vaters zu Gerda sprechen

– Hallo, ihr Kinder, wißt ihr, daß ich morgen Geburtstag habe? Ich werde schon sieben und bin schon in der zweiten Klasse. Ich darf zweimal Geburtstag feiern. Einmal zu Hause, mit Pudding und Kuchen. Da kommen Gerlinde und viele Kinder, und wir dürfen den ganzen Nachmittag spielen, drinnen und im Garten. Und übermorgen, am Samstag, bei Vati und Gerda und Christof, mit Eisessen und Ganz-lange-Aufbleiben und Bei-Papi-Schlafen. Christof bringt mich wieder heim. Er wohnt jetzt dort. Er hat mich aber nicht mitgenommen zum Richter, damit ich ihm sagen kann, was ich will. Als er gesagt hat, das geht nicht, das ist nicht nötig, da hab ich gebrüllt und mich auf den Boden geschmissen und gestrampelt: ›Ich will auch hin, ich will ihm sagen, wieviel Geld wir brauchen, und daß ich immer zu Vati will!‹ Christof hat gesagt, daß er ihm das alles sagen wird. Aber ich glaube, manchmal schwindelt er. Meistens ist er jetzt lieb und spielt mit mir. Jetzt wohne ich in seinem Zimmer. Wo ich vorher geschlafen habe, hat Mami jetzt ihr Arbeitszimmer. Manchmal kommen Leute zu uns, und Mami macht Tee. Oder sie kommen am Abend, und Vroni und Mami kochen. Früher waren nie so viele Leute da. Manche mag ich. Einmal war sogar der Dieter da aus Paris. Er war der erste, nach Christof, der im Gästezimmer geschlafen hat. Manchmal, wenn ich will, kann ich Christof anrufen, dann kommt er, und wir spielen, oder er fährt mit mir spazieren. Mit dem Rad! Weil ich nämlich jetzt auch radfahren kann. Bis zum Park. Und auch schon bergauf. Manchmal gibt mir Christof einen Schubs und macht Sachen, daß Mami erschrickt. Wenn er weggeht, sagt er nie, er geht nach

Hause. Immer sagt er, er fährt jetzt zu Georg, und ich kann nicht mit. Oder er geht auf den Sportplatz, da kann ich auch nicht mit. Durch die ganze Stadt darf ich noch nicht fahren, wo Vati wohnt. Da ist zuviel Verkehr, und es ist zu weit. Aber manchmal am Abend kann ich Vati anrufen. Nicht im Büro. Zu ihm darf ich nur alle zwei Wochen. Aber der Richter hat es noch nicht aufgeschrieben. Der muß lange denken. Manchmal kommt von Vati eine Karte. Und Tante Gerda schickt mir Schokolade. Einmal ist Mami ganz wütend geworden. Immer Schokolade, hat sie gesagt, das ist nicht gesund. In der Schule verstehen die nicht, warum Vati nicht bei uns wohnt. Immer muß ich es erklären: weil sie getrennt sind, und Vati eine neue Freundin hat. Manchmal ist es in unserm Haus ganz leer, und manchmal ganz voll. Wenn es ganz voll ist, darf ich zu Gerlinde zum Schlafen. Dann ist Mami schön angezogen und lacht. Manchmal ganz laut. Vati würde staunen. Aber er kommt nie. Er geht nie ins Haus, immer nur bis an die Tür. Als ob er fremd wäre.

– Christof, du läufst noch immer herum, als ob es August wäre, und es ist Oktober.

– Grüß dich, Vroni. Hauptsache, hier im ›Elefanten‹ ist's warm. Schau doch, die haben schon geheizt. Hast du schon mal Grog getrunken?

– Nein! Ist das sehr scharf?

– Nein, mild und heiß. Ich bestelle zwei, dann geht das Frösteln weg.

– Also fröstelst du doch?

– Quatsch, nur so einen Moment, beim Hereinkommen in die Wärme. Bitte erzähl mir nicht, wie warm ich mich anziehen soll. Geh lieber mal mit, wenn ich mir was Neues einkaufe. Das mag ich lieber, als wenn Gerda sich anbietet. Ich glaube, sie möchte noch mal Mami spielen, aber das vertrage ich gar nicht. Ich will keine Mami-Beziehung mehr. Nicht nur, weil ich es schlecht vertrage, so umsorgt zu werden, sondern – ja, das ist das Komische, es gibt so viele Dinge und vergangene Situationen, da kommt nur Mami vor, und da soll auch nur sie vorkommen. Verstehst du, ich tue vieles nicht mit Gerda, was sie vorschlägt, und sie kapiert oft nicht warum. Mir selber dämmert es auch erst allmählich: es ist wie Anhänglichkeit oder Treue, seltsames

Wort, ich kriege gleich eine leichte Gänsehaut, aber ich will Mami nicht ersetzen. Ich kann was Neues anfangen mit Gerda, die vielen Gespräche, die Witze, ins Theater gehen. Aber vieles in meinem Leben gehört zu Mami, und das will ich überhaupt nicht wegrücken ...

– Dann laß dir doch von Mami helfen beim Einkaufen, sie wäre ganz stolz und glücklich!

– Das geht auch nicht mehr. Erstens kommen so viele Erinnerungen, und zweitens gibt es Streit. Entweder ich kaufe nach ihrem Geschmack, dann sehe ich aus, oder ich fürchte es, wie so ein smarter Dressman aus den Prospekten, oder ich suche was aus, dann sagt sie: so kannst du doch nicht rumlaufen oder in die Schule gehen.

– Du spinnst ganz schön und steckst sie immer in die falsche Ecke. Hier, sieht der Pulli und der Rock aus wie nach dem Prospekt gekauft? Und sie läßt sich von *mir* auch begleiten. Nicht oft. Wir rechnen uns immer vor, was es kostet, und vergleichen. Der Spaß ist die Hauptsache.

– Und was spricht dagegen, daß du *mich* begleitest? Du rennst doch sicher nicht mehr blind durch die Gegend, wenn du junge Leute siehst. Oder hoffentlich doch! Was soll der Quatsch? Wieso willst du nicht mitgehen?

– Ich weiß es nicht. Wir können's ja probieren. Weil ich dich nicht so genau anschauen will. Vor dem Spiegel. Die denken doch alle, wir wären ein junges Paar, und verknallt. Das Gelächter hier, als ich sagte, ich warte auf meinen Bruder, das hör ich immer noch.

– Mensch, Vroni, die sollen doch denken, was sie wollen. Oder willst du, daß ich langweilig oder ausgelatscht rumlaufe? Ich kann doch so nicht mit Ulrike ins Kino!

– Ach, so ist das, aha! So so ...

– Nun krieg dich doch mal wieder ein, das ist doch keine große Offenbarung!

– Wieso denn nicht? Welchen Stil schätzt denn Ulrike? Mußt du gepflegt erscheinen, oder gepflegt verwahrlost? Du machst mich vielleicht neugierig! Und warum hilft sie dir nicht?

– Mensch, so nah sind wir doch nicht. Meinst du ich frag sie: he, stiefelst du mit mir in einen Kleiderladen und hilfst mir einkaufen? Noch reden wir ganz manierlich miteinander oder gehen mal ins Kino. Außerdem bin ich schüchtern und habe Angst, ganz dumme Fehler zu machen.

– Potz Blitz, Christof, der Beratungsfall ist eingetreten. Soll ich die Ärmel hochkrempeln?

– Vroni, bitte, bleib auf dem Teppich, oder die Kleiderfrage wird wieder abgesetzt von der Tagesordnung. Wir wollten sowieso über ganz andere Sachen reden ...

– Stimmt, Christof, stimmt. Aber das andere vergessen wir nicht.

– Gewiß nicht. Vielleicht geht's bei dir ja auch bald los ...

– Gar nichts geht los. Erzähl mir, wie's bei euch zugeht. Nächste Woche fahr ich nach München, und Vati fährt ebenfalls hin, für ein verlängertes Wochenende. Ich bin aufgeregt. Wir wechseln Briefe, und da gibt es eine Art Einverständnis. Es ist idiotisch. Es ist wie schriftliche Verhandlungen. Ich hätte so was Verrücktes nie für möglich gehalten. Aber daß er mitspielt, ist doch toll. Die Briefe werden allmählich ganz hintergedanklich, und mit Humor. Hör dir doch dieses Briefchen an: ›Liebe Vroni, letzte Botschaft erhalten! Freue mich auf das Konzert in München. Wohin führst Du mich aus danach? Kannst Du das vorher erkunden? Ich werde ziemlich schüchtern sein, brauche also gemütliche Atmosphäre. Hoffentlich findest Du mich überhaupt noch nett ...‹

– Das ist ja ein richtiger Flirt, und voller Augenzwinkern ...

– Das ist nicht alles. Es kommt auch ernster. Hör doch:

›Den ganzen Samstag bin ich frei. Ich würde sehr gerne ein bißchen rausfahren und die Neue Pinakothek sehen. Aber ich würde mich nach Dir richten. Gerda ist bei Freunden. Nur wenn Du magst, kann sie für ein paar Stunden zu uns stoßen. Oder auch erst am Sonntag, zu einem Ausschlafefrühstück. Jetzt hast Du viel zu organisieren. Mach's ruhig nach Deinem Kopf. Herzlich, Vati!‹

– Donnerwetter. Der hat Seiten, gut versteckt! Ein Schuft und ein Gentleman, je nach Bedarf, und bei manchen Bildern kann er sogar schwärmen. Aber da hältst du dann fast den Atem an, aus Angst, es verschwindet gleich wieder. Da war noch was anderes, was Mami angezogen haben muß, nicht nur die Rettung und die spätere Karriere. Etwas, wo die beiden sich Konkurrenz gemacht hätten. Da ist bei beiden etwas Kostbares verschwunden. Und jetzt graben sie's getrennt wieder aus. Verrückt, daß zwei Leute sich an bestimmten Punkten einfach lahmlegen können.

– Ach, Christof, es ist wirklich verrückt. Es muß so etwas wie einen Streit um Territorien gegeben haben. Hätte Vati diese schwärmerische, begeisterte Seite herauslassen können, dann hätte in Mamis Person etwas Wichtiges gefehlt, ich meine, was sie verkörpert hat. Aber wie als Preis dafür, daß sie begeistert und warmherzig war, hat sie Kunst und Malerei auch aufgegeben, wie um ihn nicht zu reizen, oder ihm etwas wegzunehmen. Damit sie nicht konkurrieren mußten, haben sie die Arbeitsteilung eingeführt. Schrecklich!

– Versunkene Schätze, Vroni. Aber sie tauchen ja wieder auf.

– Ja, getrennt. Und jetzt möchte ich von dir gerne wissen, ach, ich weiß gar nicht, ob man es vorher wissen kann, ich will wissen, ob von Gerda etwas ausgeht, das meine Beziehung zu Mami verändert, ein Druck, eine Faszination, eine Entwertung. Wie spricht sie über Mami? Ist *sie* die neue Königin? Wenn Vati sie liebt, werde ich sie auch mögen. Aber wenn sie etwas Triumphierendes hat, oder auch nur eine Spur Bedauern verströmt, oder Mitleid, dann ertrage ich es nicht. Sie kann nicht einfach eine Erbschaft antreten. Ich fand dich wahnwitzig, als du in deinem ersten Brief an Vati, unter der Gefahr der Trennung, sein Format prüfen wolltest, also, ob er dich überhaupt sieht oder sich einstellen kann. Jetzt tue ich etwas Ähnliches: ich stelle Bedingungen, ich bringe meine Empfindlichkeit ein, sowohl meinen Stolz auf Mami wie das Gefühl, daß ich eine Geringschätzung von ihr wie am eigenen Leib spüren werde. Ich bin fast darüber hinweg, ich meine, über den scheußlichen Gedanken: sie hat ihn nicht halten können. Das ist so ein Allerweltsspruch, den du immer wieder mal hörst. Der hat sich aber eingegraben. Inzwischen fürchte ich diesen Satz nicht mehr, weil er nicht stimmt. Die sind, als Paar, meine ich, an ihrer Rollenteilung eingegangen, und weil sie die Schätze, die sozusagen in der Mitte zwischen ihnen lagen, aufgegeben haben. Zum Heulen. Wie kann es denn zu so etwas kommen?

– Vroni, ich kann mir nur zwei Dinge vorstellen: die Kunst, das war seine innerste Zuflucht, wo er auch enorm verletzlich war, unsicher, verträumt, fast gläubig, oder nicht fast, wirklich. Für Mami war das Bildungsgut, halb Innenleben, halb Wissenschaft. Und da haben sie nicht den richtigen Ton füreinander gefunden, sich Verletzungen zugefügt. Er hat vielleicht geschwärmt und manche Zusammenhänge durcheinandergeworfen, und sie hat doziert und ihn naiv gefunden, wer weiß. Und plötzlich war das vermintes Gelände, Niemandsland. Aus!

– Das nimmt einem ja den Atem. Und wie paßt die clevere Gerda da hinein, da muß er doch die Fühler noch mehr einziehen?

– Nein, eben nicht. Die kennt genug von den aalglatten Erfolgstypen. Sie hat einen Riecher für seine verträumte Seite. Die wird mucksmäuschenstill, wenn sie merkt, er öffnet sich wirklich, und faucht gegen jeden Störer. Sie kann zuhören wie ein kleines Mädchen und spürt genau, wann sie sich einmischen kann und wann nicht. Danach sind sie auch wieder ganz anders miteinander, frech, streitlustig, ohne viel Rücksicht. Die hat kapiert, daß er irgendwie zweigeteilt ist. Er übrigens auch. Ich meine, daß sie auch zweigeteilt ist.

– Nämlich, Christof, du Seelenleser, der es gar nicht studieren muß?

– Sie ist tüchtig und strahlend und steckt eigentlich alle charmant in die Tasche. Besonders Männer. Aber weit, weit dahinter kommt ein kleines Mädchen, macht große Augen und möchte gar nicht mehr so klug und durchtrieben sein, sondern gläubig aufschauen zu jemand, der das nicht mißbraucht, der sie nicht zwingt, aufzupassen und den Radar anzustellen. Und dann wird er wie ein Bär, in den sie sich einkraulen kann, und das Brummen ist wichtig, der Ton, nicht was er sagt. Da ging was schief früher. Mami war einfach zu sehr Mami, und kaum je dieses kleine Mädchen, dem man ins Ohr brummt. Vielleicht hat er es auch jetzt erst gelernt, wer weiß?

– Du, es wird immer trauriger und immer spannender.

– Weißt du jetzt eigentlich genug für deine Münchner Expedition?

– Ja, Christof, das war alles unheimlich wichtig. Es mindert nicht meine Aufregung, aber ich fühle mich wohler mit meinen Gefühlen. Nur Gerda liegt mir noch im Magen. Ich weiß weder, was ich mit der mondänen Dame, noch, was ich mit dem kleinen

Mädchen anfangen soll, falls ich das überhaupt zu sehen kriege. Ich kann ihr ja nicht ins Ohr brummen. Und was mir in bezug auf Mami passiert, ist natürlich immer noch im Dunklen. Aber ich glaub, ich kann's riskieren, sie zu sehen. Komm, wir gehen noch was einkaufen. Wenn ich verreist bin, ist es zu spät. Außerdem machen die Geschäfte bald zu, schau doch, es ist fast dunkel. Und so ein Grog paßt wirklich gut zu dem Wetter. Gibt's das in München auch, oder kennen die das nicht?

– Doch, doch. Und wenn's dort auch kalt ist, kannst du Vati ja überraschen damit. Also, auf zur Neueinkleidung. Du brauchst viel Geduld, das sag ich dir.

34
Was Vroni an Christof über ihre Reise nach München mit dem Vater schreibt; wie sie endlich wieder das Gefühl hat, seine Tochter zu sein

München, Sonntag

Lieber Christof,
ich kann nicht schlafen, es ist noch Morgengrauen. Die Heizung wird nachts niedriger gestellt, also sitze ich jetzt und fröstle an meinem kleinen Schreibtisch und versuche, mit einem Brief an Dich etwas von meiner Spannung loszuwerden. Wir sind alle erschöpft, ich meine, wir, als Familie. So strahlend Vati sich geben kann, so hat es mich am meisten erschüttert zu spüren, wie tief ihn das alles betroffen hat, und wie ängstlich er im Hintergrund ist, ob die neue Beziehung gutgeht, oder ob sie bedroht ist von Schuldgefühlen, Vorwürfen, von dem Kampf um Annette, und ob wir zu ihm, oder er zu uns, eine Verbindung halten können. Ich glaube, auf eine ganz ganz einsame Weise fühlt er sich gescheitert. Daneben sind ganz neue Seiten, Lebensfreude, Heiterkeit, aber so, als könne es auch jederzeit wieder umkippen.

Wer bin ich denn, daß er mich um Verzeihung bittet? Er fürchtet, er habe in uns etwas Zerstörerisches angerichtet. Aber was kann er dafür? Es ist längst alles verziehen, auch wenn oft Wut und Traurigkeit da sind.

Alles ist anders, als ich es dachte und erhoffte. Ich kann mich nicht anlehnen, solange er so tiefe Schuldgefühle hat. Es war ein langes und schwieriges Gespräch nach dem Konzert. Er hat mich fast nicht als Kind gesehen, sondern als eine verständige Person, der er das Mißlingen zu erklären versuchte. Es war auch so sehr schön. Ich mußte nur immer wieder weinen zwischendurch. Einmal hat er auch kurz geweint. Als wir weggegangen sind aus dem Lokal, war ich so erschöpft, daß ich beim Mantelanziehen einfach so an ihn hingesunken bin. So standen wir ein paar Minuten. Der Kellner fragte, ob mir nicht gut sei, aber es war mir eigentlich gut. Wir taten uns beide leid, es war auch eine große Nähe, und dann, glaube ich, hat er verstanden, daß ich ihn weder hasse noch verachte noch ihn für so schuldig halte. Er hat mich heimgefahren, und weil er nichts mehr befürchtet hat und sich auch geliebt fühlte, kam endlich das zum Vorschein, wonach ich mich so sehne: er war ruhig, väterlich, zuversichtlich.

Am andern Morgen, gestern, sind wir zu einem kleinen See gefahren, von wo aus man die Berge sieht, und sind stundenlang gewandert. Ich war nie mit ihm allein in der Landschaft. Es war sehr neu. Manchmal haben wir uns ungläubig angeschaut. Im schweigenden Gehen hat sich vieles beruhigt. Er liebt mich und hat gefürchtet, er würde mich verlieren.

Später hat er mir aus seiner Jugend erzählt. Und wie sie versucht haben, Mami und er, ein Nest zu bauen, ohne sich recht zu kennen. Er fühlte sich von ihr fast gerettet, damals, er ist nicht sicher, ob er durchgehalten hätte. Und dann scheint er sich nicht mehr getraut zu haben, sich zu trennen. Es ist ein Abgrund. Er hat sie aus Dankbarkeit geheiratet. Natürlich nicht nur. Aber er hatte schon Zweifel damals, er wußte, daß er innerlich nicht fertig war, und daß diese Dankbarkeit ihn oft verschlossen gemacht hat. Er hat sich angestrengt, ein Ehemann und Vater zu sein. Aber sein Innerstes ist nicht eingegangen in die Beziehung, oder versteckt geblieben. Obwohl er sich in vielem überlegen fühlt, hat er auch Komplexe vor ihr. Sie ist in seiner schlimmen Studentenzeit eine Art Muttterersatz gewesen, und eine neue Ebene haben sie nicht gefunden. Obwohl er so mächtig war in der Familie, hat Mami sich doch nie anlehnen, ausruhen können. Ich will aber an die Vorgeschichte jetzt nicht mehr denken, obwohl mir das Begreifen manchmal hilft. Es schwankt so zwischen Klarheit und völligem Nebel, wo ich beide auch gar nicht verstehen will, wo ich mich nur elend fühle, oder verlassen.

Nach der langen Wanderung haben wir gegessen, und ich habe von der Schule erzählt, sogar von dem noch vorsichtigen Wunsch, Psychologie zu studieren. Er hat nichts dagegen. Er wäre sogar stolz. Ich konnte kleiner sein, zutraulicher. Ich hab einfach geplappert.

Heute gehe ich mit ihm ins Museum, und zum Mittagessen kommt Gerda dazu. Es ist mir immer noch zu rasch, ich fürchte, daß sich sein Bild von neuem verändert. Aber nun bin ich einmal hier und mache mit. Ich will ihm auch eine Freude machen. Ich bin neugierig, aber ganz schwach. Zum Neugierigsein braucht man Kraft, und da ist nicht so viel los mit mir, jetzt gerade.

Und Du? Fühlst Du Dich verlassen in der neuen Wohnung? Oder eignest Du sie Dir an? Kommt Georg zu Besuch? Und wie war das Kino, mit neuen Hosen und neuer Jacke? Du siehst, beinahe hab ich es vergessen. Ich wünsch Dir viel Glück und bin ein bißchen eifersüchtig. Tschüß

Vroni

PS. Ich habe wieder das Gefühl, seine Tochter zu sein.

35
Was Christof ihr antwortet, und wie er zum erstenmal in seinem Leben drei Tage allein ist und spürt, daß er mit der Mutter wieder reden kann

Liebe Vroni,
ich war ja nur drei Tage allein, zum erstenmal in meinem Leben, und es hat mir gutgetan. Die neue Wohnung ist ein Ort, wo ich mich allmählich sicher fühle. Es war ein Aufatmen. Das neue Zusammenleben ist schön, aber auch anstrengend. Ich gebe mir große Mühe, habe immer Angst, ich könnte etwas verderben. Das wird zwar schwächer, aber ist immer noch da. Ab und zu wäre mir nach einem handfesten Krach mit Vati zumute, aber ich muß es aufschieben, ich rase dann los mit dem Rad und rede

mit Georg, den es allerdings stark hineinreißt in seine Spannung mit dem Vater. Früher war ich immer neidisch auf seinen guten Draht zum ›Alten‹. Jetzt kämpft er wie verrückt um seine eigene Existenz. Ich rase deshalb los mit dem Rad, weil ich Angst habe, es könnte zu chaotisch werden, wenn ich lospoltere. Alles ist irgendwie noch zerbrechlich, nicht gefestigt. Wir sind sehr höflich miteinander. Aber ab und zu gibt es eine Stunde, meist abends, wo wir zusammensitzen und Musik hören oder plaudern. Ich fange mich an zu interessieren für das, was Vati aus dem Betrieb erzählt. Nicht so, daß ich so etwas werden möchte. Aber ich kann endlos nach den Beziehungen der verschiedenen Gruppen fragen, und Vati läßt sich sogar hinreißen von meinen Fragen. Er sagt, so gründlich habe er über die menschlichen Seiten in dem Laden noch nie nachgedacht. Es ist fast, als ob ich ihn zwingen würde, in den Schachfiguren Menschen zu sehen. Wenn ich so weiterfrage, meint er, kann er bald keine Entscheidungen mehr treffen. Da er bei Rationalisierungen und also auch Entlassungen mitzureden hat, trägt er eine ganz schöne Verantwortung. Ich glaube, er ist unsicher, wieviel er noch erreichen will, ich meine, ob er Direktor oder so was werden soll. Es schien alles vorgezeichnet, und das wird ihm nun fraglich. Wie ernsthaft, weiß ich nicht. Er meint, es gibt dort kein Stehenbleiben, nur Vorwärtsgehen. Am Anfang war ich fast rücksichtslos im Nachfragen, weil ich ihn für völlig sicher und zielstrebig hielt. Jetzt merke ich, daß meine Fragen in ihm bohren, es freut mich und es erschreckt mich. Er sieht mehr die Zwänge, in denen er steht, und sieht zwischendurch nicht mehr so ganz, wozu er noch aufsteigen will. Er ist einfach gern mit Gerda zusammen und erlebt die Zeit, ganz konkret, Stunden, und sogar Minuten, anders als früher. Er klebt fast am morgendlichen Kaffeetisch und ist traurig, wenn er erst später heimkommt und Gerda und ich sitzen schon zusammen, oder sie ist im Kino, und ich lerne, ausnahmsweise. Das sind schöne Stunden, die wir gar nicht planen müssen. Wir hocken dann zusammen wie zwei Männer, die lange getrennt waren und ihre Freundschaft fast vergessen hatten.

Am Sonntag, als Du mir geschrieben hast, habe ich lange mit Mami telefoniert. Zum ersten Mal! Ich konnte mit ihr sprechen wie eine selbständige Person. Sie war unsicherer als ich. Sie hat erst am Telefon richtig gemerkt, daß meine Stimme jetzt tiefer ist. Sie hat mit einem Mann telefoniert, und ich mit einer Frau. Es war schön, ihre Stimme zu hören und mich nicht verstrickt zu fühlen. Mensch, Vroni, das Leben geht weiter. Ich verliere Euch nicht! Ich fange wieder an zu lernen, nicht nur ausnahmsweise.

Annette nimmt mit mir vorlieb, ersatzweise, als Stellvertreter und Botschafter. Aber nicht nur. Ich bin der große Bruder, den sie gerne vorzeigt. Plötzlich sitze ich manchmal in einem Kreis von kleinen Mädchen und spiele oder lasse sie an mir herumklettern. Annette verwaltet und verteilt meine Gunst. Ich bin ein Haustier, das denen Spaß macht. Natürlich wäre ich besser ein Pferd, allerdings mit meinem Kopf, dann wär's nicht so anstrengend.

Denkst Du noch an die versprochene Gebrauchsanweisung über mich, für Ulrike? Solange sie die nicht hat, bin ich ganz vorsichtig.

Mami wollte ich grade schreiben, da merke ich, daß ich einen richtigen Familienbrief schreibe, wie früher die Großmütter und Tanten, damit jeder wieder auf dem laufenden ist. Mensch Vroni, der Christof schreibt Familienbriefe! Na gut, Mami sitzt und schreibt, der Autor des letzten Buches, das sie übersetzt hat, hat sie besucht auf der Durchreise und ihr gratuliert zur Übersetzung. Sie war ganz high, und er hat einen Tag zugelegt, so gut haben sie sich verstanden. Vielleicht weißt Du es längst, Ihr habt Euch ja sicher an der Strippe. Aus größerem Abstand werde ich stolz auf sie und denke, sie ist eine ganz annehmbare Dame, kein ergrauendes Kälbchen. Das nehme ich voll zurück. Tschüß Vroni

Christof

36

Wie Annette den Beschluß des Gerichts aufnimmt; wie Christof sich immer mehr mit Annette anfreundet; wie Christof und Vroni viele gute Seiten an dem Vater entdecken, und eine große Veränderung; und wie die Mutter die Trennung nicht mehr nur als ein Scheitern ansieht

– Christof und Vroni, kommt schnell rein, ich hab schon ganz arg auf euch gewartet. Die Post ist da, der Brief ist da ...

– Wie denn, Annette, hat der Weihnachtsmann zum ersten Advent schon geschrieben?

– Nein, Christof, nicht der Weihnachtsmann, der Richter hat geschrieben, wie oft ich zu Vati darf, und daß du dort wohnen darfst, und daß du immer zu uns kommen darfst, und daß ich manchmal bei euch schlafen darf!

– Dann hat dich der Brief ja gar nicht so unglücklich gemacht? Ist es doch kein böser Richter? Also, erzähl mal.

– Vroni, die Mami hat mir vorgelesen, was wir dürfen. Ich darf alle vierzehn Tage zu Vati, wenn ich will, schon am Samstag, und dort schlafen, wenn ich will. Und wir bekommen genug Geld von Vati, daß wir alles einkaufen können. Und noch das, was Mami kriegt! Sind wir dann reich?

– Ziemlich reich, Annette, wir müssen ganz bestimmt nicht hungern. Und für Weihnachten reicht's auch.

– Und hat Vati dann auch noch genug?

– Ja, ganz bestimmt.

– Aber wenn er der Tante Gerda auch noch Geld geben muß?

– Ich glaube, das muß er nicht, weil sie selbst welches verdient, schon seit langem.

– Dann kann er ja uns alles geben, ich meine, fast alles!

– Nein, er braucht auch genug für sich, für die Wohnung, das Auto, Essen, Bücher und so weiter. Steht auch was vom Taschengeld drin?

– Nein, aber Mami hat gesagt, ich bekomme eine Mark von ihr in der Woche, und vielleicht von Vati noch was, wenn ich ihn besuche. Glaubst du, auch eine Mark?

– Das wäre am besten. Christof kann es ihm sagen. Du sollst

genug haben, aber auch nicht nur von Gummibärchen leben. Da sind keine Vitamine drin.

– Und krieg ich von Tante Gerda auch noch was?

– Na, du bist ja ganz schön raffiniert und kassierst reihum. Das wird Christof auch mit ihr besprechen.

– He, Vroni, dräng mich nicht in eine komische Rolle. Wart erst mal ab, bis wir den Brief gelesen haben. Soll ich den Sparkommissar spielen?

– Nein, Christof, den Koordinierer, falls es das gibt. Jedenfalls das Thema Verwöhnung mal ansprechen. Kann Vati darauf überhaupt eingehen?

– Wir haben bis jetzt nie davon gesprochen, da wäre ich auch vorsichtig ... Ja, Annette, was ist, wird's dir langweilig?

– Ja, immer redet ihr und spielt nicht mit mir. Ich geh jetzt zur Gerlinde.

– Gut, Annette, geh zu Gerlinde, dort könnt ihr spielen und reden. Und wenn du zurückkommst, dann spielen wir mit dir bis zum Abendessen und bringen dich ins Bett, und Christof liest vor, heute schläft er bei uns, dann kannst du ihn morgen früh wecken. Abgemacht?

– Ja, aber Christof, du darfst dann nicht vorher aufwachen.

– Nein, weißt du, warum ich nicht aufwachen werde, ich meine, früher als du? Weil wir heute abend ganz sicher lange mit Mami reden, damit wir den Brief auch ganz richtig verstehen.

– Tschüß, bis nachher.

– So, Vroni, zurück zur Verwöhnung. Das ist ein ganz ganz heikles Thema, an das ich mich selbst noch nicht so richtig herantraue. Ich dachte doch lange, Annette kann mich nicht besonders leiden, als Person, und ich fürchtete, ich kann sie nicht erreichen. Ich habe sie auch für gierig gehalten. Ich habe nie mit ihr gesprochen. Jetzt habe ich manchmal wunderbare Gespräche mit ihr. Sie hört fast andächtig zu, wenn ich von mir erzähle, oder von früher, oder von der Schule. Ich komme mir vor, als wenn ich sie begießen würde, so sehr öffnet sie sich.

– Ihr seid fast verschworen, und ich bin eifersüchtig. Du bist ihr gegenüber überhaupt nicht kompliziert. Du schenkst dich ihr als Person.

– Ich hab ihr zugehört. Sie hat mich geführt. Sie hat mir gezeigt, was sie gut an mir findet, sie hat mir gezeigt, wie sie mich braucht. Sie hat mich auch begossen. Klingt komisch. Mich hat noch nie jemand gebraucht . . .

– Jetzt sei still, ich brauche dich, das weißt du sehr gut . . .

– Ja, Vroni, entschuldige, ich weiß es und bin froh. Annette braucht etwas anderes. Ich vergleiche euch doch nicht! Annette braucht, daß ich auftaue, sie schenkt mir, daß ich auftaue. Ich werde gutmütig mit ihr, ich bin begeistert, wenn ich sie verstehe, ich bin wirklich ein großes, kluges Haustier, das sie benutzt. Sie weckt Gefühle, die ich als Kitsch, als Sentimentalität weggesteckt habe. Ist das denn so schwer zu verstehen? Sie wärmt mich, und ich lasse mich wärmen. Es bewegt mich, was sie denkt. Wenn ich mit ihr zusammen bin, verschwinden manchmal die Sorgen, die ich um mich selber habe. Das geht so weit, daß ich mich bei Gedanken erwische: was wäre, wenn sie mit mir ganz allein wäre, und ich müßte für sie sorgen? Würde ich sie durchbringen? Wenn du es nicht blöd findest: ich habe sie adoptiert.

– Sie wird von allen Seiten adoptiert, und wer adoptiert mich?

– Vroni, du bist doch ganz glücklich aus München zurückgekommen.

– Ich weiß, und soll ich jetzt wieder warten, monatelang, bis sich so etwas wieder ergibt? Ich bin selbst erstaunt über mich, wie neidisch ich mich jetzt fühle. Du hast Annette adoptiert, und Gerda dich, und Vati auch. Gut, ich habe Mami, wir mögen uns gegenseitig und sind stolz auf uns. Ich finde, Annette wird am meisten verwöhnt. Alle reißen sich plötzlich um sie . . .

– Halt, Vroni, halt, du hast recht, aber nur zum Teil. Es ist da etwas ganz Merkwürdiges, eine Eigenschaft von Vati, die ich erst ganz allmählich kapiere. Vati ist jemand, der dauernd handelt. Hörst du überhaupt zu?

– Ich fürchte, du hältst einen Vortrag, und ich habe das Gefühl, ich komme zu kurz. Das weiß ich selbst, daß Vati dauernd handelt. Aber er kann auch ruhig sein, das war ja das Neue, auf dem Spaziergang bei München, wo ich mich plötzlich wie in einer warmen Windstille gefühlt habe, zum ersten Mal mit ihm.

– Ich hab dir doch gesagt, daß sich da was ändert in ihm, daß er gar nicht mehr recht weiß, ob er Direktor werden will und eine ganze Abteilung leiten will, im Vorstand . . . halt, red jetzt nicht dazwischen. Du hast mich nach der Verwöhnung gefragt. Du hast ihn nach dem Konzert, und auf dem Spaziergang, zum ersten Mal ganz ruhig erlebt, nur als Person, nicht auf dich einredend, nicht in einer Rolle, nicht mit Rat und Tat, sondern ruhig und aufmerksam. Das ist doch neu für ihn. Na gut, und mit Annette, da kann er es einfach noch nicht fassen, das kenn ich doch von mir, daß er einfach so, als Person, ein Geschenk sein kann.

– Du, mir fallen jetzt Schuppen von den Augen. Du meinst, er hat es sich gar nicht zugetraut, uns wirklich zu mögen, nein, gemocht zu werden? Und bewundert zu werden? Ich bewundere ihn sehr, aber wenn ich davon auch nur was andeute, gibt es Verlegenheit . . .

– Okay, Vroni, das gleiche, was ich gegenüber Annette gefühlt habe, nämlich eigentlich fast unbrauchbar zu sein, oder nicht bekömmlich, das ist bei ihm noch viel stärker. Und also macht er Geschenke. Und er läßt es zu, daß Gerda Geschenke macht. Wenn ich an manchen Wochenenden mit Annette spiele, kann er stundenlang dabeisitzen und zuschauen. Einmal hat er gesagt, er komme sich vor wie ein Lehrling, bei Annette. Das gleiche hat er in Zürich über mich gesagt, ich meine, über seine Beziehung zu mir.

– Dann hat er direkt merken lassen, daß du einen Vorsprung hast, ihm gegenüber?

– Direkt, unsicher, staunend, freundschaftlich, was du willst. Jedenfalls hat mir Annette etwas geschenkt, was ich jetzt sogar weiterschenken kann.

– Aber Annette ist vernarrt in ihn, schon lange. Er hat ihr vorgelesen, mit ihr getobt und geschmust, hast du das alles vergessen, die waren doch ein Herz und eine Seele, wenn er abends kam.

– Ja, Vroni, darüber habe ich auch gerätselt. Wahrscheinlich übertreibe ich jetzt kräftig. Aber weißt du, wenn er abends so eine halbe Stunde mit ihr getobt, geschmust, vorgelesen hat, da fiel das, was gefehlt hat, gar nicht so auf. Er hat dann doch immer gehandelt, Geschenke gemacht, die Fremdheit überbrückt. Ich weiß nicht einmal, ob es ihm selbst klar war, Annette war zufrieden, begeistert. Sie brauchten nicht zu sprechen und nicht ein paar Stunden wirklich zusammen zu sein. Er hat seine abendliche Heimkehr-Festgabe an sie verströmt und sich mit ihr endlich wie ein richtiger Vati gefühlt, ich meine, mit ihr, und in ihren strahlenden Augen. Er will endlich auch lernen, ein Haustier zu werden, das andere nicht mit Geschenken und Verwöhnung dressieren oder an sich binden muß.

– Christof, du übertreibst wirklich maßlos. Was er mit Annette gemacht hat, stimmte wirklich, sie haben beide gestrahlt. Aber ich ahne das auch, was du wieder so klar siehst. Und du sagst, er verändert sich. Für uns! Mit uns! Das finde ich phantastisch. Horch, ich höre Mamis Auto kommen, und sie hat Annette gleich mitgebracht. Jetzt gibt's Trubel und einen langen Abend. Mami schaut nicht aus, als hätte der Brief vom Richter sie aus dem Gleichgewicht gebracht. Sie verändert sich auch. Du wirst erstaunt sein, wie offen sie redet. Wir haben in den letzten Wochen ganze Abende gesessen und geredet, oder auch nicht geredet. Sie schämt sich nicht mehr, vor mir jedenfalls nicht. Ich habe ihr auch viel über uns erzählt. Sie fühlt sich nicht mehr als gescheitert. Sie sieht, daß es unausweichlich war, daß auch sie damit weiterkommt. Sie fühlt sich nicht mehr als verlassene Frau, sondern als eine, die sich, als es nicht mehr ging, von ihrem Mann getrennt hat. Sie ist sogar ein bißchen stolz auf die Trennung, und wie sie, oder wir, es hingekriegt haben. Komm, wir empfangen sie an der Haustür. Das hat sie jetzt verdient.

37

Christof und Vroni treffen sich kurz vor Weihnachten noch einmal im ›Elefanten‹; sie denken über das vergangene schlimme Jahr nach und können sich über die Lösung freuen, die alle gefunden haben; wie der Vater sich um Christofs Freund Georg kümmert und an ihm seine eigene Geschichte entdeckt; wie Christof und Vroni die Weihnachtsferien planen und das erste Weihnachtsfest nach der Trennung erleben

– Hallo, Vroni, die letzte Elefantensitzung im Jahr. Wie fühlst du dich, vierzehn Tage vor Weihnachten?

– Du, mir wär's am liebsten, Weihnachten wäre schon vorbei. Kann man es nicht ausfallen lassen?

– Ich hätte nichts dagegen. Aber so reden viele in meiner Klasse. Es scheint nicht nur uns so zu gehen. Ich stimme dir schon deshalb nicht voll zu, weil es so eine Mode ist, Weihnachten blöd zu finden. Meinst du denn, es wird ein besonders trauriges Weihnachten? Denk doch an letztes Jahr, als wir alle krampfhaft zusammensaßen und Vati spät am Abend unter einem Vorwand weggegangen ist.

– Richtig. Ich hab schon Wochen vor Weihnachten gezittert, letztes Jahr, ob es Krach gibt am Heiligen Abend, oder so drückend wird und beklemmend, wie an manchen schlimmen Tagen. Jeder hat sich zusammengerissen. Und trotzdem hänge ich ziemlich durch in diesen Wochen. An Weihnachten werden wir's endgültig kapieren, daß die Familie nicht mehr existiert. An manchen Tagen bin ich ganz lahm, oder ich knirsche unaufhörlich mit den Zähnen, vor Wut, oder um mir einen Halt zu geben. Und dann stürze ich mich doch wieder rein und überlege, wie ich jedem eine sehr persönliche Freude machen kann.

– Ich finde auch alles viel offener und klarer. Mir wär's ein Alptraum, wenn wir an Weihnachten wieder alle zusammensitzen müßten.

– Mensch, Christof, du sagst das wie ein Hammerschlag. Übertreib doch nicht.

– Ich übertreibe nicht. Ich würde fliehen, wenn das Alte

wiederkäme, abhauen, ich könnte die Falschheit nicht mehr ertragen. Gut, wir wissen jetzt viel mehr, es wäre gar nicht mehr vergleichbar. Aber ich hänge dem allem nicht nach.

– Wenn du das alles so klar und wuchtig sagst, komme ich mir ganz sentimental vor. Ich hänge noch dran. Ich gucke mir zu, wie es sich verklärt in der Erinnerung. Manchmal ist es, wie wenn ich mir ein Märchen erzählen würde, und mit einem Zauber wäre es wieder da, in verbesserter Ausgabe natürlich. Aber gut, wirklich vorstellen kann ich es mir auch nicht, daß Vati wiederkäme. Du natürlich schon, du Nestflüchter! Aber ich würde dich nie zwingen, nicht einmal bitten. Es ist zu offensichtlich, wie du gedeihst. Schuft. Alternativler. Aber wie gestalten wir Weihnachten? Glotz nicht so. Meinst du, es passiert alles von allein?

– Nein, das meine ich gar nicht. Ich wäre am liebsten zu euch gekommen, so bis um zehn, und dann mit Vati und Gerda zusammengewesen . . .

– Und, kommst du nicht, was spricht dagegen? Ich hab mir das auch sehr gewünscht.

– Ich will dir sagen, was dagegen spricht. Zwischen Georg und seinem Vater ist es zur Zeit so unmöglich, daß er auf keinen Fall zu Hause sein will am Heiligen Abend. Und da Vati ihn inzwischen ganz sympathisch findet, und Gerda auch, wird er zu uns kommen. Und zwar schon am Nachmittag. Er will schon die ganzen Vorbereitungen zu Hause nicht mitkriegen . . .

– Dann bring ihn doch zuerst auch zu uns mit!

– Nein. Das hab ich überlegt, aber das wird zuviel Unruhe. Weißt du, er will ja nicht nur einfach dabeisitzen. Er fühlt sich bei uns, ich meine, im alten Haus, nicht besonders wohl, er hat nichts gegen euch, aber es hat nie Gespräche gegeben, es ist ja dort stehengeblieben, wo er sich allmählich zurückgezogen hat, weil ihm das unheimlich war, daß es bei uns auseinandergeht. Er hat ein paarmal mit Vati geredet, das hat irgendeinen Nerv bei Vati berührt, so ein intensiver Krach mit dem eigenen Vater. Er hat Georg irgendwie akzeptiert. Das ist sogar viel zu schwach, er findet es klasse, wie Georg das anzettelt und durchsteht. Er hat sogar mit Georgs Vater telefoniert und ihm gesagt, er soll ihn doch ruhig kommen lassen, zur Entkrampfung. In Vati regt sich die ganze eigene innere Geschichte, er durchlebt einfach noch einmal etwas. Der spürt einfach, daß er seine Vergangenheit nicht auf den Müll werfen muß, oder daß sie aus dem Keller wieder rausgeholt gehört.

– Du, er hat mir ja auch schon vieles erzählt. Das weißt du sicher, daß er um jeden Preis vermeiden wollte, daß sich seine Geschichte mit uns wiederholt. Er muß einen unheimlichen Schrecken bekommen haben, als er gemerkt hat, er schafft es doch nicht, ich meine, mit uns Kontakt zu halten und eine offene Beziehung zu haben. Er hat an das äußere Arrangement geglaubt, und an eine liberale Haltung. Und er ist trotzdem im Schneckenhaus geblieben, stumm, und voll Verzweiflung, daß er uns, und wir ihn, nicht gefunden haben. Weißt du das, wie sehr er sich als Versager gefühlt hat?

– Sicher, Vroni, es hat mich fast umgehauen.

– Und jetzt kommt Georg, und er kann seine eigene Geschichte verwenden? Das ist phantastisch. Und immer wieder werde ich neidisch, daß du es so aus der Nähe, oder in der Nähe, mitkriegst.

– Du brauchst nicht neidisch zu sein, Vroni. Ich bin vollkommen sicher, daß Vati sich um dich kümmern wird. Der kann doch nicht alles auf einmal. Daß Georg ihn akzeptiert und nicht in die gleiche Kiste steckt wie seinen eigenen Vater, das ist doch so ganz neu für ihn. Der geht mit Georg um wie ein liebevoller Berater, der seine eigenen Fehler und sein eigenes Elend noch einmal neu durchdenkt, und der sich den Kopf zerbricht, wie man einen totalen Bruch vermeiden kann, und wie beide die Achtung voreinander behalten können.

– Und warum ist nie von Mamis Veränderung die Rede? Bei euch fühlt sich alles interessanter, dramatischer an . . .

– Red doch keinen Unsinn. Meinst du, ich wäre jeden dritten Tag bei euch und würde Mami besuchen, auch wenn ihr zwei Mädchen nicht da seid? Du hast ja Scheuklappen auf, Vroni . . .

– Ich hab überhaupt keine Scheuklappen auf, ich fühle mich höchstens manchmal ausgeschlossen, wenn ich heimkomme und ich höre euren warmen, witzigen, liebevollen Tonfall, und ich spüre deine Beschützerhaltung, und wie Mami zu dir aufschaut und ganz verklärt ist und sagt, sie hätte nie zu hoffen gewagt, daß zwischen euch so viel Zuneigung entstehen könnte.

– Also, lassen wir doch den Streit.

– Gut, du bist am Heiligen Abend ausgebucht. Kommst du am ersten Feiertag zum Frühstück, oder zum Essen?

– Das mache ich gern. Und bis dahin war ich sicher mit Georg einmal bei euch, oder bei Mami, dann ist das alles nicht mehr so krampfig. Georg denkt sowieso schon, daß ich dich ihm vorenthalte. Er sagt, ich rede ihm die Ohren voll von dir, und er kriegt dich nie zu sehen. Er fürchtet schon, du magst ihn nicht . . .

– Hör auf. Ihr wart ein Lümmelgespann, das ist der letzte Stand, den ich kenne. Das kann jetzt ja alles anders sein, man wird sehen.

– Richtig. Zeit zum Sehen wird's beim Skifahren geben. Er kommt nämlich mit. Es ist doch noch jemand ausgestiegen aus der Gruppe, also ist ein Platz freigeworden.

– Dann fahren wir zu viert? Droht Ulrikes Mutter nicht mehr mit einer Herzschwäche, wenn sie zum ersten Mal wegfährt, gleich nach Weihnachten?

– Sie droht schon, aber Ulrike sagt, sie hält es aus und kommt auf jeden Fall mit.

– Ganz schön mutig. Wenn Mami mir mit Krankheit käme, ich weiß nicht, ob ich nicht doch schwach würde. Mensch, Christof, ich könnte jubeln! Wir fahren zu viert zum Skifahren . . .

– Und warum machst du dann so ein Gesicht, halb Jubel, halb Verstimmung?

– Du bist jetzt überall der Hahn im Korb. Gibt es eigentlich noch jemand, der dich nicht mag, anschwärmt, umwirbt, anhimmelt? Wirst du überhaupt Zeit haben, mit mir ab und zu auch allein zu reden? Ich fürchte, du wirst verschluckt von den anderen. Ich fahre nur mit, wenn du mir versprichst, Zeit für mich zu haben. Die können nicht einfach so einbrechen in unsere Vertrautheit von damals, und noch dazu am gleichen Ort.

– Du meinst, nur du hättest Sorge, wieviel Sympathie du abkriegst? Als ich dich mit Ulrike zusammen eingeladen habe, dachte ich: jetzt kann ich eigentlich einpacken, die hören jetzt so schnell nicht mehr auf mit Lachen und Schnattern. Da ist kein Mann mehr nötig. Ich hab nur mit Mühe Haltung bewahrt.

Wenn du es mit Georg genauso machst, kann ich Eremit werden . . .

– Du, mir kommt noch eine ganz andere Idee mit Weihnachten. Ich habe inzwischen kapiert, daß Mami viel weiter ist, als ich dachte. Ich meine, wegen Mami brauche ich eure Wohnung und Gerda gar nicht mehr zu meiden. Vielleicht war es überhaupt mehr wegen mir. Daß ich nicht durcheinandergerate. Was hältst du davon, wenn du am ersten Weihnachtstag zu uns kommst, und ich besuche Vati und Gerda, allein, oder mit Annette?

– Das wäre das größte Geschenk, das du Vati machen könntest. Ob mit oder ohne Annette, das werden wir sehen. Aber die Idee ist phantastisch. Du, weißt du was? Das wird gar kein trauriges Weihnachten. Das wird nur traurig, wenn wir an der Vergangenheit kleben und das Neue nicht sehen. Was hältst du von einem zweiten Grog? Wir werden angeheitert nach Hause gehen und mit unserer Fahne die Wohnungen schmücken!

– Bestell nur noch einen, das reicht für beide. Ich will den Heimweg allein finden können und Mami keine Angst einjagen.

– Hallo, ihr Kinder, wie war es bei euch an Weihnachten? Bei uns war es schön. Und manchmal war ich auch traurig. Am schönsten war es, daß Christof zwischendurch auch noch gekommen ist am Heiligen Abend. Wir haben ganz viel gespielt und auch gesungen. Mami hat auch geweint zwischendurch, aber Christof und ich haben sie getröstet. Ganz viele Leute haben angerufen, Mami mußte ganz oft weg vom Spielen. Christof sitzt beim Essen, wenn er da ist, jetzt an dem Platz, wo Vati immer gesessen hat. Er wollte es zuerst nicht, aber ich habe seinen Teller dorthin gestellt. Ich bin nicht mehr so, daß ich alles rausplappere, was mir einfällt. Manchmal frage ich zuerst Vroni. Sie sagt, ich soll doch daran denken, daß Mami bei manchen Sachen vielleicht noch traurig wird. Aber nicht oft. Vroni kann gut Klavierspielen, und darum haben wir soviel gesungen. Mami hat mir eine andere Frisur gemacht an Weihnachten, mit zwei Schwänzchen an der Seite. Es ist doch ganz schlimm, daß Vati nicht kommt an Weihnachten. Er war früher immer da. Aber es gibt auch nicht mehr soviel Streit, zum Beispiel wegen der Erziehung. Wenn ich ihn besuche, ist es auch schön. Er hat viel mehr Zeit für mich als früher. Ich kann ihm auch schon kleine Briefe schreiben. Vroni hilft mir, und sie liest es mir vor, wenn er mir schreibt. Manchmal schreibt er nur einen einzigen Satz, oder zwei, auf einer schönen Postkarte. Oder ich darf ihn abends anrufen. Nur toben will er nicht mehr so oft. Dafür sitzen wir auf dem Sofa und schwätzen und lachen. Er will alles wissen aus der Schule. Bei ihm habe ich jetzt auch ein paar Spielsachen und Bücher, und er hat mir auch neue Spielsachen gekauft. Wenn ich will, darf Gerlinde auch mit am Sonntag. Und Gerda mag ich auch. Nur kein Eis will ich mehr essen. Ich glaube, ich habe zuviel gegessen. Wenn ich mit Mami alleine bin, frage ich sie immer, wie es bei ihr war als Kind. Sie ist jetzt nicht mehr böse auf Omi und Großpapa. Die haben uns gar nie besucht, seit Vati bei uns war. Aber jetzt hat Mami sie einmal besucht, und es kommen wieder Briefe, und Omi ruft an, und bald, wenn es wieder warm wird, kommen sie uns besuchen. Es ist komisch, daß Mami jetzt auch plötzlich eine Mami hat und einen Vati. Sie sind aber schon alt und können nicht mehr autofahren. Deshalb müssen wir sie holen. Sie haben gedacht, unser Vati sei böse, deshalb sind sie nie gekommen. Und es stimmt gar nicht. Mami ist jetzt nicht mehr so allein. Wir kriegen Besuch, von ganz weit her. Mami kennt so viele Leute, und wenn sie kommen, ist sie ganz froh.

Ich habe jetzt nicht mehr soviel Angst, daß Vati ganz weg ist. Wenn ich bei ihm war, dann weiß ich immer ganz genau, wieviel Male ich noch schlafen muß, bis ich wieder hin kann. Mami zeigt es mir auf dem großen Kalender, und wenn er anruft, gibt sie mir gleich das Telefon. Ich bin auch nicht mehr so eine Nervensäge. Alle sagen das. An Ostern darf ich eine Woche mit Vati und Tante Gerda verreisen, und im Sommer wieder. Es ist schade, daß er von uns weggegangen ist. Aber so ist es auch schön, wenn ich ihn besuchen kann, und wenn wir zusammen verreisen. Und das kann ich euch sagen: bei uns zu Hause ist es jetzt viel schöner, ohne Streit, und Mami ist nicht mehr so traurig. Sie weint überhaupt nicht mehr oft. Jetzt sind Christof und Vroni wieder beim Skifahren. Sie schreiben mir sicher eine Karte. Und übermorgen fahre ich mit Mami ein paar Tage nach München, zu Tante Leonore und den Buben. Christof und Vroni kommen auch dorthin, wenn sie mit Skifahren fertig sind. Dann fahren wir alle zusammen zurück. Dann ist aber schon nächstes Jahr, und man muß sehen, wie es weitergeht, sagt Mami.

Kennt ihr mich jetzt und vergeßt mich nicht mehr? Dann ist es gut. Weil ihr vielleicht auch Kinder seid, wo der Vati oder sogar die Mami weggegangen ist, und die traurig sind oder Angst haben. Ihr braucht aber nicht soviel Angst haben. Wir leben ja auch weiter und sind nicht verrückt oder tot geworden davon.

38

Christof erzählt Vroni in den Winterferien von seinem ersten großen Streit mit dem Vater und Gerda wegen Georg; sie erinnern sich an das Osterfrühstück hier in diesem Haus auf dem Gipfel und an ihre Briefe an die Eltern. Bei der Skiabfahrt ins Tal sind sie ganz zuversichtlich und fühlen sich als gute Freunde

– Wer hätte das gedacht, Vroni, daß wir am Neujahrsmorgen wieder hier oben sitzen und frühstücken. Uff. An Ostern haben wir die ersten Briefe zusammengebastelt, voller Angst, ob sie ankommen und verstanden werden . . .

– Sie sind angekommen, und ich bin stolz darauf. Diesmal können wir uns mit Postkarten begnügen, ohne die einzelnen Worte mühsam herumzudrehn. Wir haben unheimlich viel geschafft, ich meine, alle zusammen. Ich glaube, es geht allen besser als vor einem Jahr.

– Das stimmt, aber ich kann dir sagen, vor der Abreise, da gab's den ersten großen Krach mit Vati, ich hab gedacht, es fliegt alles noch einmal auseinander und ich komme wieder zu euch. Ich wollte gar nicht davon reden bisher, weil Georg auch davon betroffen war.

– Ist er deshalb so still und gedrückt? Ich hab ihn fast nicht wiedererkannt?

– Ich glaube schon. Er weiß nicht, wie es weitergeht, bei ihm zu Hause. Es war sehr schön bei uns an Weihnachten. Er ist die ganzen Feiertage geblieben, und ich wollte Vati dazu kriegen, daß er für ein paar Monate bei uns bleiben kann. Zuerst schien er auch gar nicht abgeneigt, er mag ihn. Und dann war plötzlich dicke, allerdickste Luft da. Er hat sich sozusagen voreilig wohlwollend geäußert. Da ist Gerda hochgegangen und sie haben Streit bekommen, es war ganz peinlich, vor allem für Georg, der ja nichts dafür konnte.

– Das war aber auch voreilig von dir, Mensch, du fühlst dich selbst noch gar nicht sicher dort und holst jemand dazu.

– Natürlich war es Quatsch von mir, aber mit Georg hab ich mich dort viel wohler gefühlt, es war eigentlich für alle sehr schön. Ich habe Angst um Georg, der macht eine so wahnsinnige Krise durch, dem bricht alles auseinander. Für mich war es ein Gefühl, wie wenn wir zwei Brüder wären, die zusammenstehen könnten.

– Eine prima Idee, aber du spinnst ein bißchen.

– Sag nicht, ich spinne. Für mich ist das wie eine neue Heimat, und da wollte ich Georg teilnehmen lassen. Ich war wie verbohrt, ich dachte, das ist die Lösung, die Rettung, es wird allen guttun.

– Man kann doch nicht einfach jemand verpflanzen, in eine andere Familie, die grade erst anfängt. Das ist ja fast Notwehr, was Gerda da gemacht hat.

– Du, ich konnte nicht mehr unterscheiden, was für mich und was für Georg gut ist, und die Festtagsatmosphäre, und die Gespräche, ich seh's ja ein, es geht nicht. Aber ich hab zwei Tage gebraucht. Ich fand Vati feige, kleinlich, und Gerda war plötzlich der Gegner, und als er sich gefügt hat . . .

– Quatsch, er hat sich nicht gefügt, er hat sich, und sie, und eure Situation geschützt!

– Gut, aber ich hatte das Gefühl: er hätte es gemacht, wenn sie nicht dagegen gewesen wäre. Ich fand sie egoistisch und grausam und wollte Vati zwingen, zu seinem Wort zu stehen . . .

– Er hatte doch gar nichts versprochen.

– Nein, natürlich noch nicht, aber ich war schon ganz froh und habe es wie eine Zusage genommen, bis diese Beklemmung anfing und der Ausbruch von Gerda. Das war für ihn vielleicht auch neu, er ist erschrocken, und ich dachte, ich muß um ihn kämpfen, gegen sie. Ich dachte, das, was ich dort allmählich finde, das kann ich grad weiterschenken an Georg, der es dringend braucht. Du, natürlich war ich nicht mehr auf dem Teppich! Da kam soviel alte Wut hoch, Eifersucht, verletzte Zuneigung zu Gerda, so als müßte sie mich für etwas belohnen. Na gut, am nächsten Tag bin ich mit Vati spazierengegangen, wir haben hart geredet, ich hab mit Ausziehen gedroht, und er war wütend und enttäuscht, weil er dachte, ich erpresse ihn. Ich glaube, er hat richtig Angst bekommen, er könne überhaupt nicht mehr mit mir reden oder verhandeln, und der ganze Friede wäre kaputt. Es kam viel mehr heraus, als nur die Absage wegen Georg. Wir hatten uns alle so zusammengenommen und viel Ärger unterdrückt, oder gar nicht erst wahrgenommen. Ich stelle ja von selbst die Musik leiser, als ich es möchte, oder ich schaue mir den gleichen Fernsehfilm an wie die, obwohl ich zehnmal lieber die Sportschau sehen würde, oder den Krimi im andern Programm. Oder ich bringe kaum Freunde mit, weil ich denke, das könnte die stören. Und abends saßen wir oft zusammen, und keiner wußte so recht, ob es dem andern paßt, wir haben halt neue Familie gespielt, keiner wollte den andern kränken. Es war viel Gezwungenes dabei, bei allen, Harmonie um jeden Preis! Wenn ich allein gefrühstückt habe, hab ich manchmal die Sachen einfach stehenlassen. Oder ich hab bis zwei gelesen oder leise Radio gehört, und Vati wußte nicht, ob er was sagen soll, und wie, dann hat er es sich verkniffen, dann haben die wieder Streit gekriegt wegen mir. Oder Gerda deckt den Tisch sehr fein, und ich will manchmal nur schnell was essen und wieder weg. Ein ganzer Eimer voller Kleinigkeiten, aber viel aufgestaute Gereiztheit. Also gut, es ist ausgestanden, aber wir haben uns beim Spazierengehen angeschaut, als wären wir Feinde und hätten uns böse Dinge getan oder würden uns bedrohen. Schließlich hat Gerda, wegen der alles losging, noch geschlichtet an einigen Punkten. Von der lasse ich mir ja noch am ehesten etwas sagen, aber die Brücke war halt auch weg in der Spannung. Sie hatte natürlich wieder den vernünftigsten Vorschlag: wenn es bei Georg zu Hause überhaupt nicht mehr geht, dann soll ihm sein Vater das Geld für eine Bude geben, und das scheint sogar denkbar, aber das kann ja auch nicht jeder sich leisten . . .

– Mir kommt es so vor, als hättest du überhaupt für Georg kämpfen müssen, um einen Streit zu riskieren.

– Das kann sein, da fühlte ich mich im Recht, oder dachte, es ist nicht nur etwas für mich. Man staunt ja manchmal ganz schön über sich, auch, wie lange ich die Hörner gesenkt halten möchte, und wie schwer es mir fällt, einen Standpunkt, in den ich mich verrannt habe, wieder aufzugeben. Ich war drauf und dran, einen Glaubenskrieg zu führen und wie ein tödlich Beleidigter auszuziehen. Aber gut, es ist ausgestanden, und Georg hofft jetzt sehr, daß die das zu Hause beraten, ich meine seine Eltern, und sich nicht auch zerstreiten. Seine Mutter ist nämlich für die Idee mit dem eigenen Zimmer, und sein Vater meint, das sei unmöglich und eine Art Familienpleite. Das sind zwei Steinköpfe, von denen keiner nachgeben will . . .

– Dann müssen wir dieses Mal doch wieder einen komplizierten Brief entwerfen, an Georgs Vater!

– Das soll er selber machen, wir können aber mit ihm darüber reden.

– Und wie geht es für uns weiter?

– Darüber mache ich mir nicht einmal soviel Sorgen. Ich erhole mich von dem Krach. Selbst im Streit bleibt Vati, obwohl er fast platzt und wie ein Tiger schaut, offen und läßt sich Zeit, sich zu beruhigen und nachzudenken. Ich zittere noch ein bißchen nach beim Zurückdenken, bin aber auch froh, daß das mal kam. Du, wir werden uns zurechtfinden, hast du nicht das Gefühl?

– Doch. Ich habe ja noch nicht einmal helfen müssen. Und du hast mir noch nie bei Mami helfen müssen. Die Osterreise mit Vati ist so gut wie ausgemacht, es gibt nur noch ein bißchen Geschiebe mit Annette: wohin, in welcher Zusammensetzung, aber es macht mir keine Angst mehr. Ich fange an, mich drauf zu freuen. Du, ich bin überhaupt ganz zuversichtlich. Komm, laß uns diesmal nicht so endlos frühstücken wie beim letzten Mal. Du zahlst, und ich mache mich schön für die Abfahrt! Und wenn du mir davonfährst, gehe ich an einen anderen Hang mit Georg, dann wird es nichts mit unserem Picknick am Mittag.

– Vroni, ich will dir doch nicht davonfahren. Ich werde mit dir im Neuschnee Zopfmuster flechten. Wir zeichnen unsere verschlungenen Linien in den Schnee. Und jeder kann sehen, an welcher Stelle einer gepurzelt ist. Aber vielleicht purzeln wir gar nicht. Wir sind ja keine Anfänger mehr.

Tilmann Mosers Werke im Suhrkamp Verlag

Gespräche mit Eingeschlossenen

Gruppenprotokolle aus einer Jugendstrafanstalt. Mit einem Kommentar von Eberhard Künzel. es 375

»Dies ist das aufregendste und zugleich bedrückendste pädagogische Buch, das ich in den letzten Jahren gelesen habe.«

Hermann Giesecke, *betrifft – erziehung*

Repressive Kriminalpsychiatrie

Vom Elend einer Wissenschaft. Eine Streitschrift. es 419

»Mosers böses Buch sollte Psychiater nachdenklich, Richter hellhörig machen und vor allem die Länder heftig stoßen, mit dem Bau psychotherapeutischer Anstalten zu beginnen . . .
. . . scheint mir diese Schrift für die Rechtspolitik eine der wichtigsten der letzten Jahre . . .«

Hanno Kühnert, *Frankfurter Allgemeine Zeitung*

Verstehen, Urteilen, Verurteilen

Psychoanalytische Gruppendynamik mit Jurastudenten. es 880

»Moser beschreibt den Gruppenprozeß in selbstreflexiver Offenheit, die ähnlich wie in seinen früheren Büchern die eigene Betroffenheit mit einbezieht. Sein Buch ist ein seltenes Beispiel dafür, wie Menschlichkeit und Wissenschaft verbunden werden können.«

Alfrun von Vietinghoff-Scheel, *Psychosozial*

Jugendkriminalität und Gesellschaftsstruktur

»Mosers Buch dürfte das erste in deutscher Sprache sein, das die Ergebnisse der Soziologie, Psychologie und Psychoanalyse zum Thema so gut zusammenfassend und verbindend darstellt . . .«

Das Argument

Lehrjahre auf der Couch

Bruchstücke meiner Psychoanalyse

»Fest steht, dieses Buch wird Furore machen, es wird ungeteilte Bewunderung und heftige Ablehnung erfahren.«

Dieter Baier, *Welt am Sonntag*

Gottesvergiftung

»Nicht der ›Fall‹ und die Lehre allein machen dieses Buch überaus lesenswert. Es ist ein Vergnügen, Mosers Prosa zu lesen, die Figuren und Bilder an sich vorüberziehen zu sehen, in denen der Autor abseits von jeglichem Fachjargon komplizierte psychische Prozesse sichtbar macht. Bücher wie dieses Stück analytischer Autobiographie vermögen dem Laien wahrscheinlich unendlich besser und anschaulicher klarzumachen, was psychische Störungen sind und worin ihre Heilung bestehen kann, als ganze Bibliotheken populärwissenschaftlich aufbereiteter Psychologie.«

Lothar Baier, *Frankfurter Allgemeine Zeitung*

Grammatik der Gefühle

Mußmaßungen über die ersten Lebensjahre

»Ein Buch, wie die ersten beiden, eine schonungslos offene Konfession über die Verletzungen der eigenen Seele, ein jenseits aller Tabu- und Schamschranken dargebotener Einblick in die ›Selbst-Verborgenheit‹ eines Psychoanalytikers, dem die Analyse zur ›psychischen Lebensrettung‹ verhalf.«

Paul Kersten, *Die Zeit*

Psychoanalyse und Justiz

Theodor Reik: Geständniszwang und Strafbedürfnis. Probleme der Psychoanalyse und der Kriminologie (1925). Franz Alexander und Hugo Staub: Der Verbrecher und seine Richter. Ein psychoanalytischer Einblick in die Welt der Paragraphen (1928). Herausgegeben und mit einer Einleitung versehen von Tilmann Moser. st 167

»Der Band vereinigt zwei Beiträge zu einer psychoanalytischen Theorie der Verbrechen, die in den zwanziger Jahren geschrieben wurden. Sie sind, auch ohne psychoanalytische Vorkenntnisse, leicht lesbar. In seiner Einleitung schlägt Tilmann Moser eine Brücke von der psychoanalytisch-strafrechtlichen Diskussion der zwanziger Jahre zum heutigen Strafrechtsverständnis.«

Juristische Schulung

Stufen der Nähe

Ein Lehrstück für Liebende

»Dargestellt werden in einer Prosa, deren biegsame Treffsicherheit in der Nachzeichnung psychischer Vorgänge ihresgleichen sucht, das Verlangen nach Geborgenheit, die Erwartungen und Ansprüche, die verwundbare Annäherung zweier junger Menschen, in abwechselnden, dem anderen jeweils unzugänglichen inneren Monologen; sichtbar wird das Sich-Suchen, Sich-Annähern, Sich-Entfernen, das Erstarren und Auftauchen der Gefühle.«

E. H., *Neue Züricher Zeitung*